创新创业：
思维、方法与能力

周苏　褚赟　主编

清华大学出版社
北京

内 容 简 介

大众创新,万众创业,迫切需要将大学生培养成为国家创新驱动发展的生力军。建设创新型国家,核心是要增强自主创新能力。要增强自主创新能力,方法必须先行。本书共12章,内容包括什么是创新、创新驱动发展、互联网思维、大数据思维、思维定势与传统方法、创新思维与技法、TRIZ创新方法基础、技术系统进化与发明原理、解决矛盾实现创新、科学效应及其运用、创新驱动创业、创业模式与创业计划等内容,所涉及的知识面广、浅显易懂又理论联系实际,内容编排充分考虑了教学的特点与需要。

各章精心安排了课前阅读"脑洞大开"和课后实践"实验与思考"等环节,实操性强,把创新思维、创新方法与创业能力的概念、理论和技术知识融入到实践中,帮助读者加深对学习的认识和理解,熟悉创新思维、方法与创业能力的实际应用。附录提供了部分实验的参考答案。

本书可作为高等院校开展创新创业教育的应用型主教材,也可供科技工作者和工程技术人员参考或作为继续教育的教材。

本书封面贴有清华大学出版社防伪标签,无标签者不得销售。
版权所有,侵权必究。举报:010-62782989,beiqinquan@tup.tsinghua.edu.cn。

图书在版编目(CIP)数据

创新创业:思维、方法与能力/周苏,褚赟主编. —北京:清华大学出版社,2017(2023.7重印)
ISBN 978-7-302-46471-6

Ⅰ.①创… Ⅱ.①周… ②褚… Ⅲ.①大学生-创业 Ⅳ.①G647.38

中国版本图书馆 CIP 数据核字(2017)第 024656 号

责任编辑:张 玥 战晓雷
封面设计:常雪影
责任校对:焦丽丽
责任印制:杨 艳

出版发行:清华大学出版社
网 址:http://www.tup.com.cn,http://www.wqbook.com
地 址:北京清华大学学研大厦A座 邮 编:100084
社 总 机:010-83470000 邮 购:010-62786544
投稿与读者服务:010-62776969,c-service@tup.tsinghua.edu.cn
质 量 反 馈:010-62772015,zhiliang@tup.tsinghua.edu.cn
课 件 下 载:http://www.tup.com.cn,010-83470236
印 装 者:三河市君旺印务有限公司
经 销:全国新华书店
开 本:185mm×260mm 印 张:18.75 字 数:434千字
版 次:2017年5月第1版 印 次:2023年7月第10次印刷
定 价:55.00元

产品编号:074281-02

"大众创新,万众创业"在我国已经深入人心,针对大学生积极开展创业创新教育,将大学毕业生培养成为国家创新驱动发展的生力军,是摆在高等教育面前的重要任务。

研究表明,创新的先锋团队——众多的诺贝尔获得者的成功途径,一是科学发现,二是科学仪器,三是科学方法。其中科学方法的核心是创新方法。建设创新型国家,核心是要增强自主创新能力。自主创新,方法必须先行。

1946年,前苏联科学家根里奇·阿奇舒勒(1926—1998)开始了"发明问题解决理论"(TRIZ)的研究工作。在以后的数十年中,这位发明家投入毕生精力,致力于创新研究。在他的带领下,前苏联的几十个学校、研究部门和企业组成专门机构。他们先后分析了世界的几十万份发明专利,总结出技术进化所遵循的普遍规律,以及解决各种技术矛盾和物理矛盾时采用的创新法则,创建了一种由解决技术问题、实现技术创新的各种方法组成的理论体系——TRIZ。

为了落实国家中长期科技规划纲要,从源头推进我国的自主创新,2008年,国家科学技术部、发展与改革委员会、教育部、科学技术协会四部委联合颁布了《关于加强创新方法工作的若干意见》,文件中明确指出要"推进TRIZ等国际先进技术创新方法与中国本土需求融合……特别是推动TRIZ中成熟方法的培训……"。

实践表明,运用创新思维和TRIZ创新方法,能够帮助我们突破思维定势,从不同角度分析问题,进行理性的逻辑思维,揭示问题的本质,确定问题的进一步探索方向;能根据技术进化规律,预测未来发展趋势,最终抓住机会来彻底解决创新问题;能切实提高大学生的创新思维与创业能力。

本教材的内容包括什么是创新、创新驱动发展、互联网思维、大数据思维、思维定势与传统方法、创新思维与技法、TRIZ创新方法基础、技术系统进化与发明原理、解决矛盾实现创新、科学效应及其运用、创新驱动创业、创业模式与创业计划等内容,是通俗易懂、理论与实践相结合的创新创业教育教材。

本书是2016年度杭州高校市级精品课程项目"创新思维与创新方法"建设成果之一。本书得到了以下创新方法工作专项项目的支持:2016IM020100(国家科技部项目),浙江省创新方法应用推广与示范;2016F30003(浙江省科技厅项目),2016浙江省创新方法推广应用与服务。

谢红霞、徐新爱、王文、张健、吴林华等人参加了本书的编写工作。本书的编写工作得到浙江大学城市学院、浙江省科技人才教育中心、南昌师范学院、浙江商业职业技术学院等单位的支持。欢迎教师索取为本书配套的教学资料，E-mail：zhousu@qq.com，QQ：81505050，个人博客：http://blog.sina.com.cn/zhousu58。

周　苏

2017年新年于杭州西湖

课程教学进度表

课程号：_____ 课程名称：创新方法与创业能力 学分：__2__ 周学时：__2__
总学时：__34__ （其中，理论学时：__34__； 课外实践学时：__24__ ）
主讲教师：__周 苏__

序号	校历周次	章节（或实验、习题课等）名称与内容	学时	教学方法	课后作业布置
1	1	引言 第1章 什么是创新	2	课堂教学	
2	2	第1章 什么是创新	2	课堂教学	实验与思考
3	3	第2章 创新驱动发展	2	课堂教学	实验与思考
4	4	第3章 互联网思维	2	课堂教学	实验与思考
5	5	第4章 大数据思维	2	课堂教学	实验与思考
6	6	第5章 思维定势与传统方法	2	课堂教学	实验与思考
7	7	第6章 创新思维与技法	2	课堂教学	实验与思考
8	8	第7章 TRIZ创新方法基础	2	课堂教学	
9	9	第7章 TRIZ创新方法基础	2	课堂教学	实验与思考
10	10	第8章 技术系统进化与发明原理	2	课堂教学	
11	11	第8章 技术系统进化与发明原理	2	课堂教学	实验与思考
12	12	第9章 解决矛盾实现创新	2	课堂教学	
13	13	第9章 解决矛盾实现创新	2	课堂教学	实验与思考
14	14	第10章 科学效应及其运用	2	课堂教学	实验与思考
15	15	第11章 创新驱动创业	2	课堂教学	
16	16	第11章 创新驱动创业	2	课堂教学	实验与思考
17	17	第12章 创业模式与创业计划	2	课堂教学	课程实验总结

目录

第1章 什么是创新 ··· 1
【脑洞大开】 2016年世界互联网发展乌镇报告 ··· 1
1.1 发明与创新 ··· 6
1.1.1 发现和发明 ··· 7
1.1.2 创造与创新 ··· 7
1.1.3 典型问题和非典型问题 ··· 9
1.2 科技创新体系 ··· 9
1.2.1 知识创新、技术创新与管理创新 ··· 10
1.2.2 创新文化与环境 ··· 11
1.2.3 创新发展 ··· 11
1.3 知识创新的内涵 ··· 12
1.3.1 知识创新的特征 ··· 12
1.3.2 形式与能力 ··· 12
1.3.3 知识创新是提升竞争力的源泉 ··· 13
1.4 技术创新的定义 ··· 14
1.5 管理创新及其4个阶段 ··· 14
1.5.1 管理创新的内容 ··· 15
1.5.2 管理创新的4个阶段 ··· 15
1.5.3 基本条件 ··· 16
【实验与思考】 熟悉创新与科技创新的基本概念 ··· 17

第2章 创新驱动发展 ··· 19
【脑洞大开】 2016年十大科技突破大盘点 ··· 19
2.1 现代化建设"三步走"战略 ··· 23
2.1.1 党的十三大提出的"三步走"战略 ··· 23
2.1.2 党的十五大提出的"三步走"战略 ··· 24
2.2 创新驱动发展"三步走"战略 ··· 25
2.2.1 创新驱动发展的国际经验 ··· 25

  2.2.2 创新驱动发展架构顶层设计 ·············· 25
  2.2.3 "三步走"战略与现代化建设相呼应 ·············· 27
  2.2.4 具体落实八大任务 ·············· 28
 【实验与思考】 熟悉"三步走"创新驱动发展战略 ·············· 28

第3章 互联网思维 ·············· 31

【脑洞大开】 "＋互联网"vs."互联网＋" ·············· 31
 3.1 互联网思维的由来 ·············· 37
  3.1.1 工业化思维 ·············· 37
  3.1.2 商业民主化的思维 ·············· 38
  3.1.3 用户至上的思维 ·············· 38
 3.2 什么是互联网＋ ·············· 38
  3.2.1 怎么理解"＋" ·············· 39
  3.2.2 为什么"＋" ·············· 40
  3.2.3 全球创新指数 ·············· 40
  3.2.4 全球连接指数 ·············· 41
 3.3 互联网＋时代的特征 ·············· 42
  3.3.1 跨界融合 ·············· 42
  3.3.2 创新驱动 ·············· 43
  3.3.3 重塑结构 ·············· 43
  3.3.4 尊重人性 ·············· 44
  3.3.5 开放生态 ·············· 44
  3.3.6 连接一切 ·············· 45
 3.4 互联网＋行动的指导意见 ·············· 45
  3.4.1 关于互联网的再认识 ·············· 45
  3.4.2 新常态、新思维和新经济 ·············· 47
  3.4.3 平台化、联盟化与新机会 ·············· 49
 【实验与思考】 熟悉"＋互联网"与"互联网＋" ·············· 50

第4章 大数据思维 ·············· 54

【脑洞大开】 准确预测地震 ·············· 54
 4.1 什么是大数据 ·············· 56
  4.1.1 天文学——信息爆炸的起源 ·············· 56
  4.1.2 大数据的定义 ·············· 57
  4.1.3 用3V描述大数据特征 ·············· 58
  4.1.4 大数据的结构类型 ·············· 60
 4.2 思维变革之一：样本＝总体 ·············· 61
  4.2.1 小数据时代的随机采样 ·············· 62

4.2.2　大数据与乔布斯的癌症治疗 64
　　　4.2.3　全数据模式：样本＝总体 65
　4.3　思维变革之二：接受数据的混杂性 65
　　　4.3.1　允许不精确 66
　　　4.3.2　大数据的简单算法与小数据的复杂算法 67
　　　4.3.3　纷繁的数据越多越好 68
　　　4.3.4　5%的数字数据与95%的非结构化数据 69
　4.4　思维变革之三：数据的相关关系 69
　　　4.4.1　关联物，预测的关键 70
　　　4.4.2　"是什么"，而不是"为什么" 71
　　　4.4.3　通过相关关系了解世界 71
　【实验与思考】　深入理解大数据时代 72

第5章　思维定势与传统方法 75
　【脑洞大开】　长征五号运载火箭的首次发射 75
　5.1　思维定势 79
　　　5.1.1　从众型思维定势 79
　　　5.1.2　书本型思维定势 80
　　　5.1.3　经验型思维定势 80
　　　5.1.4　权威型思维定势 80
　5.2　试错法 81
　5.3　头脑风暴法 82
　　　5.3.1　头脑风暴法的组织 82
　　　5.3.2　头脑风暴法的基本规则 83
　　　5.3.3　头脑风暴小组成员 84
　　　5.3.4　头脑风暴法的实施 85
　5.4　形态分析法 88
　5.5　和田十二法 90
　【实验与思考】　头脑风暴法实践 91

第6章　创新思维与技法 96
　【脑洞大开】　斯坦福最火的一门课 96
　6.1　创造性思维方式 101
　　　6.1.1　发散思维与收敛思维 101
　　　6.1.2　横向思维与纵向思维 103
　　　6.1.3　正向思维与逆向思维 105
　　　6.1.4　求同思维与求异思维 105
　6.2　创造性思维技法 107

    6.2.1 整体思考法 ………………………………………………… 107
    6.2.2 多屏幕法 …………………………………………………… 108
    6.2.3 金鱼法 ……………………………………………………… 111
  6.3 因果分析法 …………………………………………………………… 113
    6.3.1 "五个为什么" ……………………………………………… 113
    6.3.2 鱼骨图分析 ………………………………………………… 115
  6.4 资源分析法 …………………………………………………………… 116
    6.4.1 资源的分类 ………………………………………………… 116
    6.4.2 资源分析方法 ……………………………………………… 117
  【实验与思考】 创造性思维技法的实践 ……………………………… 119

第7章 TRIZ创新方法基础 ……………………………………………… 123
  【脑洞大开】 "火箭号"蒸汽机车 …………………………………… 123
  7.1 TRIZ起源与发展 …………………………………………………… 126
    7.1.1 理论体系 …………………………………………………… 126
    7.1.2 发展历程 …………………………………………………… 127
  7.2 发明的5个级别 ……………………………………………………… 128
    7.2.1 发明的创新水平 …………………………………………… 128
    7.2.2 发明级别的划分 …………………………………………… 129
    7.2.3 发明级别的意义 …………………………………………… 131
  7.3 TRIZ的重要概念 …………………………………………………… 132
    7.3.1 技术系统 …………………………………………………… 132
    7.3.2 功能 ………………………………………………………… 133
    7.3.3 矛盾与冲突 ………………………………………………… 133
    7.3.4 理想度、理想系统与最终理想解 ………………………… 134
  7.4 TRIZ核心思想 ……………………………………………………… 137
  7.5 理想化方法的应用 …………………………………………………… 137
  【实验与思考】 熟悉TRIZ以及5个发明级别 ……………………… 139

第8章 技术系统进化与发明原理 ………………………………………… 142
  【脑洞大开】 从山寨到创新,中国用了15年时间 …………………… 142
  8.1 技术系统进化规律的由来 …………………………………………… 145
  8.2 S曲线及其作用 ……………………………………………………… 145
    8.2.1 S曲线 ……………………………………………………… 145
    8.2.2 技术预测 …………………………………………………… 148
  8.3 技术系统进化法则 …………………………………………………… 149
    8.3.1 3条生存法则 ……………………………………………… 149
    8.3.2 5条发展法则 ……………………………………………… 152

8.3.3　进化法则的本质和作用 ……………………………………… 156
　8.4　发明原理及其应用 ……………………………………………………… 156
　　　8.4.1　原理1：分割 …………………………………………………… 158
　　　8.4.2　原理7：嵌套原理 ……………………………………………… 159
　　　8.4.3　原理10：预先作用 ……………………………………………… 161
　　　8.4.4　原理13：反向作用 ……………………………………………… 163
　【实验与思考】　熟悉与应用嵌套（套娃）发明原理 ……………………… 164

第9章　解决矛盾实现创新 …………………………………………………… 167
　【脑洞大开】　看一看小微企业的浙江速度 ………………………………… 167
　9.1　矛盾是TRIZ的基石 …………………………………………………… 170
　9.2　技术矛盾与矛盾矩阵 …………………………………………………… 170
　　　9.2.1　定义技术矛盾 …………………………………………………… 171
　　　9.2.2　通用工程参数 …………………………………………………… 171
　　　9.2.3　矛盾矩阵 ………………………………………………………… 172
　9.3　利用矛盾矩阵解决技术矛盾 …………………………………………… 173
　　　9.3.1　分析技术系统 …………………………………………………… 173
　　　9.3.2　定义技术矛盾 …………………………………………………… 175
　　　9.3.3　解决技术矛盾 …………………………………………………… 175
　9.4　物理矛盾与分离方法 …………………………………………………… 177
　　　9.4.1　定义物理矛盾 …………………………………………………… 178
　　　9.4.2　物理矛盾的定义步骤 …………………………………………… 179
　　　9.4.3　4种分离方法 …………………………………………………… 179
　9.5　技术矛盾与物理矛盾的关系 …………………………………………… 183
　　　9.5.1　将技术矛盾转化为物理矛盾 …………………………………… 184
　　　9.5.2　分离方法与发明原理的对应关系 ……………………………… 184
　【实验与思考】　应用矛盾方法获取问题解决方案 ………………………… 186

第10章　科学效应及其运用 …………………………………………………… 191
　【脑洞大开】　浙江发布小微企业成长报告 ………………………………… 191
　10.1　效应与社会效应 ……………………………………………………… 193
　　　10.1.1　蝴蝶效应 ……………………………………………………… 194
　　　10.1.2　青蛙效应 ……………………………………………………… 194
　　　10.1.3　木桶效应 ……………………………………………………… 195
　　　10.1.4　蘑菇管理 ……………………………………………………… 195
　　　10.1.5　80/20效率法则 ……………………………………………… 196
　10.2　科学效应及其作用 …………………………………………………… 196
　10.3　TRIZ理论中的科学效应 ……………………………………………… 197

10.4　应用科学效应解决创新问题 ·· 205
【实验与思考】　科学效应应用实践 ·· 206

第11章　创新驱动创业 ·· 209
【脑洞大开】　伟大的人生故事只与选择有关,与天赋、贫富无关 ·· 209
11.1　创业的基础是创新 ·· 212
　11.1.1　创新能力发展的三要素 ·· 213
　11.1.2　规避红海,探索蓝海 ·· 214
　11.1.3　结合产业生态环境的创新 ·· 215
　11.1.4　创新要重视客户体验 ·· 216
　11.1.5　企业商战,竞争的是创新力 ·· 216
　11.1.6　创新面前机会平等 ·· 217
11.2　创业与创业者 ·· 218
　11.2.1　创业的基本要素 ·· 218
　11.2.2　什么是创业者 ·· 219
　11.2.3　创业者的基本素质要求 ·· 220
　11.2.4　创业者应具备的能力 ·· 221
11.3　什么是创业教育 ·· 223
　11.3.1　创业教育的类型 ·· 223
　11.3.2　创业教育的内容 ·· 224
11.4　大学生创业教育 ·· 224
　11.4.1　大学生创业教育的特征 ·· 224
　11.4.2　大学生创业思想教育 ·· 225
　11.4.3　大学生创业能力教育 ·· 226
　11.4.4　大学生创业教育的意义 ·· 227
11.5　国外高校的创业教育 ·· 227
【实验与思考】　用最终理想解启迪创造性思维 ·· 230

第12章　创业模式与创业计划 ·· 235
【脑洞大开】　美国最大无人机公司是怎么败给中国大疆的 ·· 235
12.1　互联网＋商业模式创新 ·· 241
　12.1.1　互联网思维及其影响 ·· 241
　12.1.2　互联网＋商业模式 ·· 242
12.2　知识产权、技术评估和产业化 ·· 243
　12.2.1　知识产权的概念 ·· 243
　12.2.2　知识产权的分类 ·· 245
　12.2.3　知识产权商业化 ·· 247
　12.2.4　知识产权控制产业链的表现 ·· 248

　　　　12.2.5 知识产权评价应考虑的因素 …………………………………… 248
　　　　12.2.6 商业秘密 ………………………………………………………… 250
　　12.3 编制创业计划书 ……………………………………………………………… 250
　　　　12.3.1 创业计划的特征 ………………………………………………… 251
　　　　12.3.2 创业计划的内容 ………………………………………………… 251
　　　　12.3.3 创业计划书的类型 ……………………………………………… 252
　　　　12.3.4 创业计划书的写作要求 ………………………………………… 253
　　　　12.3.5 创业计划书的编写原则 ………………………………………… 256
　　　　12.3.6 创业计划的评估 ………………………………………………… 256
　　【实验与思考】自选研究方向编制个人学术规划 …………………………………… 257
　　【课程实验总结】 ……………………………………………………………………… 257

附录 A　部分实验参考答案和解决方法 ……………………………………………… 262

附录 B　40 个发明原理 ………………………………………………………………… 268

附录 C　39×39 矛盾矩阵 ……………………………………………………………… 277

参考文献 ………………………………………………………………………………… 286

什么是创新

【脑洞大开】 2016年世界互联网发展乌镇报告

2016年11月16日至18日,以"创新驱动造福人类——携手共建网络空间命运共同体"为主题的第三届世界互联网大会在中国浙江乌镇召开(见图1-1),中国国家主席习近平通过视频发布讲话,中共中央政治局常委刘云山在大会开幕式作主旨演讲,来自全球的120多个国家和地区、16个国际组织的2000多名嘉宾共聚一堂,展望互联网发展前景。世界互联网大会组委会高级别专家咨询委员会审议并通过了《2016年世界互联网发展乌镇报告》。

图1-1 浙江乌镇

序言

当前,人类社会进入信息革命时期,以互联网为代表的信息技术日新月异,引领了社会生产新变革,创造了人类生活新空间,拓展了治理新领域,极大地提高了人类认识世界、改造世界的能力。世界因互联网而更多彩,生活因互联网而更丰富。构建和平、安全、开放、合作的网络空间,让互联网更好地造福世界、造福人类成为人们的共同意愿。

2015年12月16日至18日,第二届世界互联网大会在中国乌镇召开,来自全球120多个国家和地区的政府代表,国际组织负责人,互联网企业领军人物,专家学者等2000多名嘉宾出席大会,共商世界互联网发展大计。中国国家主席习近平在开幕式上提出推进全球互联网治理体系变革"四项原则"和构建网络空间命运共同体"五点主张";巴基斯坦总统侯赛因、俄罗斯总理梅德韦杰夫、哈萨克斯坦总理马西莫夫、吉尔吉斯斯坦总理萨里耶夫、塔吉克斯坦总理拉苏尔佐达、乌兹别克斯坦第一副总理阿济莫夫、联合国副秘书长吴红波、国际电信联盟秘书长赵厚麟等500多位嘉宾发表意见,就全球互联网建设、发展和治理进行了深入探讨。经大会高级别专家咨询委员会提议发表的《乌镇倡议》提出国际社会应关注互联网建设和普及,促进文化的多样性与繁荣,推进数字经济发展和普惠数字红利,保障网络空间的安全,以及推动全球互联网治理等观点。

一年来,《乌镇倡议》得到全球社会广泛关注,全球互联网基础设施建设进展显著,数字经济发展方兴未艾,各国网络文化交流互鉴成果丰硕。互联网在持续改变人类社会的同时,自身也在发生着变化。人工智能、电子商务、物联网、大数据、移动通信等技术快速发展,应用日益广泛;网络金融、共享经济、工业4.0等正成为各个国家经济复苏的新引擎;互联网作为有史以来最为强大的信息平台正在发挥着集聚和共享人类智慧、资源和能力的重要作用。

然而,数字鸿沟从网络基础设施扩展到数字利用与素养上的能力差异,大规模的数据泄露令人担忧,对公共基础设施的网络攻击不断,用户隐私及儿童和青少年健康上网保护不足,新型网络犯罪、网络恐怖主义等日趋严峻,全球互联网发展不平衡、规则不健全、秩序不合理等问题依然存在,互联网发展与治理仍然面临复杂问题和严峻挑战。

值得欣慰的是,2016年我们看到了国际社会的共同努力。完成10年回顾的信息社会世界峰会(WSIS)进入新的发展阶段;联合国互联网治理论坛(IGF)开启第二个十年进程;G20杭州峰会通过了《数字经济发展与合作倡议》;联合国信息安全政府专家组(UNGGE)确认,包括国家主权原则在内的《联合国宪章》等国际法准则适用于网络空间;互联网数字分配机构(IANA)职能移交顺利完成,互联网名称与数字地址分配机构(ICANN)改革取得进展。这为各方在网络时代提供了可预期、确定性的保障,为各国携手构建网络空间命运共同体做出了积极贡献。

一、互联网进一步普及,推动弥合数字鸿沟

- 互联网基础设施建设成就显著。各国加快互联网基础设施建设,移动蜂窝网络已覆盖95%的人口。预计2016年底,全球固定宽带用户数将达到8.84亿,移动宽带用户数将达到36亿。发达国家和发展中国家分别有75%和50%的用户带宽达到10Mbps。截至2015年底,全球大多数发达国家、83个发展中国家和5个最不发达国家都已实现宽带委员会提出的价格可承受性目标。过去一年,全球IPv6增长翻番,有力地支持了未来基础设施的发展。

- 信息通信技术领域保持创新活力。信息通信技术继续成为全球研发投入最集中、创新最活跃、应用最广泛、辐射带动最大的技术创新领域。2015年,在世界知识产权组织专利合作条约(PCT)框架内,计算机技术类、数字通信类和电子机械类专利申请数量位列前三。2016年美国麻省理工学院(MIT)发布的全球十大科技突破性技术中,涉及信息通信技术领域的占6项。

- 云计算、大数据、物联网等产业规模高速扩张。全球云计算市场规模预计2016年至2020年复合年增长率达22%,大数据市场规模预计从2015年的0.14万亿美元将增长到2020年的1.03万亿美元。随着"工业4.0""工业互联网"等概念的出现,对海量数据深度挖掘和专业分析、庞大计算能力等的需求培育了新的市场,云计算、大数据、物联网技术三者结合,成为向各行业渗透的重要切入点。智慧城市项目全面启动,中国、印度、韩国、新加坡、美国等国均推出了智慧城市建设计划和项目。

- 弥合数字鸿沟取得实质性进展。全球互联网用户保持增长,从2015年的32亿提升至2016年的35亿,互联网普及率达到47.1%,但仍有半数以上人口未使用过互联网。发达国家互联网用户普及率超过80%,而最不发达国家和地区网民数量(2.7亿)普及率仅为23.5%。金砖国家果阿峰会认为应采取多维度、包容性措施,致力于消除发达国家和发展中国家之间的数字和技术鸿沟。

二、网络文化繁荣发展,交流互鉴不断深化

- 国际组织积极推动网络文化多样性。联合国通过的《2030年可持续发展议程》明确提出信息通信技术对保护文化创意和文化多样性的重要作用。WSIS十年审议决议提出要用数字技术保护和记录文化遗产。G20杭州峰会《数字经济发展与合作倡议》主张要通过网络空间繁荣文化,认可多语言原则的重要性。经济合作和发展组织(OECD)提出将年轻人对全球性问题的理解以及对文化多元性和文化宽容的态度纳入"国际学生评估项目(PISA)"。

- 互联网对多语种的支持让更多的文化内容得以展现。人类文化以数字化形式在网络空间持续繁荣,呈现多样化发展态势。2016年7月,联合国教科文组织启动"世界语言地图"项目,促进世界语言在互联网上的发展。互联网应用所能支持的语言种类已超过300种,网络的包容性让更多的文化成果得以传承。多语种域名发展取得明显进展,包含保加利亚、印度等39个国家和地区提交申请的53个多语种国家和地区顶级域字符串通过ICANN评估流程,其中43个已入根。

- 移动社交平台为不同文化群体的交流提供了便利。移动社交平台对文化多样性的促进作用日益显现,2016年移动社交用户达24.4亿人,成为人们网络社交应用的主流。得益于人工智能技术,语音识别、翻译软件等应用取得显著发展,进一步便利了不同语言间的文化交流。

三、数字经济持续发展,各方共享数字红利

- 各国和地区加快发展数字经济。世界经济加速向以网络信息技术产业为重要内容的经济活动转变。在电子商务、金融科技、互联网媒体和数字物流等领域,创新型ICT企业和互联网初创企业正在创造新的商业模式。2015年以来,欧盟推动数字化单一市场建设。2016年,G20杭州峰会宣布将数字经济作为全球经济增长日益重要的驱动力;OECD召开的数字经济部长会议确认了数字化议程的四个关键政策领域。

- 电子商务快速发展。互联网推动更多的跨境货物、服务贸易,使更多的消费者和企业摆脱国家边界限制。据预测,2016年,全球电子商务零售市场规模将达1.9万亿美元,其中欧洲电商市场规模将达0.51万亿欧元,中国网络零售额将达0.8万亿美元。

- 数字红利有力支撑全球可持续发展。互联网通过消除信息障碍、优化要素配置

等,降低了全社会的信息、交易成本,为实现联合国《2030年可持续发展议程》的目标提供了有力支撑,使得边远地区、贫困家庭以及各类弱势群体的人们都有机会享受数字红利。

四、网络安全问题凸显,国际社会积极应对

- 多国和地区加强网络安全顶层设计。2016年,全球多个国家和地区出台或完善了网络安全战略规划,颁布法律法规,设立专职机构,完善机制建设,开展宣传教育,提升全民网络安全意识,培育网络安全文化,加强能力建设和国际合作。
- 关键基础设施和数据保护成为全球关注重点。各国政府纷纷将关键基础设施保护提升到国家安全层面,发布政策和标准,开展专项行动,着力提升防护能力。各方高度重视数据保护的标准建设,积极探索跨境数据流动的规则,探讨分享最佳实践。
- 各方积极应对网络犯罪与网络恐怖主义威胁。网络犯罪与网络恐怖主义严重危及全世界的和平安全。各国致力于通过跨国司法与安全合作,有效打击网络犯罪与网络恐怖主义,防止将技术、通信和资源用于犯罪或恐怖主义目的,根除恐怖主义和极端思潮在网络空间传播的基础与土壤。打击网络犯罪的双、多边合作机制相继建立。

五、网络空间国际治理进展积极,新成果令人期待

- 网络空间国际规则对话积极活跃。第五届联合国信息安全政府专家组会议聚焦网络空间国家行为规范及国际法在信息通信技术领域的适用、信任措施等问题,取得良好开端。上合组织元首理事会会议发表《塔什干宣言》,支持在联合国框架内制定网络空间负责任国家行为的普遍规范、原则和准则。G20、OECD、金砖国家、东盟等均积极开展合作,共同应对网络空间的威胁与挑战。
- 国际社会积极推动互联网治理体系构建与完善。更多国家强调尊重各国平等参与全球网络空间治理的权利,认为应在尊重主权和不干涉他国内政原则基础上加强合作,构建和平、安全、开放、合作的网络空间治理新秩序。2016年WSIS与IGF启动新的十年进程,支持包容性与可持续发展成为治理主题。G20杭州峰会一致认为互联网治理应继续遵循WSIS成果,强调政府、私营部门、民间社会、技术团体和国际组织等各方应根据其各自的角色和责任充分、积极参与互联网治理。国际电信联盟(ITU)、世界经济论坛(WEF)等国际机构持续讨论网络空间发展治理问题。IANA职能管理权移交完成,各方期待ICANN进一步国际化。
- 国际社会持续致力于儿童在线保护。国际社会高度重视有害信息对未成年人的影响,制定行动计划,推动各方参与,开通投诉热线,开展国际合作,有效打击网上儿童色情,治理网络欺凌等。第二届"儿童在线保护"(We Protect)全球论坛上,41个参会国共同签署联合行动声明。

展望未来

大会高级别专家咨询委员会委员认为,今后一段时间,全球互联网发展和治理将呈现如下趋势:

(1)发展中国家将继续在全球互联网发展中保持令人瞩目的势头,数字鸿沟问题仍然

备受关注,数字红利逐渐惠及全人类,以促进联合国《2030年可持续发展议程》目标的实现。

(2) 网络空间文化交流将更加频繁,网络文化日益繁荣,文化多样性获得更多的理解与尊重。

(3) 各国将继续保持对网络安全问题的高度重视,在尊重网络主权、尊重《联合国宪章》等国际法和国际关系准则基础上,制定各方普遍接受的网络空间国际规则成为国际社会的共同愿望。

(4) 多边参与、多方参与将成为互联网治理常态,政府、国际组织、互联网企业、技术社群、民间机构、科研院校、公民个人等各个主体积极作为,共同推动"共享、共治"的务实合作进一步深化,为实现互联网的可持续发展做出实质性贡献。

(5) 网络安全和互联网治理的国际交流与合作将成为国际社会最关注的话题之一,越来越多的国际组织将在推动全球互联网发展与治理方面发挥更加积极的作用。

互联网是人类的共同家园,我们期盼国际社会戮力同心、相向而行、同舟共济,携手共建网络空间命运共同体,加强沟通交流,开展国际合作,创新驱动发展,促进全球网络基础设施互联互通,促进网络文化交流互鉴,促进数字经济开放发展,促进网络空间和平发展,促进全球互联网治理体系更加公正合理,推动网络空间互联互通、共享共治,更好地造福全世界,开创人类发展新未来。

阅读上文,请思考、分析并简单记录:

(1) 2014年首届世界互联网大会的主题是"互联互通　共享共治"。

2015年第二届世界互联网大会的主题是"互联互通、共享共治——共建网络空间命运共同体"。

2016年第三届世界互联网大会的主题是"创新驱动　造福人类——携手共建网络空间命运共同体"。

请通过对历次世界互联网大会的深入了解(网络搜索),分析历次大会主题之间的联系与发展。

答:_____
_____
_____
_____
_____

(2) 请了解:世界互联网发展与治理所面临的复杂问题和严峻挑战主要是什么?

答:_____
_____
_____
_____

(3) 2015年9月25日,联合国可持续发展峰会通过了一份由193个会员国共同达成的成果性文件,即《2030年可持续发展议程》。这一纲领性文件包括17项可持续发展目标和169项具体目标,于2016年1月1日正式启动。这17项可持续发展目标是:

答:
[1]_____
[2]_____
[3]_____
[4]_____
[5]_____
[6]_____
[7]_____
[8]_____

[9]_____

[10]_____
[11]_____
[12]_____
[13]_____
[14]_____
[15]_____
[16]_____
[17]_____

(4) 请简单记述你所知道的上一周发生的国际、国内或者身边的大事。

答:_____

_____
_____

1.1 发明与创新

人类发展及科学技术进步中的每一次重大跨越和重要发现都与思维创新、方法创新、工具创新密切相关。离开了"创新",人类社会不可能向前迈进,科学技术也不可能有实质性的进步。可以说,"创新"已经成为现代社会发展与进步的基本动力。

我国是一个文明古国,也是一个发明大国。在绵延数千年的中国历史长河中,我们的祖先创造了灿烂的科技文化,为推动人类的进步与发展做出了不可磨灭的贡献。从公元前4000年到明代末年,世界科技史上的100项重大发明的前27项中有18项是中国人的发明。16世纪前的中国真可谓发明大国。活字印刷（见图1-2）、指南针、造纸术和火药这四大发明曾在世界文明史上写下了一页页光辉的篇章。富有创新精神的中华民族对人类的科技、经济发展起着巨大的推动作用。

图1-2 活字印刷

1.1.1 发现和发明

所谓发现(discovery)，是对客观世界中前所未知的事物、现象及其规律的一种认识活动。发现的结果本身是客观存在的，是不以人的意志为转移的。无论人类是否对其有所认识，它都按照自身的规律存在于客观世界中。对这种结果进行认识的活动过程就是发现。例如，物质的本质、现象、规律等，不管人类是否发现了它们，它们本来是客观存在的。后来被人类认识到了，就是发现。科学研究的目的就是发现这些客观存在的、还没有被人类认识到的规律。发现也称为科学发现(scientific discovery)。

发明(invention)是指具有独创性、新颖性、实用性和时间性的技术成果。通常指人类做出的前所未有的成果。这种成果包括有形的物品和无形的方法等，在被发明出来之前客观上是不存在的。通过技术研究而得到的前所未有的成果多属发明。发明最注重的是独创性和时间性(或称为首创性)。

简单说，发现和发明的区别主要是：发现是认识世界；发明是改造世界。发现要回答"是什么""为什么""能不能"等问题，主要属于非物质形态财富；发明要回答"做什么""怎么做""做出来有什么用"等问题，是知识的物化，能够直接创造物质财富。科学发现在我国是不授予专利权的。对于那些具有新颖性、创造性和实用性的发明，发明人可以申请专利，利用法律的手段来保护自己的合法权益。

1.1.2 创造与创新

"创造"一词是对创造活动的综合概括。在《现代汉语词典》里，"创造"被解释为"想出新方法、建立新理论、做出新的成绩或东西"。可以说，创造是人们应用已知信息，产生某种新颖而独特的、具有社会价值或个人价值的产品的过程，是"破旧立新"，打破世界上已有的，创立世界上尚未有的精神和物质的活动。作为创造的成果，这种产品可以是新概念、新设想、新理论,也可以指新技术、新工艺、新产品。其特征是新颖、独特、具有一定的社会价值或个人价值。

创新是从英文 innovate(动词)或 innovation(名词)翻译过来的。根据《韦氏词典》所下的定义,创新的含义为引进新概念、新东西和革新。

创新理论最早是由奥地利经济学家熊彼特(J. A. Schumpeter,1883—1950)于1912年在其成名作《经济发展理论》一书中首先提出来的。按照熊彼特的观点,"创新"是指新技术、新发明在生产中的首次应用,是指建立一种新的生产函数或供应函数,是在生产体系中引进一种生产要素和生产条件的新组合。熊彼特认为创新包括5个方面的内容:

(1) 引入新产品或提供产品的新特性。

(2) 开辟新的市场。

(3) 获得一种原料或半成品的新的供给来源。

(4) 采用新的生产方法(主要是工艺)。

(5) 实现新的组织形式。

从一般意义上讲,创造强调的是新颖性和独特性,而创新强调的则是创造的某种具体实现。创造与创新在概念上的差别体现在以下几个方面:

(1) 创造比较强调过程,创新比较强调结果。例如,可以说"他创造了一种新方法,这种方法具有创新价值"。

(2) 在程度上,创造强调"首创""第一""无中生有""破旧立新",主要是指自身的新颖性,不一定有比较对象;创新是建立在已经创造出的既有概念、想法、做法等基础之上,其着眼点在于"由旧到新",强调与原有事物相比较。因此,在某种程度上,可以将创新看作是创造的目的和结果。例如,蒸汽机的出现是一种创造(见图1-3),而将它应用到其他工业领域则是创新(见图1-4)。

图1-3 创造:瓦特改良的蒸汽机

图1-4 创新:蒸汽机火车头

(3) 在思维过程上,创造应是独到的,其思维始终站在新异的尖端;创新则是在已经创造出的既有概念、想法和做法等的基础上,将别人的原始想法组织起来,应用到自己的思维活动中去。

(4) 在范畴上,创造一般指的多是知识、概念、理论、艺术等方面,创新一般指的多是技术、方法、产品等。

(5)在目的上,创造注重的是科学性和探索性,创新更注重经济性和社会性。

1.1.3 典型问题和非典型问题

很多哲学家认为,只有在面对问题的时候,人才会开始思考,且思考过程是以问题为起点进行的。当我们看到了问题的现状,并设想了问题被解决后应该实现什么样的状态,接下来我们就会想办法改变问题的现状。在解决问题的过程中,如果用那些已经熟知的典型解决方法无法解决问题,那么我们就会考虑采用非典型方法来解决问题。

典型解决方法:是指可以通过专业教育学到的处理问题的常规方法。对于专业人士来说,典型解决方法是他们工作中经常用到的、非常熟悉的那些解决本领域问题的方法。现有的典型解决方法绝大多数都是前人通过试错法得到的。专业人士通过学习,掌握了这些方法后,就可以将它们作为"拿来就用"的工具。

典型问题:是指那些用典型解决方法可以解决的问题。

非典型问题:是指那些用典型的解决方法无法解决的问题。

对于一个非典型问题来说,既然无法使用典型解决方法来解决,那么就需要使用具有创造性、创新性的思维方法来找到一种解决方法。这种能够解决非典型问题的,具有创造性、创新性的解决方法对于该问题来说就是一种非典型方法。因此,非典型问题也被称为创新问题。

在面对非典型问题的时候,我们往往会先用各种典型解决方法来尝试着求解。当各种典型解决方法都无能为力的时候,专业人士就会绞尽脑汁去寻找某种非典型解决方法。一旦所找到的这种非典型方法解决了该非典型问题,这种非典型方法很快就会在该领域的专业人士之间传播开来,并最终成为该领域中的一种典型解决方法。这里的"绞尽脑汁"就是人们在面对非典型问题时的真实写照。在绞尽脑汁的过程中,有人通过"顿悟"找到了非典型方法;有人从其他领域找到了可以解决本领域中非典型问题的方法,这种方法在其原有领域中可能已经是典型方法了,但是对于这个领域来说就是一种非典型方法。因此,一种方法是典型方法还是非典型方法是相对的。

为了找到解决非典型问题的方法,处于同一时代的两位先驱者从不同的角度提出了不同的理论。以美国的亚历山大·奥斯本为代表的学者们开创了"创造学"①这种以创造主体的心理活动为主的创新方法体系;前苏联的根里奇·阿奇舒勒通过对大量专利的研究、分析和总结,发现了隐藏在专利背后的规律,提出了发明问题解决理论(TRIZ)。TRIZ 属于技术创新的范畴,其主要作用就是解决创新问题。当然,非创新问题也可以用 TRIZ 来解决。

1.2 科技创新体系

创新理论和实践都证明,创新是人人都具有的一种潜在的能力,而且这种能力可以通过一定的学习和训练得到激发和提升。同时,创新是有规律可循的。人类在解决工程技术问

---

① 创造学是一门研究人类创造发明活动规律的科学。创造发明是人类劳动中最高级、最活跃、最复杂也是最有意义的一种实践活动,其实质是人类追求新的有价值的功能系统。而创造发明可以发展生产力,推动社会进步,改善人类的生活环境、劳动环境,因此创造发明是人类最宝贵的财富。

题时所采用的方法都是有规律的,并且这些规律可以通过总结和学习加以掌握和应用。

科技创新(science and technology innovation)是原创性科学研究和技术创新的总称,是指创造和应用新知识和新技术、新工艺,采用新的生产方式和经营管理模式,开发新产品,提高产品质量,提供新服务的过程。科技创新可以分成3种类型:知识创新、技术创新和现代科技引领的管理创新。

1.2.1 知识创新、技术创新与管理创新

原创性的科学研究或知识创新是提出新观点(包括新概念、新思想、新理论、新方法、新发现和新假设)的科学研究活动,并涵盖开辟新的研究领域、以新的视角来重新认识已知事物等。原创性的知识创新与技术创新结合在一起,使人类知识系统不断丰富和完善,认识能力不断提高,产品不断更新。信息通信技术发展引领的管理创新作为信息时代和知识社会科技创新的主题,也是当今科技创新的重要组成部分。

科技创新体系由以科学研究为先导的知识创新、以标准化为轴心的技术创新和以信息化为载体的现代科技引领的管理创新三大体系构成(见图1-5),知识社会新环境下3个体系相互渗透,互为支撑,互为动力,推动着科学研究、技术研发、管理与制度创新的新形态。

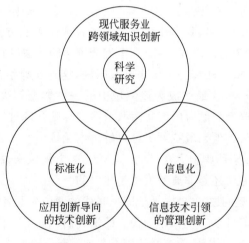

图1-5 科技创新体系

科技创新涉及政府、企业、科研院所、高等院校、国际组织、中介服务机构、社会公众等多个主体,包括人才、资金、科技基础、知识产权、制度建设、创新氛围等多个要素,是在各创新主体、创新要素交互复杂作用下,科学研究、技术进步与应用创新这个三螺旋结构协同演进下的一种复杂涌现,是一类开放的复杂巨系统[1]。从技术进步与应用创新构成的技术创新双螺旋结构出发,进一步拓展视野,技术创新的力量来自科学研究与知识创新,来自专家和人民群众的广泛参与。

信息技术引领的现代科技的发展以及经济全球化的进程进一步推动了管理创新。现

---

① 复杂巨系统:如果组成系统的元素不仅数量大,而且种类也很多,它们之间的关系又很复杂,并有多种层次结构,这类系统就称为复杂巨系统。

代科技引领的管理创新无疑是我们所在这个时代创新的主旋律,也是科技创新体系的重要组成部分。

1.2.2 创新文化与环境

由于科学和技术是关于人认知和改造自然的知识,技术还包含着技艺,而且人的参与程度越高,则科学和技术知识的含量、密度和水平就越高,这些特点决定了科学和技术的人文价值和科学价值,因此,我们说科学和技术及它们的创新也是创新文化的重要组成部分。

按照是否具有实体和刚性(可理解为非人文的和人文的)将环境分为硬环境(由物质环境和刚性的管理体制及人员组成)和软环境(由人文环境、弹性的研究方向和评价体系组成)两大类,其中物质环境的要素是校园房舍、仪器设备、经费薪给等,人文环境主要由科学和人文精神、国家政策制度、学术传统、学风和治学氛围等组成。硬环境与软环境的相互渗透和融合程度决定了人性物境(主要由人才和体制组成)和物性人境(主要由研究方向和评价体系组成),它们渗透和融合越多,人性物境和物性人境的范围就越大,成果的趋向和大小也越显著。影响科技创新的因素很多,而且由于时间、地点和具体情况的差异,哪种环境和什么要素对于各个科技人员、科研机构或组织的创新过程产生主要的影响往往是不同的。

1.2.3 创新发展

当今世界,科技创新能力成为国家实力最关键的体现。在经济全球化时代,一个国家具有较强的科技创新能力,就能在世界产业分工链条中处于高端位置,就能创造和激活国家经济的新产业,就能拥有重要的自主知识产权而引领社会的发展。总之,科技创新能力是当今社会活力的标志,是国家发展的关键结点。

科技创新能力的形成是一个过程,需要一定的环境。如果人们自觉而明智地塑造有利于科技创新的环境,就能激发科技创新的社会潜能,就能缩减从科技创新到产业运用的时间进程。学习各国在科技创新上的经验,无疑是提高上述自觉性的很好的方式。

从各国的经验看,科技创新能力的形成有赖于如下因素:

- **良好的文化环境**。例如,有一种尊重知识、尊重人才的社会氛围,有热爱科学的社会风气,有百花齐放、百家争鸣、追求真理、实事求是的学术风气和规范,等等。没有一个良好的软环境,就很难形成科技创新能力生长的土壤。
- **较强的基础条件**。在科技创新的基础条件中,最重要的是教育体系。中国的传统教育体系偏重于知识传授,厚重有余,活力不足,在某种意义上不利于创造能力的形成。
- **有效的制度支持**。国家对自主科技创新的制度支持应是全面而有效的。例如,有有效的项目评估和资金支持体系,有有利于自主创新的政府采购制度,有明智的产业政策,有合理的知识产权制度,有有利于科技创业的社会融资系统,等等。

在人类社会中,做成一件事的条件无非是人、财、物。在3个条件中,人是主体、是最活跃的因素。在科技创新中,人的因素第一、人才第一体现得更为突出。当然,人的因素并不仅仅指个人的才智,也包括人的社会组织水平。另一方面,有人而无财、物,便是英雄无用武之地,也做不成事。因此,所谓科技创新的环境创造,就是让人、财、物能自然地、有效地结合。

科技自主创新能力主要是指科技创新支撑经济社会科学发展的能力。近现代世界历史表明,科技创新是现代化的发动机,是一个国家的进步和发展最重要的因素之一。重大原始性科技创新及其引发的技术革命和进步成为产业革命的源头,科技创新能力强盛的国家在世界经济的发展中发挥着主导作用。自然,一项新技术的诞生、发展和应用最后要转化为生产力,离不开观念的引导、支持和制度的保障,可以说,观念创新是建设创新型国家的基础,制度创新是建设创新型国家的保障;但发明一项新技术并转化为生产力,创造出新产品,占领市场取得经济效益,这是只有科技创新才能实现的。

1.3　知识创新的内涵

知识创新是指通过科学研究,包括基础研究和应用研究,获得新的基础科学和技术科学知识的过程,包括科学知识创新、技术知识特别是高技术创新和科技知识系统集成创新等。其目的是追求新发现,探索新规律,创立新学说,创造新方法,积累新知识。知识创新是技术创新的基础,是新技术和新发明的源泉,是促进科技进步和经济增长的革命性力量。知识创新为人类认识世界、改造世界提供新理论和新方法,为人类文明进步和社会发展提供不竭动力。

知识创新中,通过企业或组织的知识管理,在知识获取、处理、共享的基础上不断追求新的发展,探索新的规律,创立新的学说,并将知识不断地应用到新的领域,在新的领域不断创新,推动企业核心竞争力的不断增强,创造知识附加值,使企业获得经营成功。

1.3.1　知识创新的特征

知识创新具有以下特征:

- **独创性**。知识创新是新观念、新设想、新方案及新工艺等的采用,它甚至会破坏原有的秩序。知识创新实践常常表现为勇于探索、打破常规,知识创新活动是各种相关因素相互整合的结果。
- **系统性**。知识创新可以说是一个复杂的"知识创新系统",在实际经济活动中,创新在企业价值链中的各个环节都有可能发生。
- **风险性**。知识创新是一种高收益与高风险并存的活动,它没有现成的方法、程序可以套用,投入和收获未必成正比,风险不可避免。
- **科学性**。知识创新是以科学理论为指导,以市场为导向的实践活动。
- **前瞻性**。有些企业只重视能够为当前带来经济利益的创新,而不注重能够为将来带来利益的创新,而知识创新则更注重未来的利益。

1.3.2　形式与能力

知识创新一般有两种形式:累积式知识创新和激进式知识创新。累积式知识创新是学习中在原有知识的基础上,结合外部资源进行持续创新,这种创新是在原有知识基础上的创新,创新的累积性还意味着学习过程必须是连续的;激进式知识创新是指突破惯性思维,发现现有知识中没有的全新知识,这一创新的来源既有科技创新带来的根本性变革,也有企业效仿竞争对手引进的新知识、新技术与新理念。无论是累积式知识创新还是激进式知识创新,都需要具备包容新知识的素质和才能。

知识创新的能力是企业(组织)创造、整合和运用企业知识,实现战略目标所表现的能力,主要体现为战略远景、组织结构、人力资本管理以及组织制度等方面。

(1) 战略远景是知识创新的导向能力。战略远景规定了知识创新的价值体系,企业依此来评估、证明和判定其所创造知识的质量。因此,企业的战略远景可以用来指引企业员工吸收知识、整合知识和创新知识,是企业知识创新重要的能力组成部分。

(2) 组织结构是知识创新的载体能力。知识创新的特点决定了企业的知识创新必须既有利于企业成员个体知识的生产,又要能促进企业对这些个体知识的交流与共享,这种交流与共享只有通过企业成员的广泛沟通才能实现,而组织结构是企业知识创新决策的执行载体,其合理性影响企业知识交流与共享的效率。企业应以组织学习与知识创新能力的提升为出发点,以核心知识流为主线来进行组织结构设计与创新,须以知识流为导向构建企业组织结构,有利于知识创新各环节的横向知识交流。

(3) 人力资本是知识创新存量和流量控制能力。知识尤其是隐性知识主要体现在企业知识员工群体中,员工的知识广度与结构决定了企业的知识存量,员工在内部或外部的流动也体现了企业的知识流量。因此企业人力资本管理能力决定了企业知识创新的存量和流量。有效的人力资本管理可以稳定员工,从而避免企业核心知识向外流失,同时也可以吸引高知识含量的员工加盟企业,使企业获得足够的知识创新来源,保证知识创新的知识存量与流量。

(4) 组织制度是知识创新的保护与激励能力。企业知识,尤其是创新知识和核心知识决定了企业在市场中的价值,是企业赖以发展的基础和动力。如果企业的创新知识和核心知识被外泄,或者创新知识和核心知识没有得到持续的增加,企业竞争优势将不复存在。因此,企业建立和完善相关制度,如知识保护制度、组织学习制度、知识资产激励制度等,会对企业知识创新起到促进作用。

1.3.3　知识创新是提升竞争力的源泉

企业的核心竞争力包括两个方面:一是核心运营力,指企业能高速度、高效率地生产高品质的产品和高满意度服务的能力;二是核心知识力,指企业拥有对某种特定领域和业务而言独一无二的专长、技术和知识。国内外现代化企业的经验都证明,知识创新是企业寻求核心竞争力的无穷源泉。

知识创新也可以隐喻(metaphor)为知识进化,即不停地生成新知识。这要凭借理性思维的力量,因而必须有相应的思维方式创新。最后,要上升到精神文化创新。

知识始终是思维或理性的产物,因而应注意到理性思维是形成知识的源头活水。因此,知识创新就需要思维方式创新,培养和提高理性思维能力。

实质上,知识创新是极其复杂的精神性生产活动,因而必须坚持怀疑、批判精神,特别是自由精神。自由是人的本性,只有坚持自由创新精神,才能最大限度地甚至无限地实现知识创新。爱因斯坦非常强调自由创新精神。他认为,外在的自由和内心的自由是科学进步的先决条件,科学理论的逻辑基础,即基本概念和基本原理,是人类精神的自由创造,是人类理智的自由发明,知识和自由是不可分割的。

知识创新必须坚持自由精神,才能激发人的全能,造就不竭的智慧源泉。思想创新、文化创新都要超越国界,超越权力和金钱枷锁;继承传统文化要靠现代人;知识创新、思维方式创新更要靠具有自由创新精神的现代人。

1.4 技术创新的定义

技术创新是指生产技术的创新,包括开发新技术,或者将已有的技术进行应用创新。技术创新是以现有的知识和物质为出发点,在特定的环境中,改进或创造新的事物(包括但不限于各种方法、元素、路径、环境等)并能获得一定有益效果的行为。重大的技术创新会导致社会经济系统的根本性转变。技术创新包括新产品和新工艺,也包括原有产品和工艺的显著技术变化。如果在市场上实现了创新,或者在生产工艺中应用了创新,那么创新就完成了。

技术创新和产品创新有密切关系,又有所区别。技术的创新可能带来但不一定带来产品的创新,产品的创新可能需要但不一定需要技术的创新。一般来说,运用同样的技术可以生产不同的产品,生产同样的产品可以采用不同的技术。产品创新侧重于商业和设计行为,具有成果的特征,因而具有更外在的表现;技术创新具有过程的特征,往往表现得更加内在。产品创新可能包含技术创新的成分,还可能包含商业创新和设计创新的成分。技术创新可能并不带来产品的改变,而仅仅带来成本的降低、效率的提高,例如改善生产工艺,优化作业过程,从而减少资源消费、能源消耗、人工耗费或者提高作业速度。另一方面,新技术的诞生往往可以带来全新的产品,技术研发往往对应于产品或者着眼于产品创新;而新的产品构想往往需要新的技术才能实现。

根据创新的重要性,可以将技术创新分为以下几类:

(1) 渐进性创新,渐进性的、连续的小创新。

(2) 根本性创新,开拓全新领域,有重大技术突破的创新。

(3) 技术系统的变革,这类创新将产生具有深远意义的变革,通常出现技术上有关联的创新群的出现。

(4) 技术-经济范式的变更,这类创新将包含很多根本性的创新群,又包含很多技术系统变更。

1.5 管理创新及其4个阶段

管理创新(management innovation)是指组织形成一种创造性思想并将其转换为有用的产品、服务或作业方法的过程。即,富有创造力的组织能够不断地将创造性思想转变为某种有用的结果。当管理者说到要将组织变革得更富有创造性的时候,他们通常指的就是要激发创新精神。

在管理创新活动中,企业把新的管理要素(如新的管理方法、新的管理手段、新的管理模式等)或要素组合引入企业管理系统以更有效地实现组织目标的活动。

1.5.1 管理创新的内容

管理创新包括管理思想、管理理论、管理知识、管理方法、管理工具等的创新。何道谊按功能将管理创新分解为目标、计划、实行、检馈、控制、调整、领导、组织、人力9项管理职能的创新。按业务组织的系统,将创新分为战略创新、模式创新、流程创新、标准创新、观念创新、风气创新、结构创新、制度创新。以企业职能部门的管理而言,企业管理创新包括研发管理创新、生产管理创新、市场营销和销售管理创新、采购和供应链管理创新、人力资源管理创新、财务管理创新、信息管理创新等。

管理创新的内容也可以分为3个方面,三者从低到高,相互联系,相互作用:
(1) 管理思想理论上的创新。
(2) 管理制度上的创新。
(3) 管理具体技术方法上的创新。

有3类因素将有利于组织的管理创新,它们是组织的结构、文化和人力资源实践。
(1) 从组织结构因素看,有机式结构对创新有正面影响,拥有富足的资源能为创新提供重要保证,单位间密切的沟通有利于克服创新的潜在障碍。
(2) 从文化因素看,充满创新精神的组织文化通常有如下特征:接受模棱两可,容忍不切实际,外部控制少,接受风险,容忍冲突,注重结果甚于手段,强调开放系统。
(3) 在人力资源这一类因素中,有创造力的组织积极地对其员工开展培训和发展,以使其保持知识的更新;同时,它们还给员工提供高工作保障,以减少他们担心因犯错误而遭解雇的顾虑;组织也鼓励员工成为革新能手;一旦产生新思想,革新能手们会主动而热情地将思想予以深化,提供支持并克服阻力。

1.5.2 管理创新的4个阶段

一般来说,管理创新过程包含4个阶段。

第一阶段:对现状的不满。

管理创新的动机通常都源于企业或组织对现状的不满:或是企业遇到危机,或是商业环境变化以及新竞争者出现而形成战略型威胁,或是某些人对操作性问题产生抱怨。不论出于哪一种原因,管理创新都在挑战组织的某种形式,它更容易产生于紧要关头。

第二阶段:从其他来源寻找灵感。

管理创新者的灵感可能来自其他社会体系的成功经验,也可能来自那些未经证实却非常有吸引力的新观念。有些灵感源自管理思想家和管理宗师,还有些灵感来自无关的组织和社会体系,或者,有些灵感来自背景非凡的管理创新者,他们通常拥有丰富的工作经验。管理创新的灵感很难从一个公司的内部产生。只有通过从其他来源获得灵感,公司的管理创新者们才能够开创出真正全新的东西。

第三阶段:创新。

管理创新人员将各种不满的要素、灵感以及解决方案组合在一起,组合方式通常并非一蹴而就,而是重复、渐进的,但多数管理创新者都能找到一个清楚的推动事件。

第四阶段:争取内部和外部的认可。

与其他创新一样,管理创新也有风险巨大、回报不确定的问题。很多人无法理解创新的潜在收益,或者担心创新失败会对公司产生负面影响,因而会竭力抵制创新。而且,在实施之前,我们很难准确判断创新的收益是否高于成本。因此对于管理创新人员来说,一个关键阶段就是争取他人对新创意的认可。

在管理创新的最初阶段,获得组织内部的接受比获得外部人士的支持更为关键。这个过程需要明确的拥护者。如果有一个威望高的高管参与创新的发起,就会大有裨益。另外,只有尽快取得成果才能证明创新的有效性,然而,许多管理创新往往在数年后才有结果。因此,创建一个支持同盟并将创新推广到组织中非常重要。管理创新的另一个特征是需要获得"外部认可",以说明这项创新获得了独立观察者的印证。

外部认可包括4种来源:

(1)专业学者。他们密切关注各类管理创新,并整理总结企业碰到的实践问题,以应用于研究或教学。

(2)咨询公司。他们通常对这些创新进行总结和存档,以便用于其他的情况和组织。

(3)媒体机构。他们热衷于向更多的人宣传创新的成功故事。

(4)行业协会。

外部认可具有双重性:一方面,它增加了其他公司复制创新成果的可能性;另一方面,它也增加了公司坚持创新的可能性。

1.5.3 基本条件

为使管理创新能有效地进行,还必须创造以下的基本条件:

(1)创新主体应具有良好的心智模式。创新主体(企业家、管理者和企业员工)具有良好的心智模式是实现管理创新的关键。心智模式是指由于过去的经历、习惯、知识素养、价值观等形成的基本固定的思维认识方式和行为习惯。创新主体具有的心智模式:一是远见卓识;二是具有较好的文化素质和价值观。

(2)创新主体应具有较强的能力结构。管理创新主体必须具备一定的能力才可能完成管理创新,创新管理主体应具有核心能力、必要能力和增效能力。核心能力突出地表现为创新能力;必要能力包括将创新转化为实际操作方案的能力,从事日常管理工作的各项能力;增效能力则是控制协调加快进展的各项能力。

(3)企业应具备较好的基础管理条件。现代企业中的基础管理主要指一般的最基本的管理工作,如基础数据、技术档案、统计记录、信息收集归档、工作规则、岗位职责标准等。管理创新往往是在基础管理较好的基础上才有可能产生,因为基础管理好可提供许多必要的准确的信息、资料、规则,这本身有助于管理创新的顺利进行。

(4)企业应营造一个良好的管理创新氛围。创新主体能有创新意识,能有效发挥其创新能力,与拥有一个良好的创新氛围有关。在良好的工作氛围下,人们思想活跃,新点子产生得多而快,而不好的氛围则可能导致人们思想僵化,思路堵塞,头脑空白。

(5)管理创新应结合本企业的特点。现代企业之所以要进行管理上的创新,是为了更有效地整合本企业的资源以完成本企业的目标和任务。因此,这样的创新就不可能脱离本企业和本国的特点。在当前的国际市场中,短期内中国大部分企业的实力比西方企业弱,如果以刚对刚则会失败,若以太极拳的方式以柔克刚,则可能是中国企业走向世界的最佳方略。中国企业应充分发挥以"情、理、法"为一体的中国式管理制度的优势和特长。

(6) 管理创新应有创新目标。管理创新目标比一般目标更难确定,因为创新活动及创新目标具有更大的不确定性。尽管确定创新目标是一件困难的事情,但是如果没有一个恰当的目标则会浪费企业的资源,这本身又与管理的宗旨不符。

【实验与思考】 熟悉创新与科技创新的基本概念

1. 实验目的

本实验与思考的目的是:
(1) 理解和熟悉创新发明的基础概念。
(2) 熟悉科技创新的内容构成,了解知识创新、技术创新和管理创新的基本思想。

2. 工具/准备工作

在开始本实验之前,请回顾教科书的相关内容。
需要准备一台能够访问因特网的计算机。

3. 实验内容与步骤

(1) 熊彼特创新理论认为,创新包括5个方面的内容,即:
① _____
② _____
③ _____
④ _____
⑤ _____

(2) 典型问题和非典型问题。
典型问题:_____
例如:_____
非典型问题:_____
例如:_____

(3) 科技创新的3种类型。
知识创新:_____

技术创新:_____

管理创新：_____

(4) 知识创新的特征与能力。
知识创新的特征是：_____
_____
_____

知识创新的能力是：_____
_____
_____

(5) 根据创新的重要性对技术创新的分类。
① _____
_____

② _____
_____

③ _____
_____

④ _____
_____

(6) 管理创新的4个阶段。
第一阶段：_____
_____

第二阶段：_____
_____

第三阶段：_____
_____

第四阶段：_____
_____

4. 实验总结
_____
_____
_____

5. 实验评价（教师）
_____
_____

创新驱动发展

【脑洞大开】 2016年十大科技突破大盘点

《麻省理工科技评论》(MIT Technology Review)从 2001 年开始,每年都会公布"十大突破技术",并预计其对人类生活和社会的重大影响。这些技术代表了当前世界科技的发展前沿和未来发展方向,反映了近年来世界科技发展的新特点和新趋势。

正如《麻省理工科技评论》主编 Jason Pontin 所说,突破技术的定义非常简单,那就是能够给人们带来高质量的科技解决方案。此榜单在 2016 年第一次中美进行同步发布。

在时下的新兴技术中,哪些有可能解决重大问题并开启新的机会?以下是我们挑选的 2016 年十大突破技术。在这一年里,这 10 项技术均已到达一个里程碑式的阶段或即将到达这样一个阶段。

1. 免疫工程

突破技术:杀伤性 T 细胞可被用来消灭癌症。

重要意义:癌症、多发性硬化症和艾滋病毒(HIV)都可以通过免疫系统工程进行治疗。

主要研究者:赛莱克蒂斯、朱诺治疗、诺华。

基因工程改造的免疫细胞正在挽救癌症患者的生命。人体内的 T 细胞(即免疫系统中所谓的杀伤性细胞)可以识别和杀灭入侵者,而通过基因技术制造的工程化 T 细胞可以识别、攻击特定的病毒细胞,且具有记忆功能,可以对病毒进行永久阻断,达到所谓的"功能性治愈"。这项技术不仅仅限于癌症或者白血病,通过免疫系统工程治疗疾病将是未来医学的一个主攻方向。

2. 精确编辑植物基因

突破技术:能够便宜、精确地编辑植物基因组,不留下外源 DNA。

重要意义:提高农业生产率,以满足日益增长的人口的需要。到 2050 年世界人口预计将达到 100 亿。

主要研究者:塞恩斯伯里实验室、首尔国立大学、明尼苏达大学、遗传与发育生物学研究所。

基因编辑技术 CRISPR(这是 2014 年十大突破技术之一)为改造农作物提供了精确方法,可以使它们提高产量,更有效地抵御干旱和疾病。过去一年的研究表明,这样编辑过的植物没有外源 DNA 的踪迹。中国已经用它来培育抗真菌的小麦以及提高水稻产量。CRISPR 作物是否将受与转基因作物同样的法规监管目前还并不明确。

3. 语音接口

突破技术：将语音识别和自然语言理解相结合，为世界上最大的互联网市场创造切实可用的语音接口。

重要意义：通过打字与电脑互动是非常耗时和令人沮丧的。

主要研究者：百度、谷歌、苹果、Nuance 通信公司、Facebook。

中国是发展语音接口的理想市场，因为使用微型触摸屏来进行汉字输入十分麻烦。不过，随着百度在语音技术方面的不断进步，语音接口变得更为实用和有效，人们可以更为便利地与身边的设备进行互动。百度的深度语音识别系统(DeepSpeech2)包含了一个非常大的、"深"的神经网络，它引入了数以百万计的转录语音。有时它在识别汉语语音片段方面要比人工识别更加准确。

4. 可回收火箭

突破技术：可以发射有效载荷至轨道并安全着陆的火箭。

重要意义：降低飞行成本，可以为宇宙空间的许多新事业打开方便之门。

主要研究者：SpaceX、蓝源公司、联合发射联盟(ULA)。

火箭通常会在其首航的过程中损毁。但是如今，人们可以令火箭垂直着陆，并且在重新添加燃料之后开启另一个新航程，这为人类航天事业开辟了新纪元。蓝源公司(BlueOrigin)以及太空探索技术公司(SpaceX)均已实现了这种火箭着陆方式。可以预见，未来的航天飞行将比过去 40 年阿波罗时代所带来的影响有趣得多。

5. 知识分享型机器人

突破技术：这种机器人可以学习任务，同时将知识传送到云端，以供其他机器人学习（见图 2-1）。

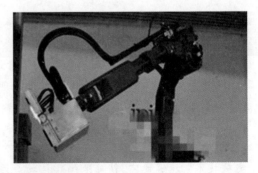

图 2-1　知识分享型机器人

重要意义：如果不需要分别对所有类型的机器进行单独编程，那么可以极大地加快机器人的发展进程。

主要研究者：BrainofThings、布朗大学、加利福尼亚大学伯克利分校、德国达姆施塔特工业大学。

如果机器人能够独立解决更多的问题，并互相分享这些内容，那会怎么样？布朗大学计算机科学系的教授斯蒂芬妮·泰勒斯正在进行一项研究,目的是使世界各地的研究型机器人学习如何发现和处理简单的物品,并将数据上传至云端,并允许其他机器人分析和使用这些信息。她和同事已经收集了大约200个物品的数据,并且已经开始共享这些数据。她希望能建立一个信息库,让机器人能够很容易地获取它们所需要的全部信息。

6. DNA 应用商店

突破技术:新的 DNA 测序商业模式让在线获取基因信息成为可能。

重要意义:人的大部分特征都是由基因组决定的,其中也包括罹患特定疾病的可能性。

主要研究者:海力克斯(Helix)、伊卢米纳(Illumina)、VeritasGeneticst。

当科学家告诉你,已经发现了"甜食基因"(sweettoothgene),有人偏爱甜食就与这种基因有关,你是否会花5美元看看自己有没有这种基因?Illumina 与 Helix 正在筹建一个世界上最大的基因测序中心,计划在今年或明年推出 DNA 应用商店。

7. SolarCity 的超级工厂

突破技术:通过一种简化的、低成本的制造工艺生产出高效的太阳能电池板(见图2-2)。

重要意义:太阳能产业需要更便宜、更高效的技术来提高其相对于化石燃料的竞争力。

主要研究者:SolarCity、中圣集团(SunPower)、松下。

SolarCity 的电池板采用了一种新型材料组合,通过简化的、低成本的制造工艺生产出转换效率为22%的太阳能电池板。SolarCity 在水牛河(Buffalo River)附近的工业园区内正在筹建北美最大的太阳能电池生产工厂,预计将于明年全面投入生产。该工厂的产能为每天10 000个太阳能电池板,或者每年可以实现太阳能发电1000MW。该公司称,SolarCity 只需要不到常规设备三分之一的电池板便可以产生与之相等的电量。

图2-2 SolarCity 的超级工厂

8. Slack 通信软件

突破技术:便捷易用的通信软件正取代电子邮件成为新的工作协同工具。

重要意义:在很多工作场所,"饮水机效应"(指偶然相遇和意想不到的同事对话会催生新想法)可以提升生产率。

主要研究者:Slack、Quip、Hipchat、微软。

名为 Slack 的办公室内部通信系统经常被描述为世界上有史以来增长速度最快的工作场所软件。自2013年推出以来,在不到3年的时间里,每日用户数就已经超过了200万。市场上也存在其他一些类似于 Slack 的"Facebook 版办公软件套件",但却未能赢得如 Slack 般的用户热情。

9. 特斯拉自动驾驶仪

突破技术:汽车可以在各种环境下安全自驾。

重要意义:全球范围内,每天都有几千人死于人为误操作引发的车祸。

主要竞争者:特斯拉、沃尔沃、梅赛德斯、谷歌、优步、尼桑、福特、丰田、通用。

特斯拉采用增量方法,它的客户都是其广泛的测试参与者。这与那些组建小型测试车队来收集数据,从而希望有一天能够推出全自动驾驶汽车的谷歌及其他公司大不相同。真正自动化所需的硬件已准备就绪,马斯克表示,全自动驾驶汽车在两年内将具备技术上的可行性——即使在法律上不被认可。

10. 空中取电

突破技术:新型无线装置,能够利用周边的无线电信号(如Wi-Fi)为自身供电并进行通信(见图2-3)。

图2-3 空中取电

重要意义:互联网设备将摆脱电池和电源线的束缚,开拓大量新应用领域。

主要研究者:华盛顿大学、德州仪器公司、马萨诸塞大学(安赫斯特)。

开发此项技术的华盛顿大学研究人员已证明微弱的无线电信号确实能满足一个互联网装置的电能需求。其中一项技术名为无源Wi-Fi(passive Wi-Fi),正由一家衍生公司JeevaWireless商业化。无源Wi-Fi通过后向散射Wi-Fi信号,让无电池装置与传统设备(如电脑和智能手机等)连接。无源Wi-Fi的功耗只是当前Wi-Fi芯片组的万分之一,是一些采用蓝牙LE和ZigBee通信标准的小型连接设备功耗的千分之一,而覆盖范围更远。小型无源Wi-Fi设备制造成本极为低廉,可能不到1美元。

阅读上文,请思考、分析并简单记录:

(1) 在2016年《麻省理工科技评论》发布的2016年全球十大科技突破技术中,你比较看好哪一项?为什么?

答:_____

_____

_____

_____

(2) 在《麻省理工科技评论》发布的2016年全球十大科技突破技术中,涉及信息通信技术领域的是哪6项?

答:_____

_____

(3) 在《麻省理工科技评论》发布的 2016 年全球十大科技突破技术中,你最不看好的是哪一项?为什么?

答:_____

_____

_____

_____

(4) 请简单记述你所知道的上一周发生的国际、国内或者身边的大事。

答:_____

_____

_____

_____

2.1 现代化建设"三步走"战略

中国共产党十八大提出实施创新驱动发展战略,强调科技创新是提高社会生产力和综合国力的战略支撑,必须摆在国家发展全局的核心位置。这是中央在新的发展阶段确立的立足全局、面向全球、聚焦关键、带动整体的国家重大发展战略。为加快实施这一战略,2016 年 5 月 19 日,中共中央、国务院印发了《国家创新驱动发展战略纲要》(以下简称《纲要》)。

国家科技部部长万钢在介绍《纲要》时表示,将把创新驱动发展作为国家的优先战略,以科技创新为核心带动全面创新,以体制机制改革激发创新活力,以高效率的创新体系支撑高水平的创新型国家建设。

2.1.1 党的十三大提出的"三步走"战略

小康,是邓小平 1979 年会见当时的日本首相大平正芳时第一次提出的用于现代化发展战略的一个概念。"所谓小康社会,就是虽不富裕,但日子好过。"为了规划中国现代化发展的蓝图,邓小平设想了著名的现代化发展"三步走"战略,即:第一步,从 1981 年到 1990 年,实现国民生产总值翻一番,解决全国人民的温饱问题,这在 20 世纪 80 年代末已基本实现;第二步,从 1991 年到 20 世纪末,国民生产总值再翻一番,达到小康,这也已在 1995 年提前完成;第三步,到 21 世纪中叶,人民生活比较富裕,再翻两番,基本实现现代化,人均国民生产总值达到中等发达国家水平,人民过上比较富裕的生活。三步走战略在 1987 年 10 月党的十三大上提出,并成为中国政府经济建设的总体战略部署。

2000 年,中国实现了"三步走"战略的第一、第二步目标,全国人民的生活总体上达到了小康水平,人均 GDP 达到 848 美元,实现了从温饱到小康的历史性跨越。这是中华民族发展史上的一个里程碑。下一步是开始全面建设小康社会,即达到中等发达国家程度的现代化发展战略第三步阶段。

在全面建设小康社会的奋斗目标中,关键的目标是,国内生产总值到 2020 年力争比 2000 年翻两番,综合国力和国际竞争力明显增强。这是实现现代化建设第三步战略目标必经的承上启下的发展阶段,也是完善社会主义市场经济体制和扩大对外开放的关键阶段。

2.1.2 党的十五大提出的"三步走"战略

在当时的历史条件下,邓小平设计的"三步走"战略,对第三步只做了一个大致的构想。在走完前两步目标的时候,把第三步目标和步骤进一步具体化,做出新的战略规划,是历史的必然和现实的要求。

党的十五大提出:21 世纪的目标是,第一个十年实现国民生产总值比 2000 年翻一番,使人民的小康生活更加宽裕,形成比较完善的社会主义市场经济体制;再经过十年的努力,到建党一百年时,使国民经济更加发展,各项制度更加完善;到世纪中叶建国一百年时,基本实现现代化,建成富强民主文明的社会主义国家。

这实际上提出了一个新的"三步走"发展战略。按照这个战略部署,中国从 20 世纪末进入小康社会后,将分 2010 年、2020 年、2050 年 3 个阶段,逐步达到现代化的目标。2010 年前是第一步。2010 年国民经济和社会发展的主要奋斗目标是:实现国民生产总值比 2000 年翻一番,人民的小康生活更加宽裕,形成比较完善的社会主义市场经济体制;从 2010 年到 2020 年是第二步,根据十六大的规划,到 2020 年实现国内生产总值比 2000 年翻两番的目标;从 2020 年到 2050 年是第三步,通过 30 年的奋斗,基本实现现代化。

党的十六大指出:"一方面,经过全党和全国各族人民的共同努力,我们胜利地实现了社会主义现代化建设'三步走'战略的第一步、第二步目标,人民生活总体上达到小康水平。这是社会主义制度的伟大胜利,是中华民族发展史上一个新的里程碑;另一方面,我国正处于并将长期处于社会主义初级阶段,现在达到的小康还是低水平的、不全面的、发展很不平衡的小康。"应该说,这是一个十分清醒的估计,既肯定了中国人经过 20 多年改革开放取得的历史性成就,又指出了中国目前存在的问题以及继续前进的方向。

认清这些基本情况十分重要。这是中国继续前进的基础,也为中国继续前进指明了方向。所以,十六大报告提醒大家:"我国生产力和科技、教育还比较落后,实现工业化和现代化还有很长的路要走;城乡二元经济结构还没有改变,地区差距扩大的趋势尚未扭转,贫困人口还为数不少;人口总量继续增加,老龄人口比重上升,就业和社会保障压力增大;生态环境、自然资源和经济社会发展的矛盾日益突出;我们仍然面临发达国家在经济科技等方面占优势的压力;经济体制和其他方面的管理体制还不完善;民主体制建设和思想道德建设等方面还存在一些不容忽视的问题。巩固和提高目前达到的小康水平,还需要进行长时期的艰苦奋斗。"

2.2 创新驱动发展"三步走"战略

改革开放 30 多年来,我国经济的高速发展主要是依靠土地、人力、资源等生产要素来驱动的,现在继续依靠这些来维持快速发展显然难以为继。同时,我国经济发展中产业层次低、结构不合理等矛盾也已日益凸显。所以,必须转变发展方式,依靠创新来跨越中等收入陷阱。创新成为国家战略已刻不容缓。

2.2.1 创新驱动发展的国际经验

从国际经验看,"二战"后只有少数经济体从低收入迈向高收入,成功实现了现代化,而依靠科技创新形成新的竞争优势,使劳动生产率持续提高。以韩国和中国台湾为例,台湾自 20 世纪七八十年代后产业转型做"晶圆代工",目前,这已成为其支柱产业,产量占全世界的三分之二。韩国则是自 20 世纪 70 年代开始发展信息技术,自此进入快速发展阶段。"凡是能够实现创新驱动的后进国家或者地区都上来了。"

放眼全球,创新从来都是国家之间竞争的关键筹码。2009 年金融危机后,一些发达国家的创新和结构调整了步伐。例如,美国分别在 2009 年和 2011 年两度发布其创新战略,加大对创新的投入和工程技术人才的培养,实施再制造业化战略等。日本也于 2009 年提出"2020 增长战略",指出 2020 年研发(R&D)支出占 GDP 的比例达 4%,拓展环境、能源、医疗、科技和人才培养等领域,选择重点在信息通信、节能环保、生物工程、宇宙和海洋开发等产业技术突破。

正因为此,党的十八大提出实施创新驱动发展战略。而此前诸多关于科技体制改革、创新的文件大多是就科技论科技。《纲要》首次将创新作为一个系统工程上升到国家战略进行部署。

2.2.2 创新驱动发展架构顶层设计

《纲要》是一个历史性文件,指出了未来十几年中国的发展方向。它宣示我国经济发展的路径将发生根本性变化,即**从要素驱动转变为创新驱动**。

《纲要》按照 2020 年、2030 年、2050 年 3 个阶段进行部署,每个阶段的目标都与我国现代化建设"三步走"的目标相互呼应并提供支撑。

创新驱动发展的"三步走"战略是:第一步,到 2020 年进入创新型国家行列,有力支撑全面建成小康社会目标的实现;第二步,到 2030 年跻身创新型国家前列,为建成经济强国和共同富裕社会奠定坚实基础;第三步,到 2050 年建成世界科技创新强国,为我国建成富强民主文明和谐的社会主义现代化国家、实现中华民族伟大复兴中国梦提供强大支撑(见图 2-4)。

《纲要》指出,把创新驱动发展作为国家的优先战略,以科技创新为核心带动全面创新,以体制机制改革激发创新活力,以高效率的创新体系支撑高水平的创新型国家建设,推动经济社会发展动力根本转换,为实现中华民族伟大复兴的中国梦提供强大动力。

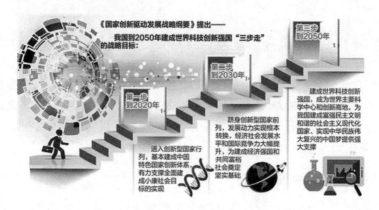

图 2-4 创新驱动发展

创新驱动就是创新成为引领发展的第一动力,科技创新与制度创新、管理创新、商业模式创新、业态创新和文化创新相结合,推动发展方式向依靠持续的知识积累、技术进步和劳动力素质提升转变,促进经济向形态更高级、分工更精细、结构更合理的阶段演进。

创新驱动是国家命运所系。国家力量的核心支撑是科技创新能力。创新强则国运昌,创新弱则国运殆。实现中华民族伟大复兴的中国梦,必须真正用好科学技术这个最高意义上的革命力量和有力杠杆。

创新驱动是世界大势所趋。全球新一轮科技革命、产业变革和军事变革加速演进,科学探索从微观到宇观各个尺度上向纵深拓展,以智能、绿色、泛在为特征的群体性技术革命将引发国际产业分工重大调整,颠覆性技术不断涌现,正在重塑世界竞争格局,改变国家力量对比,创新驱动成为许多国家谋求竞争优势的核心战略。我国既面临赶超跨越的难得历史机遇,也面临差距拉大的严峻挑战。唯有勇立世界科技创新潮头,才能赢得发展主动权,为人类文明进步做出更大贡献。

创新驱动是发展形势所迫。我国经济发展进入新常态,传统发展动力不断减弱,粗放型增长方式难以为继。必须依靠创新驱动打造发展新引擎,培育新的经济增长点,持续提升我国经济发展的质量和效益,开辟我国发展的新空间,实现经济保持中高速增长和产业迈向中高端水平的"双目标"。

当前,我国创新驱动发展已具备发力加速的基础。经过多年努力,科技发展正在进入由量的增长向质的提升的跃升期,科研体系日益完备,人才队伍不断壮大,科学、技术、工程、产业的自主创新能力快速提升。经济转型升级、民生持续改善和国防现代化建设对创新提出了巨大需求。庞大的市场规模、完备的产业体系、多样化的消费需求与互联网时代创新效率的提升相结合,为创新提供了广阔空间。中国特色社会主义制度能够有效结合集中力量办大事和市场配置资源的优势,为实现创新驱动发展提供了根本保障。

同时也要看到,我国许多产业仍处于全球价值链的中低端,一些关键核心技术受制于人,发达国家在科学前沿和高技术领域仍然占据明显领先优势,我国支撑产业升级、引领未来发展的科学技术储备亟待加强。适应创新驱动的体制机制亟待建立健全,企业创新动力不足,创新体系整体效能不高,经济发展尚未真正转到依靠创新的轨道。科技人才队伍大而不强,领军人才和高技能人才缺乏,创新型企业家群体急需发展壮大。激励创新的市场环境和社会氛围仍需进一步培育和优化。

在我国加快推进社会主义现代化、实现"两个一百年"奋斗目标和中华民族伟大复兴中国梦的关键阶段,必须始终坚持抓创新就是抓发展、谋创新就是谋未来,让创新成为国家意志和全社会的共同行动,走出一条从人才强、科技强到产业强、经济强、国家强的发展新路径,为我国未来十几年乃至更长时间创造一个新的增长周期。

2.2.3 "三步走"战略与现代化建设相呼应

"《纲要》提出的'三步走',与我国现代化建设'三步走'战略目标相互呼应、提供支撑。"在徐匡迪看来,"三步走"的战略目标既志存高远又紧接地气。"我们不可能一夜之间就成为一个创新型国家,不可能急转弯,必须有一个过渡期。我认为第一个5年就是起步和过渡期,主要任务是成功转弯,然后再加速。"

第一步最难,"难就难在人们的惯性思维必须发生改变。长期以来我们的经济工作主要追求数量、速度,而现在要拼质量、品牌;过去我们主要是跟随、模仿,而现在要强调并行、创新。"

为实现这一战略目标,《纲要》明确了实施创新驱动发展战略的总体部署,强调要按照"坚持双轮驱动、构建一个体系、推动六大转变"进行布局,构建新的发展动力系统。

所谓双轮驱动,是指科技创新和体制机制创新两个轮子相互协调,持续发力。科技创新是创新驱动的核心,而体制、机制创新是保障。没有体制创新,科技创新就只能待在实验室。要通过体制机制创新把创新的源头从政府主导转移到企业和科学家这一端。体制机制创新要调整一切不适应创新驱动发展的生产关系,统筹推进科技、经济和政府治理三方面体制机制改革,最大限度地释放创新活力。

抓创新首先要抓科技创新,补短板首先要补科技创新的短板。科学发现对技术进步有决定性的引领作用,技术进步能够有力地推动发现科学规律。要明确支撑发展的方向和重点,加强科学探索和技术攻关,形成持续创新的系统能力。

一个体系就是建设国家创新体系。要建设各类创新主体协同互动和创新要素顺畅流动、高效配置的生态系统,形成创新驱动发展的实践载体、制度安排和环境保障。明确企业、科研院所、高校、社会组织等各类创新主体功能定位,构建开放高效的创新网络,建设军民融合的国防科技协同创新平台;改进创新治理,进一步明确政府和市场分工,构建统筹配置创新资源的机制;完善激励创新的政策体系,保护创新的法律制度,构建鼓励创新的社会环境,激发全社会创新活力。

六大转变就是:发展方式从以规模扩张为主导的粗放式增长向以质量效益为主导的可持续发展转变;发展要素从传统要素主导发展向创新要素主导发展转变;产业分工从价值链中低端向价值链中高端转变;创新能力从"跟踪、并行、领跑"并存、"跟踪"为主向"并行、领跑"为主转变;资源配置从以研发环节为主向产业链、创新链、资金链统筹配置转变;创新群体从以科技人员的小众为主向小众与大众创新创业互动转变。

《纲要》紧紧围绕经济竞争力提升的核心关键、社会发展的紧迫需求、国家安全的重大挑战,采取差异化策略和非对称路径,强化重点领域和关键环节的任务部署。

《纲要》指出:实施创新驱动发展战略,必须从体制改革、环境营造、资源投入、扩大开放等方面加大保障力度。

2.2.4 具体落实八大任务

在明确目标和部署的前提下,《纲要》具体提出八大任务:推动产业技术体系创新,创造发展新优势;强化原始创新,增强源头供给;优化区域创新布局,打造区域经济增长极;深化军民融合,促进创新互动;壮大创新主体,引领创新发展;实施重大科技项目和工程,实现重点跨越;建设高水平人才队伍,筑牢创新根基;推动创新创业,激发全社会创造活力。这些任务都是根据当前我国的实际情况来确定,综合考虑各方面因素,最后从不同部门、不同渠道的多项任务中筛选、凝练而成的。

徐匡迪认为,其中"建设高水平人才队伍"尤为关键和重要。《纲要》提出,要着力加强科技创新领军人才、创新型企业家和高技能人才三支队伍建设,这需要推动教育创新,改革人才培养模式,强化对科学精神、创新思维、创造能力和社会责任感的培养,并加大对人才的激励力度,最大限度地激发科技人员的创新潜能。

回顾科技发展史,如果没有瓦特改良蒸汽机,就不会有第一次工业革命;如果爱迪生没有改良电灯、电话,就不会有电气化革命。再如最近的乔布斯和马斯克,给手机和电动汽车行业带来颠覆性变革。因此,创新往往是由一些关键人才引领的。在创新要素全球流动的情况下,如何吸引全球优秀高级人才为我所用,值得关注。

《纲要》提出深化体制机制改革,并将科技体制改革和经济社会发展改革同步发力。创新成为驱动发展的动力,而创新本身也需要动力,要靠体制机制创新来激活和调动全社会的创新积极性。

【实验与思考】 熟悉"三步走"创新驱动发展战略

1. 实验目的

本实验与思考的目的是:

(1) 认真阅读《国家创新驱动发展战略纲要》。

(2) 了解党的十三大、十五大提出的我国现代化建设"三步走"战略。

(3) 熟悉创新驱动发展"三步走"战略,熟悉"从要素驱动转变为创新驱动"的战略需求与任务。

2. 工具/准备工作

在开始本实验之前,请回顾教科书的相关内容。
需要准备一台能够访问因特网的计算机。

3. 实验内容与步骤

请记录:
你的个人"三步走"是:

2020年，_____岁，人生目标是：_____
2030年，_____岁，人生目标是：_____
2050年，_____岁，人生目标是：_____

(1) 请通过网络搜索，了解邓小平设想的现代化发展"三步走"战略。
第一步：_____
_____
第二步：_____
_____
第三步：_____
_____

(2) 请通过网络搜索，了解党的十五大提出的现代化发展"三步走"战略。
第一步：_____
_____
第二步：_____
_____
第三步：_____
_____

(3) 请分析：改革开放30多年来，我国经济高速发展主要是依靠_____
_____来实现的。
为什么说"创新成为国家战略已刻不容缓"？
_____
_____
_____

(4) 请通过网络搜索，仔细阅读和认真领会《国家创新驱动发展战略纲要》，请记录《纲要》提出的创新驱动发展的"三步走"战略。
答：_____
_____
_____
_____

(5) 为实现战略目标，《纲要》明确了实施创新驱动发展战略的总体部署，强调要按照"坚持双轮驱动、构建一个体系、推动六大转变"进行布局，构建新的发展动力系统。
请记录：
"双轮驱动"是指_____
_____

"一个体系"是指_____

"六个转变"是指

① _____

② _____

③ _____

④ _____

⑤ _____

⑥ _____

4. 实验总结

5. 实验评价(教师)

互联网思维

【脑洞大开】"+互联网"vs."互联网+"

今天很多传统行业,包括很多人,在创业时都是希望把传统行业跟互联网结合,都在谈"互联网+"。那么,"互联网+"到底是什么?我的理解有两种:一种叫"+互联网",一种叫"互联网+"。

"+互联网"是把互联网当成术。比如说,你原来是卖大饼的,现在你不只在线下卖,也在网上卖了,或者是弄了一大波美少女,给人上门送大饼(所谓的O2O),这些都是利用互联网,是"传统企业+互联网"。

很多传统制造业老板跟我谈工业4.0。从狭义上说,工业4.0是让工厂更加自动化,利用各种智能化的设备把工厂全部用互联网协议连在一起,将很多东西共享到云端,加强跟客户的联系。从本质来讲,这些都是"+互联网"——是做加法,不会产生爆炸级、指数级的变化。也就是说,这些做法没有改变一个行业或产品的本质,只是利用互联网把它改得更有效。

先看一个例子:Uber(优步)的理念:让每个人都能拥有私人司机。

Uber为什么能成为全球最大的"不租车的租车公司"呢?是因为它改变了连接关系(见图3-1)。过去很多人有车,但不能接活,所以乘客必须跟出租车司机相连接,出租车公司跟政府相连接,获得执照,然后再跟乘客相连接,这很复杂。

图3-1 Uber改变了连接关系

Uber从两方面颠覆了连接关系。

(1)颠覆了用户和出租车的连接。你不要小看这点,我在美国用Uber的时候,一直以为它是靠便宜。后来发现,便宜只是一方面。

你们肯定体会过此时的心情:站在路边,许多空出租车驶过,就是不接你。遇到这种情况,我就特想拦路抢劫一辆车。

因为有了手机有了连接,Uber现在给了你一个体验:它能让你看着代表着来接你的车的小蓝点或者小绿点、小红点快速地向你接近。这种感觉太美好了,这就是原来你没有过的体验。

(2)当然更重要的是商业模式的变化,它改变了所有开车司机的连接。过去只有少数人跟出租车公司连接,Uber让每个人都可以当"黑车司机"。你会发现,Uber什么都没有变,它既没有改造汽车,没有在汽车里加一块电池,也没有在汽车里加iPad,它改变的只是连接关系。

所以说"互联网+"是道①,是用互联网的哲学、互联网的思维去指导一个产品或传统行业如何做产品,改变它的产品体验,改变它看待用户的方式,改变它跟用户的连接方式,改变商业模式,从而让资源真正重新配置,产生化学反应甚至核反应效果。

连接:改变一切的力量

过去很多传统大咖看不上互联网,把互联网看成一个垂直行业,认为是一群毛孩子忽悠国外VC(风险投资)的钱在国内乱烧。但是为什么互联网在快速改变很多行业?它不再是一个垂直行业,它水平地对很多行业带来摧毁和重塑。这里面最本质的力量是什么呢?

行业里有一个老朋友,也是前辈,丁磊,为了在2000年互联网泡沫破碎的时候给自己打气,也给大家打气,弄了一个广告,那个广告当年我没看懂,过了十年我终于理解了,那个广告我觉得道出了互联网的真谛,叫"网聚人的力量"。

网络之所以牛,就是因为它把很多东西连在了一起。一个网络的价值跟它的结点的数目不是成正比地变化,而是呈指数级地变化——当这个网络只有一个结点的时候,它就没有价值。但是第一亿零一个结点所获得的价值不只是它本身,还有前面一亿个结点拥有的价值,是价值的指数变化。

无论是互联网还是未来的IOT(物联网),最核心的本质和背后的力量都是连接(connection)。你要考虑你的产品如何能够加入到连接的网络里来,你的产品如何能真正把很多东西连在一起。这个东西可以是人,可以是企业,可以是everything,只有理解了连接,才会理解为什么很多行业会被颠覆。

举个例子:微信为什么颠覆了运营商呢?而且为什么至少在一段时间里看起来是不可战胜的呢?因为微信改变了用户和运营商之间的连接关系,它解决了我们每个人的连接问题。

张小龙确实很牛,假设微信是我做的,我最多能想到,做一个大家都会用的"摇妹纸"的功能。但是他用公众号把大家都连接起来,这就是中国互联网一个非常大的创新。

在PC互联网时代为什么没有那么大的力量?PC互联网其实没有把人连起来,只是把电脑连起来了。电脑只是一个工具,它最多改变了信息传播的方式。

手机互联网就不一样。手机是什么呢?手机是你身上的新器官,已经长在你手上了。

---

① 道:原始含义指道路、坦途,以后逐渐发展为道理,用以表达事物的规律性,说明世界的本原、本体、规律或原理,是中国古代哲学的重要范畴。

它是人类发明的物件里跟人关系最紧密的,绝对是刚需。我们现在无论干什么——聚餐开会,夫妻在床上,都拿着手机看。

而在PC端,我们每天的在线时长最多就8个小时甚至5个小时,手机怎么也有十几个小时吧。

今天我把你的什么东西没收了都可以,但手机没收三十分钟,有人就要跟我拼命。没办法,这已经成为了一种病。

而且手机是移动的设备,它把每个人连起来以后,这个网更大了,不仅时间更长了,手机里还有传感器、摄像机、录音机……产生了更多的信息。所以微信为什么会比QQ牛?就是因为它真正把人连在了一起(见图3-2)。

图3-2 移动互联网把人连在一起

未来的趋势是什么

创业和做产品有两种思路:

(1) 站在过去看现在。

(2) 站在现在看未来。

有太多人喜欢总结,喜欢看过去,我也犯过这样的错误,什么事成功了,我们就可以借鉴,这就是站在过去看现在。这样的好处是什么呢?不用争论,因为有数据可以看,有数据案例可以分析。但问题是它已经过去了,已经out了。

你要创业,要创新时,就不能这样做,一定要做未来的事情。

未来的事情也有两种:

(1) 要么是别人没做过的事情。

(2) 要么是把别人做过的事情换一种别人想不到的方式去做。

你只有做一件今天大家可能都不看好,但明天、后天有可能做起来的事情,你才可能获得巨大的成功。

图3-3 IOT连接人、物、服务

未来的趋势有两个:

(1) 一个趋势叫IOE(Internet of Everything)。我觉得这更多是对服务业来讲的,即用互联网对"服务员"进行改造,打车、订餐都是这一类。国内称其为O2O(Online to Offline)。

(2) 另一个趋势叫IOT(Internet of Things)。把很多物理器件都变成智能设备,然后跟云端连接在一起。这就意味着,今天你看到的所有东西都可以被智能化、无线化、移动化和云端化。我把它叫做"万物互联"(见图3-3)。

有人把这个叫做物联网,我特不喜欢,这个词前几年被用滥了,被很多人庸俗化成一个传感器网络。在公共系统里面,传感器网络根本不是什么新鲜词。如果仅仅是一个传感器,没有太大的价值。

重要的是每个设备都是智能的,通过采集数据,做出智能的判断,再把数据返回到云端,云端才能真正汇总成大数据,大数据再产生一些结果,反馈给各个智能设备。

重新发明轮子的时机到了

前两天,我见到一个行业大佬,我说,智能汽车就是四个轮子的iPhone,他特别激动地说,他早就这么认为,但大家不认同。

在IOT的世界里面,所有的东西都是拿在手里的。未来手表是不是手机?眼镜是不是手机?谁说五年以后手机一定还是现在这个样子的呢?想想所谓的车联网,当你坐到车里,真的需要再把手机打开吗?可能这个车本身就变成了智能的系统。

你回到家里,把手机一摆,家里可能到处都是智能设备,包括你身上穿戴的各种东西(我一直在想能不能做一个可充电皮带,皮带里装满电池)。

所以,重新发明轮子的时机到了。

我们过去经常讲,不要重新发明轮子,就是说,在做产品的时候,要尽量利用已有的成果,不要什么都从零做起。

但是从另外一个方面讲,你也可以重新发明轮子。因为轮子虽然不能从圆的变成方的,但可以加入智能化的东西,比如气压的传感、轮胎磨损的传感,也可以有一个智能的蓝牙或者通信的模块,它可以和你的汽车相连,甚至可以和你的轮胎厂商相连。

比如说,前段时间,GE在他们所有的航空发动机里装上了智能设备,记录发动机的运转数据,同时把数据汇总到GE总部,通过大数据告诉航空公司,哪个发动机跟其他发动数据曲线不太一样,有问题。

这绝不仅仅意味着很多设备可以智能化,最重要的是什么呢?

(1)很多硬件产品的用户体验将被重新改变,变成了一个互联网产品,而不再只是一个硬件。

(2)商业模式会被改变,也就是一个卖轮胎、发动机的商业模式会转换成提供服务的模式。

换句话说,我认为以后绝大多数产品,特别是3C产品,除了苹果之外,卖硬件赚钱的机会都会越来越小了。以后很多设备都只会变成连接,只有将用户、客户和厂商重新建立联系,才能用连接去重塑商业模式。

用户思维,而不是客户思维

我跟很多传统企业老板讲,转型互联网其实特别简单,就一层窗户纸,捅破了就好了。但知易行难。

在我看来,最重要的是要转换一个概念,就是要有用户思维,而不是客户思维。

举个例子:滴滴和快的最早做的是打车生意。打车过程中,出租车公司会向滴滴付钱吗?出租司机会向它付钱吗?打车的人会向它付钱吗?没有一个人是它的客户。

但是它解决了两个问题:打车是不是刚需?打不到车是不是痛点?它解决了一部分用户或80%的用户高频的刚需和痛点,跟用户建立了连接。

以前用户和出租车司机有连接吗?没有。但是现在跟打车软件建立连接后,它有了这么多用户,下一步就往专车走了。

再下一步,这些大大小小的出租公司就要跟打车软件谈了:哥,你分业务的时候,能不能把一些业务发给我?所以,天底下所有的出租公司或者有出租车的人最后都会成为它的客户,前提就是它连接了很多用户。

互联网公司:产品简单,商业模式复杂

传统行业的产品、业务很复杂,商业模式特别简单。无论多么眼花缭乱的业态和组织结构,最后都是要把东西卖给张三李四,谁掏钱,谁就是他的客户,是他的衣食父母,所以他们就编出了一套说辞来麻痹自己,叫客户永远都是对的,客户是上帝。

什么是用户?用户有几个特征:

(1)不见得向你掏钱。

(2)要经常使用你的服务或产品。

(3)一定要直接跟你连接。

(4)一定要定期有交流。

很多互联网公司产品简单,商业模式复杂,特别是"to C"的产品,你要用一句话就让消费者听明白为啥用你的产品,所以要简单,比如说微信——摇一摇摇妹子。

但是要找到赚钱的办法,就要不断从A走到B,再走到C,再走到D,不断推演,这是互联网行业跟很多行业的差别。

巨头被干掉,不是死了,是被边缘化了

中国最牛的行业是什么?是运营商,因为他拥有的既是客户又是用户——你每个月交话费,买套餐,是客户;你每天打电话、发短信、上网离不开他的服务,是用户。

运营商断服务一分钟你都受不了。但为什么说微信还是干掉了运营商?

干掉的意思,不是死了,而是被边缘化了。不是说有了微信的免费信息服务,导致运营商的短信收入下降了,对运营商来说,那几百亿的市场只要用户还在就可以做。

最致命的是,每天你手机里用的是大量的第三方公司的产品,你和运营商之间被以微信为主的各种互联网服务隔离了,你跟运营商的距离越来越远。

所以,以后大家跟运营商之间就没用户关系了,只剩下客户关系。你连营业厅都不用去,在网上充值就行了。如果以后免费Wi-Fi无处不在,那连SIM卡都不要了。

前几年携号转网,运营商慌得要死,因为他们觉得号码是资源。我说,大哥,别逗了,你看大家在陌陌上聊了半天,最后互留了啥?是微信号。

透过现象看本质:将来离用户最近的,使用时间最长,黏度最高的厂商是最有价值的,以此类推。

你或许会说,运营商总是修路的吧?没有我修的路,哪来你跑的车?我们要是把路断了,你们就不行了。

道理很简单,就像我那本书一样,今天你买那本书,你关心的是谁写的,内容是什么,你不会关心在哪印刷,不会关心纸从哪里来。造纸厂的大哥可以骄傲地和我说,老周,你得瑟什么?没有我们的印刷,你这本书出不来。我承认,他说的是对的,但他们在价值链的末端,是可替换的,他们赚的利润自然也是最低的。

运营商曾经提过一个问题:微信收费吗?这就是传统思路,提供了某种服务就要收费,你要收费就要把他变成客户。马化腾用得着收费,把大家都变成客户吗? 微信每年怎么也得投入几十个亿吧,然后给大家提供免费的通信服务,让你们每天都花五个小时上网,让你们离不开,像我想不用都不能,因为你们都用啊。

有了用户之后,互联网的规律就来了,两句话——"胡打胡有理"和"插根扁担都开花"。他在上面做什么不好?

有一段时间,微信出广告了,有些人还特别期待,世界真是变了——很多人收到可乐的广告,很沮丧;有人收到宝马的广告,奔走相告,我终于收到了宝马的广告了。所以未来腾讯在微信还能做更多的事情,所有你想得到、想不到的都可以做,这就是用户的力量。

这不是空话,如果概括互联网的特性,只能用四个字,那就是"用户至上"。

很多人一上来就跟我说,我在互联网里怎么赚钱。我不是不爱钱,我跟你们一样爱钱,因为没有钱是万万不能的。但是在互联网上刚开始就想怎么赚钱,就想着弄客户,你可能就没有用户,那其他互联网的东西都免谈。

所以,你要想想,你到底拥有的是"客户关系"还是"用户关系"。

阅读上文,请思考、分析并简单记录:

(1) 阅读本文,你认为什么是"+互联网",什么是"互联网+"? 请简述之。

答:＿＿＿＿＿＿＿＿＿＿＿＿＿＿＿＿＿＿＿＿＿＿＿＿＿＿＿＿＿＿＿＿＿＿
＿＿＿＿＿＿＿＿＿＿＿＿＿＿＿＿＿＿＿＿＿＿＿＿＿＿＿＿＿＿＿＿＿＿＿＿
＿＿＿＿＿＿＿＿＿＿＿＿＿＿＿＿＿＿＿＿＿＿＿＿＿＿＿＿＿＿＿＿＿＿＿＿

(2) 请分析:什么是客户,什么是用户? 试举例说明。上文中认为用户的主要特征是什么?

答:＿＿＿＿＿＿＿＿＿＿＿＿＿＿＿＿＿＿＿＿＿＿＿＿＿＿＿＿＿＿＿＿＿＿
＿＿＿＿＿＿＿＿＿＿＿＿＿＿＿＿＿＿＿＿＿＿＿＿＿＿＿＿＿＿＿＿＿＿＿＿
＿＿＿＿＿＿＿＿＿＿＿＿＿＿＿＿＿＿＿＿＿＿＿＿＿＿＿＿＿＿＿＿＿＿＿＿

(3) 试想想,在互联网时代,我们需要拥有的是"客户关系"还是"用户关系"? 为什么?

答:＿＿＿＿＿＿＿＿＿＿＿＿＿＿＿＿＿＿＿＿＿＿＿＿＿＿＿＿＿＿＿＿＿＿
＿＿＿＿＿＿＿＿＿＿＿＿＿＿＿＿＿＿＿＿＿＿＿＿＿＿＿＿＿＿＿＿＿＿＿＿
＿＿＿＿＿＿＿＿＿＿＿＿＿＿＿＿＿＿＿＿＿＿＿＿＿＿＿＿＿＿＿＿＿＿＿＿

(4) 请简单记述你所知道的上一周发生的国际、国内或者身边的大事。

答:＿＿＿＿＿＿＿＿＿＿＿＿＿＿＿＿＿＿＿＿＿＿＿＿＿＿＿＿＿＿＿＿＿＿
＿＿＿＿＿＿＿＿＿＿＿＿＿＿＿＿＿＿＿＿＿＿＿＿＿＿＿＿＿＿＿＿＿＿＿＿
＿＿＿＿＿＿＿＿＿＿＿＿＿＿＿＿＿＿＿＿＿＿＿＿＿＿＿＿＿＿＿＿＿＿＿＿

3.1 互联网思维的由来

所谓"互联网思维"(见图3-4)是相对于工业化思维而言的,它是一种商业民主化的思维,是一种用户至上的思维。互联网思维下的产品和服务是一个有机的生命体。

图3-4 互联网思维

3.1.1 工业化思维

一种技术从工具属性、从应用层面到社会生活,往往需要经历很长的过程。珍妮纺纱机[1](见图3-5)从一项新技术到改变纺织行业,再到后来被定义为工业革命的肇始,影响东西方经济格局,至少需要几十年。互联网也同样如此。

图3-5 珍妮纺纱机

但因为这种影响是滞后的,所以,我们就难免会陷入身份的尴尬之中:旧制度和新时

---

[1] 18世纪中期,英国商品越来越多地销往海外,手工工场的生产技术供应不足。为了提高产量,人们想方设法改进生产技术。在棉纺织部门,人们先是发明了一种叫飞梭的织布工具,大大加快了织布的速度,也刺激了对棉纱的需求。18世纪60年代,织布工詹姆士·哈格里夫斯发明了珍妮纺纱机(Spinning Jenny)的手摇纺纱机。珍妮纺纱机一次可以纺出许多根棉线,极大地提高了生产率。

代在我们身上会形成观念的错位。越是以前成功的企业,转型越是艰难,这就是"创新者的窘境"——一个技术领先的企业在面临突破性技术时,会因为对原有生态系统的过度适应而面临失败。

互联网思维就是要对传统的工业思维进行颠覆,消费者已经反客为主,拥有了消费主权。过去 2000 多年作为人类文明基石的思想体系将面临新的挑战,我们正要迎来消费平等、消费民主和消费自由的消费者主权时代,整个供应链条上的各大狠角色,如品牌商、分销商和零售商的权力在稀释、在衰退甚至终结。在消费者主权的大时代下,消费信息越来越对称,价值链上的传统利益集团越来越难以巩固自身的利益壁垒,传统的品牌霸权和零售霸权逐渐丧失发号施令的能力。话语权从零售商转移出来到了消费者手中,这是一个划时代的事件,未来全球消费者共同参与、共同分享的开放架构正在形成。这一重心变化赋予每个消费者改变世界的力量,我们必须主动邀请我们的顾客参与到从创意、设计、生产到销售的整个价值链创造中来。

3.1.2　商业民主化的思维

工业化时代的标准思维模式是大规模生产、大规模销售和大规模传播,这被称为工业化时代企业经营的"圣三位一体"。但是,在互联网时代,这三个基础被解构了。工业化时代稀缺的是资源和产品,资源和生产能力被当作企业的竞争力,而产品更多地是以信息的方式呈现的,渠道垄断很难实现。最重要的一点是媒介垄断被打破了,消费者同时成为媒介信息和内容的生产者和传播者。再希望通过买通媒体单向度、广播式制造热门商品诱导消费行为的模式不成立了。这三个基础被解构以后,生产者和消费者发生转变,消费者主权形成。

3.1.3　用户至上的思维

以前的企业也会讲用户至上、产品为王,但这种口号要么是自我标榜,要么真的是出于企业主的道德自律。但是在信息时代,在消费者主权的时代,用户至上是你不得不奉行的准则,你得真心讨好用户。淘宝卖家"见面就是亲,有心就有爱"是真实的情绪,因为好评变成了有价值的资产。

过去,零售商和品牌商习惯了独唱,消费者没有参与,而互联网颠覆了现有的商业价值坐标体系和参照物,颠覆了价值创造的规律。我们必须回归到商业的本质,真正找到用户的痛点,找到用户的普遍需求,为客户创造价值。只有专注客户的价值才会带来财富。

3.2　什么是互联网+

国务院《关于积极推进"互联网+"行动的指导意见》(国发〔2015〕40 号,以下简称"40 号文")指出:"互联网+"是把互联网的创新成果与经济社会各领域深度融合,推动技术进步、效率提升和组织变革,提升实体经济创新力和生产力,形成更广泛的以互联网为基础设施和创新要素的经济社会发展新形态。

理解互联网+的 4 个要点是:

其一，要走出互联网＋工具论的狭隘视野，把互联网＋当作更具生态性的要素来看待，它就是我们的生存环境、我们的生活、我们的生命不可分割的存在。

其二，每个人都有一个互联网＋，它和你的时间、空间、生活、事业、行业、关系以及你的现实世界与虚拟世界纠缠在一起。每个人都可以对互联网＋做出自己的定义，进行解读。

其三，尽管互联网＋具有动态性，但它的特质用最简洁的方式来表述，只有8个字——"跨界融合，连接一切"。如果说"连接一切"更加代表了互联网＋和这个时代的未来，那么，"跨界融合"则是互联网＋现在真真切切要发生的事情。

其四，切忌孤立地看待、解读互联网＋。互联网＋是生态要素，它具有很强的协同性、全局性、系统性。我们综合地去看待创新驱动发展、大众创业万众创新、中国制造2025、智慧民生，会发现它们是无法分割和片面理解的，而串起这些珍珠的线就是互联网＋。

未来，互联网＋对于产业、经济和整个社会都会有非常长远深刻的影响，而且一定会汇成一股越来越强大的力量，推动一个新时代的来临。

3.2.1 怎么理解"＋"

我们应该从不同层次来看待、理解和整体把握互联网＋，以便更透彻地考察互联网＋，这包括以下5个层次：

第一个层次：互＋联＋网。互联网是什么？是连接，形成交互，并纳入网络或虚拟网络。信息通信技术（ICT）改变了距离、时间、空间，虚拟与现实都成为一种存在，每一个个体都被自觉不自觉地划分到不同的社群、网络。换句话说，互联网产业的企业、从业者也有一个连接、联盟、生态圈的问题。例如在通用电气（GE）的倡导下，AT&T、思科（Cisco）、通用电气、IBM、英特尔（Intel）等世界级大公司就在美国波士顿宣布成立工业互联网联盟（IIC），以期打破技术壁垒，促进物理世界和数字世界的融合。

第二个层次：互联网＋移动互联网＋云计算＋大数据＋安全云库＋知联网＋万联网＋产业互联网（如工业互联网、能源互联网）。不管什么名头，连接是目标，互联互通是根本。如果单纯去讲某一方面的网络，和连接本身就是对立的，更谈不上连接一切。同时，万物互联，不论何种网络，一定不要变成孤岛。

第三个层次：互联网＋人。移动终端是人的智能化器官，让用户的触觉、听觉、视觉等都持续在线，无处不达。"互联网＋人"是互联网＋的起点和归宿，是互联网＋文化的决定因素，也是互联网＋可以向更多要素、更多方向、更深层次延展的驱动力之所在。

第四个层次：互联网＋其他行业。其他行业不能简单地归类为传统行业，互联网产业也需要自我革命，持续迭代，新兴行业要拥抱互联网，而创新创业更离不开互联网。现在进展最快的有"互联网＋零售"产生的电子商务、"互联网＋金融"出现的互联网金融等。

第五个层次：互联网＋∞。∞代表无穷，这就是连接一切的阶段。人与人、人与物、人与服务、人与场景、物与物，这些连接随时随处发生；不同的地域、时空、行业、机构乃至意念、行为都在连接。同时，后面也可能有各种各样的排列组合，这里面蕴含了形如"互联网＋X＋Y"这样的基本模式，比如"互联网＋汽车后市场服务"，往往会进一步产生"＋保险""＋代驾""＋救援""＋拼车"等服务，这才能真正体现跨界与融合，才有可能产生细分领域的创新。

其实,即便对于"+"本身,也需要有更结构化的体察和更超脱的定义,在不同的场景,其内涵与方式都是不一样的。一般地,它代表了连接,至于连接的基础、协议、方式、持续等可能要视情况而有很大的差异。

3.2.2 为什么"+"

互联网为什么可以"+"另外一个行业?这是因为互联网、云计算、大数据等技术不仅仅提供了产业方面的革命,更是关系到多个产业的变化。用数据的力量重新定义各个行业,重新定义信息化。因为数据能够获取人与人、全世界、全宇宙之间发生的一切变化,并呈现出来。

互联网+成为国家战略,除了国家洞察、产业推动、竞争需要之外,新兴产业应用的跃升式发展也功不可没。电子商务、社交网络、互联网金融是互联网+的破局者。它们的先行先试,既发现了痛点,创新了模式,又积累了经验,发现了问题。可以说,没有互联网金融、社交网络和电子商务的创造性实践,就不会有互联网+被广泛重视的今天。互联网正深刻改变着人们的生活,推动着社会的进步,引领着国家的发展,创造着世界的未来。

互联网金融也是伴随电子商务的发展而生发、成长的,特别是网络支付开启了第三方支付的新方式。无论是电子商务之于传统零售业,还是第三方支付这个互联网金融的有生力量之于电子商务,都是利用互联网跨界融合的结果,都是协同创新活生生的案例。

1998 年 PayPal 公司在美国成立,它在传统银行金融网络系统与互联网之间为商家提供网上支付通道。加上亚马逊支付、谷歌钱包等第三方支付公司的出现,美国一度占据全球互联网支付的主要份额。直到 2013 年,这个历史被改写了,美国被中国超越。其背景除了移动通信技术快速发展、电子商务越来越被接受之外,支付宝、易宝支付、财付通等第三方支付工具加大自身创新力度也是重要的推动因素。

3.2.3 全球创新指数

全球创新指数(GII)是在 2007 年由英士国际商学院(INSEAD)首次开始研究的,随后每年发表一期全球创新指数报告。全球创新指数通过评估制度和政策、基础设施、商业和市场的成熟度以及人力技能来衡量一个经济体广泛的经济创新能力。全球创新指数报告在当今的国际上认可度较高,该报告将创新描述为"导致产生经济和社会价值的发明和创造的融合"。

全球创新指数创立了一个综合性并可量化的指标体系,用来全面评估全球创新活动和各经济体的创新能力,对各个国家和地区的创新实践有一定的指导意义。这一指数报告所评估的项目不仅包括 GDP 中的研发投入比重、专利和商标数量等重要传统指标,还逐年涵盖了如基础设施、商业环境、人力资源等多元化指标,这不但扩展了研究范围,还深化了研究内容,为研究世界各国的创新活动提供了新的视角。另外,这一指数报告不但采用了客观定量的硬指标和综合性指标,同时还采用了主观定性的软指标等多种研究手段,加强了研究成果的准确性和科学性。

国家或地区可以划分为不同创新群体:创新领导者、创新学习者和创新欠佳者。这样的比较反映出世界各国在创新能力上存在着两个明显的特点：其一，处于不同发展阶段的国家之间存在的创新差距最为突出，高收入国家在所有创新表现指标方面均远超出人均收入较低的国家；其二，地区之间也存在较大创新差距，高收入国家与非洲、亚洲与拉丁美洲大部分国家相比较尤为如此。

全球创新指数由5个"创新投入指数"和2个"创新产出指数"共计7大类指标构成，它们分别是制度（政治环境、管理环境和商业环境）、人力资本和研究（教育和研发）、基础设施（信息/通信技术、能源和一般性基础设备）、市场成熟度（信贷、投资和贸易竞争）、企业成熟度（知识型工人、创新链和知识吸收）、知识和技术输出（知识创新、知识影响和知识扩散）、创新输出（无形资产创造力、创新产品和服务以及在线创新）。其中包括7个一级指标、21个二级指标和84个三级指标。这些指标相对独立又相互联系，综合反映了世界各个国家和地区在创新方面的优劣势、能力和绩效。全球创新指数由创新投入指数和创新产出指数的平均值计算而成，而二者的比值为"创新效率指数"。

在2014年的全球创新指数排名中，中国位列第29位。2015年9月17日，世界知识产权组织、美国康奈尔大学、英士国际商学院联合发布2015年全球创新指数，瑞士、英国、瑞典、荷兰和美国跻身全球最具创新力经济体的前5强，中国排名与2014年持平。

中国表现相对较弱的指标是："在线创新"指标（第136位），创业便利程度（第118位），教育公共开支占国民总收入的比重，环境绩效（第111名），非农产品市场准入（第128名），通信、计算机和信息服务进口（第105名）。

3.2.4 全球连接指数

为了评估和验证ICT如何提升国家和行业的竞争力，华为公司于2014年开发并正式发布全球连接指数（GCI），包括国家连接指数和行业连接指数，这是业界首次对国家和行业连接水平进行全面、客观的量化评估。简而言之，全球连接指数调研旨在评估全球各个国家和行业的连接水平以及由连接带来的价值。《共建全连接世界白皮书》开宗明义地提出"连接成为新常态"，到2025年，全球将有1000亿终端连接，其中90%以上将会来自各种智能的传感器，65亿互联网用户使用80亿部智能手机，这表明世界正连接得更紧密。

国家连接指数考察了占全球78%的GDP和68%的人口的25个国家的连接程度，进而反映ICT在推动创新、提供极致用户体验和培育创业方面的作用。

行业连接指数考察了10个行业中ICT领域的投资和应用及其对企业效率、创新和与客户互动方面的影响。通过该指数，可以看出哪些行业正在积极拥抱ICT以及由此带来的好处。这个指数也反映了ICT基础设施和关键技术进步如何帮助行业进行创新及变革，以抓住全连接世界里的诸多机会。

在国家连接指数排名中，中国位列第14位（见图3-6），虽未跻身前十，但政府投资绝对值高居榜首，依旧是全球最具潜力的ICT市场之一。德国的国家连接指数高居榜首，两大综合指标"连接现状"和"增长空间"分别立居全球第三和发达国家第二。基于雄厚的ICT基础优势，德国率先发起工业4.0革命，用信息物理系统连接工厂，从"制造"向"智造"升级，工业生产效率有望提高30%。

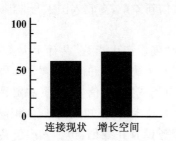

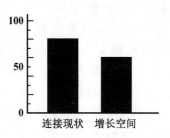

图 3-6　中国、德国的国家连接指数对比

通过对全球连接指数的调研发现,连接已经成为衡量国家竞争力的重要指标。华为公司通过对两个维度 16 个指标的研究分析得出,连接指数每提升 1 点,人均 GDP 增加 1.4%～1.9%,发展中国家的提升会明显高于发达国家。

ICT 是连接一切的纽带,成为撬动可持续发展的杠杆。今天的 ICT 系统由过去的支撑系统向驱动价值创造的生产系统转变。连接已经成为继土地、劳动力、资本、技术之后新的生产要素。未来所有的企业都会成为互联网企业,借助连接的力量缩短业务流程,降低成本,提升效率,释放出产业创新的巨大潜能,驱动创新焦点从消费互联网向产业互联网迁移,一个规模庞大的产业互联网时代正在到来。

华为公司借此阐释了共建全连接世界的梦想:让宽带连接一切,无处不在,让敏捷创新打破边界,无所不及,让极致体验普惠大众,无人不享;借助这些先进的信息通信技术与理念不断推动社会进步,与业界携手构建起连接人与人、人与物、物与物的全连接世界。

3.3　互联网+时代的特征

要全面透彻地理解互联网＋的精髓,还有必要站在时代的角度去考察和分析,关注互联网＋的 6 个方面的核心特质。

3.3.1　跨界融合

如果用最简洁的方式来表述,互联网＋的特质就是 8 个字:跨界融合,连接一切。

"+"本身就是一种跨界,就是变革,就是开放,是一种融合。敢于跨界了,创新的基础才会更坚实;融合协同了,群体智能才会实现,从研发到产业化的路径才会更垂直。融合本身也指代身份的融合,客户消费转化为投资,伙伴参与创新等等,不一而足。融合就会提高开放度,就会增强适应性,就不会排斥、排异;互联网如果能够融合到每个行业里,无论对于传统行业还是互联网,应该都是一件好事。例如,B2B(企业对企业)模式可以进入企业的一些关键结点,促进整合协同,提高效能,可以交叉营销。这个创意就是互联网改变商业的一个方面。像腾讯做连接器,开放了平台,可以让很多的人、物、服务、机构嵌入连接器,带来连接的价值,影响了我们智慧生活的方式、与世界对话的方式。

在"互联网+X"的跨界融合中,"+"要求双方而不是单方的亲和力,可以看作各自的融合性、连接性、契合性、开放性、生态性。互联网给其他产业带来冲击是必然的,而且是不可逆的。

应该说,今天我们所处的时代和面临的环境发生了很大的变化,而这种变化背后的驱动要素与跨界相关度非常大。过去传统工业的结构化模式,在互联网、移动互联网乃至大数据技术的冲击下,正在被颠覆。但是,这种颠覆本身带来的是产业之间的融合以及新兴产业的出现和蓬勃兴起,这些都是跨界的土壤。跨界思维是一种"普适智慧",不是只有创新时才需要跨界,也不是需要跨界了才去做跨界的准备。跨界首先必须跨越思维观念之"界",跨界应该成为一种行为方式。

3.3.2 创新驱动

我们所处的时代,有人称之为信息经济、数据经济,甚至有人说创客经济、连接经济来了。这一方面说明时代处于动态变化中,另一方面说明这些因素在这个特定阶段愈发表现出其重要性和主导性。

中国粗放的资源驱动型增长方式早就难以为继,必须转变到创新驱动发展这条正确的道路上来。同时,要敢于打破垄断格局与条框自我设限,破除束缚生产力发展的因素,建立可跨界、可协作、可融合的环境与条件。这正是互联网的特质,用所谓的互联网思维来求变、自我革命,也更能发挥创新的力量。

2015年3月13日国务院颁布的《关于深化体制机制改革加快实施创新驱动发展战略的若干意见》指出:把科技创新摆在国家发展全局的核心位置,统筹科技体制改革和经济社会领域改革,统筹推进科技、管理、品牌、组织、商业模式创新,统筹推进军民融合创新,统筹推进引进来与走出去合作创新,实现科技创新、制度创新、开放创新的有机统一和协同发展。

3.3.3 重塑结构

重塑结构从互联网时代就已经开始了。信息革命、全球化、互联网业已打破原有的社会结构、经济结构、关系结构、地缘结构、文化结构。结构被重塑的同时带来很多要素,如权力、关系、连接、规则和对话方式的转变。

互联网改变了关系结构,如用户、伙伴、股东、服务者等身份在一定条件下可以自由切换。互联网改写了地理边界,也改变了原有的游戏规则以及管控模式。商业模式不断被创新,管理的逻辑也发生了深刻的变化。生产者和消费者的权力重心发生了重大迁移,连接、关系越来越成为企业追求的要素之一。监管与控制,流量与屏蔽,都有了新的含义、操作和思路。

互联网打破了固有的边界,减弱了信息不对称性。信息的民主化、参与的民主化、创造的民主化盛行。互联网让社会结构随时面对不确定性,社群、分享大行其道。接触点设计、卷进方式设计成为企业管理者的必修课,而注意力、引爆点成为商业运营和品牌传播中重点关注的要素。

互联网让组织、雇用、合作都被重新定义,互联网 ID(身份标识号码)成为个体争相追逐的目标。现实世界与虚拟世界有时候变得既分裂又无缝融合,自我雇用、动态自组织、自媒体大行其道,连接的协议有时候完全由个人定义。

互联网降低了整个社会的交易成本,提升了全社会的运营效率。移动互联网催生了持续在线,移动终端成为人的智能器官,随时被连接。用户的需求越来越多地发生在移动互联网上,如对通信、信息、传播、娱乐、购物等的需求。互联网还集成了大众智慧,用户可以参与设计,参与创新,参与传播,参与内容创造。

3.3.4 尊重人性

人性,即人类天然具备的基本精神属性。人类社会的一切都是基本人性的映射。人性的光辉是推动科技进步、经济增长、社会进步、文化繁荣的最根本的力量。尊重人性是互联网最本质的文化。互联网力量之强大最根本地也来源于对人性的最大限度的尊重、对用户体验的敬畏、对人的创造性的重视。

李克强总理在 2014 年度国家科学技术奖励大会上指出,国家繁荣发展的新动能就蕴含于万众创新的伟力之中。当前中国现代化建设正处于关键时期,将坚定不移地走创新驱动发展之路,使人人皆可创新,创新惠及人人。他还指出"人民是创新的主体",要把更多的资源投到人身上而不是物上面,敢于让青年人挑大梁,出头彩。

3.3.5 开放生态

依靠创新、创意、创新驱动,同时要跨界融合,做协同,就一定要优化生态。对企业、行业应优化内部生态,并和外部生态做好对接,形成生态的融合性。更重要的是创新的生态,如技术和金融结合的生态、产业和研发进行连接的生态等。好的生态激活创造性,放大创造力,孕育创意,促进转化,带来社会价值创新;坏的环境、阻碍的规制、欠缺的生态则会扼杀创新。

未来的商业是无边界的世界。在这个重要前提下,衡量企业跨界能力的一个关键因素就是开放性、生态性够不够。不能以开放的心态对跨界战略进行深刻的洞察,自然无法思考和设计新的商业模式。

只有开放才能融合,实际上这也是跨界思维的核心之一。只有在一个开放的生态系统里,跨界才能找到一些和外界其他要素之间的共通点。当然在这个基础上还可以寻找跨界合作的规则。未来的跨界,一定要把企业的内部生态圈延伸出去,和外部的生态系统进行协同、交互、融合,跨界的力量才能有效地推动创新。

创意、创新是生态的一个要素,生态既要有种子,还需要土壤、空气、水分。国家积极鼓励大众创业、万众创新的目的就是孵化培育一大批创新型小微企业,并从中成长出能够引领未来经济发展的骨干企业,形成新的产业业态和经济增长点。而达到目的的最重要的条件就是创意、创新、创业的生态。构建生态既需要精心设计,又需要发挥要素的连接性和能动性;生态内外必须形成有机的信息交换,而不是自我封闭的构筑;要素间交互、分享、融合、协作随时自由发生,同时还要保持独立、个性与尊重。

互联网＋行动计划的核心是生态计划,要重塑教育生态、创新生态、协作生态、创业生态、虚拟空间生态、资源配置和价值实现机制、价值分配规则。最亟待关注的生态包括但不限于以下几个方面:内在创造性激发导向的教育生态,专业教育与职业教育并重,消除高中前与大学教育、大学教育与应用教育的鸿沟;社会价值创新导向的创意创新生态,搭建创意创新与价值创造之间的桥梁;协同创新、融合创新、价值网络再造的生态,让知识产权、人力资本和努力与可预期结果匹配。这的确将引发一场越来越深入的改革。

3.3.6 连接一切

理解互联网＋,一定要把握它和连接之间的关系。跨界需要连接,融合需要连接,创新需要连接。连接是一种对话方式、一种存在形态,没有连接就没有互联网＋。连接的方式、效果、质量、机制决定了连接的广度、深度与持续性。

连接一切有一些基本要素,包括技术(如互联网、云计算、物联网、大数据技术等)、场景、参与者(人、物、机构、平台、行业、系统)、协议与交互、信任等。这里,对于信任作为一个要素,很多人未必理解或认同,但它的确是最重要的因素之一。因为互联网让信息不对称性降低,连接结点的可替代性提高,只有信任是选择结点或连接器的最好判别因素,信任让"＋"成立,让连接的其他要素与信息不会被阻塞、迟滞,让某些结点不会被屏蔽。互联网＋会让诚信、信任重建,这是人性推动社会进步的最好证据。

3.4 互联网+行动的指导意见

互联网不仅对经济发展产生深远影响,同时对社会发展带来重大影响。因为互联网不仅仅要＋传统行业,还要＋政务,＋公共服务,＋智慧民生。因此,政府不能袖手旁观,互联网＋同时也倒逼改革,改进公共服务,优化社会治理。更重要的还来自互联网＋对于社会新生态的发育、优化。

我们只有对互联网、互联网＋的作用以及对推进互联网＋行动的战略意义有更全面、更深入的了解、把握和认同,才有可能凝聚共识,有效作为。

3.4.1 关于互联网的再认识

互联网、互联网＋是信息时代的主旋律。从中央到地方,从政府到民间,从企业到个人,都要拥抱互联网,主动互联网＋,拥抱创新,拥抱未来。推动互联网与各行业深度融合,对促进大众创业、万众创新,加快形成经济发展新功能意义重大(见图3-7)。

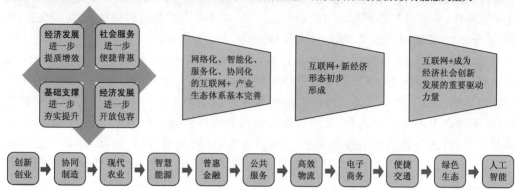

图3-7 "互联网＋"重点行动与发展目标

如果对目标进行梳理、归纳和提炼，包括未清晰表达的诉求与目标，整体目标清单应如下：

转型与发展目标：形成网络经济与实体经济协同互动的发展格局；实现平稳转型，提质增效升级，做优存量；打造新引擎，创新驱动发展取得重要成果，做大增量。平稳就是不造成巨大波动，不要硬着陆，要兼顾速度和效能，保持健康，但创新驱动发展坚定不移。民众享受智慧生活的同时，也可以促进信息消费、生产性服务业等成为新增长点。

连接目标：将大力推动移动互联网、云计算、大数据、安全、物联网、人工智能建设，整体连接指数大幅提高，对内基本消灭数字鸿沟，还要提高面向全球的连接能力。

（1）**生态目标**。应用互联网＋优化社会新生态，让移动互联网、云计算、大数据、物联网等成为生态的基础，让连接更畅通，让跨界融合更具可能性，让要素的流动性更足，让科技创新的机制更灵活，让创新创业的环境更健康，更智慧；促进互联网＋产业生态体系基本完善，互联网＋新经济形态初步形成。

（2）**民生目标**。针对民生问题，习近平强调，做好经济社会发展工作，民生是"指南针"。互联网＋最重要的就是＋人，真正以人为本、公平可及、便捷普惠、创新发现与放大人的价值，促进各得其所；通过互联网融入生活，提供更加优质、更有效率的公共服务，建立公众参与的网络化社会管理服务新模式；让每一个个体体会互联网技术带给他们的生产、生活、创新创业的巨大便利性；在衣食住行、健康、娱乐等诸方面，获得连接一切的智慧化生活体验。

（3）**创新创业目标**。鼓励在互联网＋率先发展的领域更多地发现机会，展开创新，融合创业；利用互联网＋的渗透性，让创新创业获得生态化、集聚性支持，催生高质量、可落地的前瞻性项目，真正成为"双引擎"之一，发力创新驱动发展，让创新创业生态化自由生长。

（4）**产业行业目标**。互联网＋逐步由第三产业向第二、第一产业渗透，促进网络化、智能化、服务化、协同化;率先转型的重点产业已经明确,即金融业、电子商务、工业制造业,但是其他行业也要次第跟上。形成一批有国际影响力和竞争力的行业样本,在中国制造2025、互联网金融、电子商务三大领域形成重点突破;优化价值链,催生新业态、新模式,发育新兴产业;促进互联网+产业资本+众创空间,以创新为纽带促进产业集群、智力集群。

(5) **跨境发展目标**。大大增强全球连接能力、全球价值创造能力,在全球市场、全球服务、全球供应链、全球价值链、全球合作伙伴方面,构建跨境产业链体系,发展全球市场应用,特别是培育具有全球影响力的互联网+应用平台,增强走出去服务能力,带动一批骨干企业主体及其产业联盟形成全球跨界融合能力。

(6) **智力资本目标**。激活人力资本,发挥创造性,培育企业家精神;发育结构资本,让创新创业的生态、跨界融合的生态、产业价值链的生态、外部合作的生态不断完善、优化;积淀、产生标准(创制一批全球有影响力的重要标准)、惯例、标杆、样本等具有知识、技术、商业价值的输出,在互联网+上形成集群示范效应;在关系资本上,形成一批具有一定主导权的标准联盟、产业联盟、服务联盟,通过主办具有全球影响力的互联网+论坛与博览会,通过"一带一路"、自贸区、亚投行辐射区等方面促进交互、信任关系的资本化。

(7) **竞争力目标**。互联网+驱动,通过扫除羁绊、架构生态,解放生产关系,释放生产力动能;用技术创新、思想创新、产业创新、文化创新推动社会价值创新,对世界形成友好而深刻的影响;在民生、治理、公共服务等方面建立具有独特魅力的示范效应。通过努力,实现在全球的产业主导权、市场话语权,构建具有全球影响力的科技创新中心、价值输出中心、连接融合中心、思想创新中心。

3.4.2 新常态、新思维和新经济

2014年11月9日,习近平在亚太经合组织(APEC)工商领导人峰会上首次系统阐述了"新常态"。2014年12月9日至11日,中央经济工作会议在北京举行,会议从消费、投资、出口和国际收支、生产能力和产业组织方式、生产要素相对优势、市场竞争特点、资源环境约束、经济风险积累和化解、资源配置模式和宏观调控方式9个方面全面阐释了中国经济"新常态"。

1. 新常态

新常态是新驱动(新动能)、新要素、新生态、新业态的集成。新驱动(新动能)即创新驱动发展。主要包括4个方面:一是协同创新生态与联盟,如40号文提到的"互联网+创业网络体系""开放式创新体系""创业服务业"等新业态;二是企业主体,40号文强调"坚持改革创新和市场需求导向,突出企业的主体作用,大力拓展互联网与经济社会各领域融合的广度和深度";三是大众创业、万众创新,这些中国经济的每一个细胞、万千创新因子是新动能的最重要来源;四是政府与非政府组织、中介组织、科研院所的创新。所以,要求政府在新常态下"着力深化体制机制改革,释放发展潜力和活力""着力创新政府服务模式,夯实网络发展基础,营造安全网络环境,提升公共服务水平"。当然有一点需要明确,就是创新不限于技术创新。

2. 新思维

开放是引领,开放是一切的起点,开放是互联网最重要的精神,开放才有生态可言,开放才有连接性的产生,开放才有自我变革的勇气和接纳的胸怀。要努力实现以互联网+促进新业态、新模式的创新、培育与发展。40号文强调"营造开放包容的发展环境,将互联网作为生产生活要素共享的重要平台,最大限度优化资源配置,加快形成以开放、共享为特征的经济社会运行新模式。也就是把互联网作为开放共享的基础,作为优化资源配置、构建开放式创新体系、驱动智慧生活的重要平台"。

(1) **坚持跨界思维**。跨界可以跨主体,跨区域,跨领域,跨组织,跨平台,跨要素。40号文提出"引导建立社会各界交流合作的平台,推动跨区域、跨领域的技术成果转移和协同创新"。尊重价值、有效交互、注重体验、放大价值本来就是互联网精神的内涵,各类主体间要加强对彼此的尊重和理解,融合协同探索新的连接方式、新的互动模式、新的价值创造路径,再推动行业应用,跨界集群。

(2) **坚持融合创新思维**。40号文提出"鼓励传统产业树立互联网思维,积极与'互联网+'相结合。推动互联网向经济社会各领域加速渗透,以融合促创新,最大程度汇聚各类市场要素的创新力量,推动融合性新兴产业成为经济发展新动力和新支柱"。

(3) **坚持普惠思维**。40号文贯穿普惠意识,全文从两个角度出现4处"普惠":一是目标上让"社会服务进一步便捷普惠";二是"'互联网+'普惠金融"行动,要"促进互联网金融健康发展,全面提升互联网金融服务能力和普惠水平""拓宽普惠金融服务范围,为实体经济发展提供有效支撑"。

(4) **坚持公平思维**。"公平"出现4处:一是在原则上针对"安全有序",要求"建立科学有效的市场监管方式,促进市场有序发展,保护公平竞争,防止形成行业垄断和市场壁垒"。二是谈发展目标,针对"社会服务进一步便捷普惠",要求"社会服务资源配置不断优化,公众享受到更加公平、高效、优质、便捷的服务。"三是在"'互联网+'益民服务"中,强调"促进教育公平"。四是在"保障支撑"的"营造宽松环境"中,对信息企业垄断行为亮起了红灯,进行了预警,指出"完善反垄断法配套规则,进一步加大反垄断法执行力度,严格查处信息领域企业垄断行为,营造互联网公平竞争环境"。所以,可以把握新常态下"公平"的新内涵:公平的享受服务机会——平等地接受教育、医疗、数字服务的机会;公平的进入机会——国民待遇;公平的发展机会——同起点非歧视,公平的竞争机会;等等。

3. 新经济

互联网+时代经济发展呈现新的特征与形态。共享经济、信息经济、WE众经济①、普惠经济等实际上都是"经济社会发展新形态"的一部分或不同表现形式。

---

① WE众经济是指以人中心的新的连接方式、新的关系模式、新的合作结构及其规则,是大众的积极参与和跨界融合,协同创新创造。概括地说,众包、众筹、众挖、众扶、众设、众创、众智再加上交互、分享、协同,就可能获得WE众经济——优化生态,借助互联网与平台进行新的分工合作,融合协作,让每一个个体的创意、创新、创造的能动性与活力充分释放。

40号文在"发展便民服务新业态"中提到3种新经济形态。"发展体验经济,支持实体零售商综合利用网上商店、移动支付、智能试衣等新技术,打造体验式购物模式。发展社区经济,在餐饮、娱乐、家政等领域培育线上线下结合的社区服务新模式。发展共享经济,规范发展网络约租车,积极推广在线租房等新业态,着力破除准入门槛高、服务规范难、个人征信缺失等瓶颈制约。发展基于互联网的文化、媒体和旅游等服务,培育形式多样的新型业态。积极推广基于移动互联网入口的城市服务,开展网上社保办理、个人社保权益查询、跨地区医保结算等互联网应用,让老百姓足不出户享受便捷高效的服务"。3种新经济形态放在一起说,也表明对新业态的包容性进一步增强。

3.4.3 平台化、联盟化与新机会

平台化、联盟化和新机会是40号文的主要内容。

1. 平台化

40号文中出现了62次"平台",26处提到"互联网企业",1处提到"大型互联网企业",而这些平台是"互联网+产业"的表现,因此这既对互联网企业寄予了厚望,也指明了企业互联网+的方向。

2. 联盟化

联盟就是跨界,就是融合。40号文中多处提到"联盟"。

一是在"保障支撑"之"强化创新驱动"中,"鼓励构建以企业为主导,产学研用合作的'互联网+'产业创新网络或产业技术创新联盟"。应积极鼓励互联网产业的企业之间、互联网产业与特定行业之间、产学研用之间形成相应的产业联盟,通过众创空间、创新社区、公共创新平台、生态平台、共同基金等展开合作,打破固有的行业边界、组织边界和创新边界,向跨界融合要效能,向协同创新要价值。

二是在"保障支撑"之"强化创新驱动"中,强调"不断完善互联网+融合标准体系,同步推进国际国内标准化工作,增强在国际标准化组织(ISO)、国际电工委员会(IEC)和国际电信联盟(ITU)等国际组织中的话语权"。这一点非常重要,标准的重要性也自不待言,否则就没有连接一切,没有互联互通;也更谈不上结构资本、智力资本,谈不上国家竞争力和控制力、话语权。所以这一点凸显了国家要利用互联网+去获得未来国际影响力和话语权的决心,也是对互联网+战略地位的再一次肯定和强调。

三是在"保障支撑"之"强化创新驱动"中,要求"增强全社会对网络知识产权的保护意识,推动建立互联网+知识产权保护联盟,加大对新业态、新模式等创新成果的保护力度"。知识产权制度是保护创新的基石,是创新驱动发展制度建设题中应有之义。而通过互联网+知识产权保护联盟形成全覆盖、全天候的创新保护机制与价值实现机制,是非常重要的制度安排。

四是在"保障支撑"之"拓展海外合作"中,强调"增强走出去服务能力",要"充分发挥政府、产业联盟、行业协会及相关中介机构作用,形成支持互联网+企业走出去的合力。鼓励中介机构为企业拓展海外市场提供信息咨询、法律援助、税务中介等服务。支持行业

协会、产业联盟与企业共同推广中国技术和中国标准,以技术标准走出去带动产品和服务在海外推广应用"。

此外,要做好互联网+,互联网产业有必要形成联盟。互联网产业与传统产业情同手足而非势同水火,传统产业为互联网提供了丰厚的应用土壤,互联网为传统产业输出商业价值而不是侵蚀或伤害商业价值,互联网与传统产业的交互融合可以让彼此获得长足的发展,而且会创新社会价值。从另一层意义上来讲,互联网产业之间、传统产业之间的跨界、融合和协同的可能性也不可限量。所以,加深对彼此的了解与体认,加大对彼此利益的关切和尊重,加强跨界的共同思考与创新融合,不自我设限,不保守封闭,多维连接,才能真正展现互联网+的独有魅力。

3. 新机会

互联网+行动带来的新机会比比皆是,从每一项重点行动中都可以找到创新业态、创新服务、创新模式的线索。

比如服务创新。服务对象从个体层面、企业层面到产业层面,从政府到行业、企业,从网络空间到线下,从国内到海外,融合创新平台还要体现个性化,服务创新是关键。通过服务标准创制和个性化服务,可以促进科技成果转化和产业化,提高产业创新、转型的效率与效能。

【实验与思考】 熟悉"+互联网"与"互联网+"

1. 实验目的

本实验与思考的目的是:
(1) 学习国务院《关于积极推进"互联网+"行动的指导意见》(国发[2015]40号)。
(2) 理解什么是互联网+和为什么"+"。
(3) 熟悉互联网+时代的特征,对互联网再认识。

2. 工具/准备工作

在开始本实验之前,请回顾教科书的相关内容。
需要准备一台能够访问因特网的计算机。

3. 实验内容与步骤

(1) 学习国务院《关于积极推进"互联网+"行动的指导意见》(国发[2015]40号)和阅读课文,回答以下问题。
① 什么是互联网+?
答:

② 理解和把握"＋"的5个层次。
答：
第一层次：_____
_____
_____

第二层次：_____
_____
_____

第三层次：_____
_____
_____

第四层次：_____
_____
_____

第五层次：_____
_____
_____

(2) 请简述"全球创新指数"。
答：_____
_____
_____
_____
_____

在全球创新指数中,中国表现相对较弱的指标有哪些？
答：_____
_____
_____
_____
_____

(3) 用最简洁的方式来表述,互联网＋的特质就是8个字:跨界融合,连接一切,它包括6个方面,请简述之。

答:

① _____

② _____

③ _____

④ _____

⑤ _____

⑥ _____

(4) 阅读课文和40号文,请分别简述新常态、新思维、新经济。

答:

新常态:_____

新思维:_____

新经济:_____

(5) 阅读课文和 40 号文,请分别简述平台化、联盟化、新机会。

答:

平台化:_____
_____
_____

联盟化:_____
_____
_____

新机会:_____
_____
_____

4. 实验总结

_____
_____
_____

5. 实验评价(教师)

_____
_____

大数据思维

【脑洞大开】 准确预测地震

我们已经知道,地震是由构造板块(即偶尔会漂移的陆地板块)相互挤压造成的,这种板块挤压发生在地球深处,并且各个板块的相互运动极其复杂。因此,有用的地震数据来之不易,而要弄明白是什么地质运动导致了地震,基本上是不现实的。每年,世界各地约有7000次里氏4.0级或更高级别的地震发生,每年有成千上万的人因此丧命,而一次地震带来的物质损失就有千亿美元之多。

虽然地震有预兆,但是我们仍然无法通过它们可靠、有效地预测地震。相反,我们能做的就是尽可能地为地震做好准备,包括在设计、修建桥梁和其他建筑的时候就把地震考虑在内,并且准备好地震应急包等,一旦发生大地震,这些基础设施和群众都能有更充足的准备(见图4-1)。

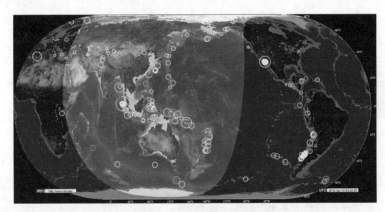

图4-1 全球实时地震监测

如今,科学家们只能预报某个地方、某个具体的时间段内发生某级地震的可能性。例如,他们只能说未来30年,某个地区有80%的可能性会发生里氏8.4级地震,但他们无法完全确定地说出何时何地会发生地震,或者发生几级地震。

科学家能预报地震,但是他们无法预测地震。归根结底,准确地预测地震,就要回答何时、何地、何种震级这三个关键问题,需要掌握促使地震发生的不同自然因素,以及揭示它们之间复杂的相互运动的更多、更好的数据。

预测不同于预报。不过,虽然准确预测地震还有很长的路要走,但科学家已经越来越能够为地震受害者争取到那么几秒钟的时间了。

例如,斯坦福大学的"地震捕捉者网络"就是一个会生成大量数据的廉价监测网络的典型例子,它由参与分布式地震检测网络的大约200个志愿者的计算机组成。有时候,这个监测网络能提前10s提醒可能会受灾的人群。这10s就意味着你可以选择是搭乘运行的电梯还是走楼梯,是走到开阔处去还是躲到桌子下面。

技术的进步使得捕捉和存储如此多数据的成本大大降低。能得到更多、更好的数据不只为计算机实现更精明的决策提供了更多的可能性,也使人类变得更聪明了。

从本质上来说,准确预测地震既是大数据的机遇又是挑战。单纯拥有数据还远远不够。我们既要掌握足够多的相关数据,又要具备快速分析并处理这些数据的能力,只有这样,我们才能争取到足够多的行动时间。越是即将逼近的事情,越需要我们快速地实现准确预测。

阅读上文,请思考、分析并简单记录:

(1) 写下你亲历或者听说过的地震事件。
答:_____
_____
_____

(2) 针对地球上频发的地震灾害,请尽可能多地列举你想到的地震大数据内容。
答:_____
_____
_____

(3) 认识大数据对地震活动的方方面面(预报、预测与灾害减轻等)有什么意义?
答:_____
_____
_____
_____

(4) 请简单记述你所知道的上一周内发生的国际、国内或者身边的大事。
答:_____
_____
_____
_____

4.1 什么是大数据

信息社会所带来的好处是显而易见的：每个人口袋里都揣有一部手机，每台办公桌上都放着一台电脑，每间办公室内都连接到局域网甚至互联网。半个世纪以来，随着计算机技术全面和深度地融入社会生活，信息爆炸已经积累到了一个开始引发变革的程度。信息总量的变化导致了信息形态的变化——量变引起了质变。最先经历信息爆炸的学科，如天文学和基因学，创造出了"大数据"(big data)这个概念。如今，这个概念几乎应用到了所有人类致力于发展的领域中。

数据是反映客观事物属性的记录，是信息的具体表现形式。数据经过加工处理之后，就成为信息；而信息需要经过数字化，转变成数据才能存储和传输。所以，数据和信息之间是相互联系的。

数据和信息也是有区别的。从信息论的观点来看，描述信源的数据是信息和数据冗余之和，即：数据＝信息＋数据冗余。数据是数据采集时提供的，信息是从采集的数据中获取的有用信息，即信息可以简单地理解为数据中包含的有用的内容。

一个消息越不可预测，它所含的信息量就越大。事实上，信息的基本作用就是消除人们对事物了解的不确定性。信息量是指从 N 个相等的可能事件中选出一个事件所需要的信息度量和含量。从这个定义看，信息量跟概率是密切相关的。

4.1.1 天文学——信息爆炸的起源

综合观察社会各个方面的变化趋势，我们能真正意识到信息爆炸或者说大数据的时代已经到来。以天文学为例，2000 年斯隆数字巡天①项目（见图 4-2）启动的时候，位于美国新墨西哥州的望远镜在短短几周内收集到的数据就比世界天文学历史上总共收集的数据还要多。到了 2010 年，信息档案已经高达 4.4×2^{42} B。不过，2016 年在智利投入使用的大型视场全景巡天望远镜能在 5 天之内就获得同样多的信息。

图 4-2 美国斯隆数字巡天望远镜

天文学领域发生的变化在社会各个领域都在发生。2003 年，人类第一次破译人体基因密码的时候，辛苦工作了 10 年才完成了 30 亿对碱基对的排序。大约 10 年之后，世界范围内的基因仪每 15 分钟就可以完成同样的工作。在金融领域，美国股市每天的成交量高达 70 亿股，而其中三分之二的交易都是由

---

① 斯隆数字巡天：是位于美国新墨西哥州阿帕奇山顶天文台的 2.5m 口径望远镜红移巡天项目。计划观测 25％的天空，获取超过一百万个天体的多色测光资料和光谱数据。2006 年，斯隆数字巡天进入了名为 SDSS-Ⅱ的新阶段，进一步探索银河系的结构和组成，而斯隆超新星巡天计划搜寻Ⅰa 型超新星爆发，以测量宇宙学尺度上的距离。

建立在数学模型和算法之上的计算机程序自动完成的,这些程序运用海量数据来预测利益和降低风险。

互联网公司更是要被数据淹没了。谷歌公司每天要处理超过24PB(2^{50}B)的数据,这意味着其每天的数据处理量是美国国家图书馆所有纸质出版物所含数据量的上千倍。Facebook(脸书)这个创立不过十来年的公司,每天更新的照片量超过1000万张,每天人们在网站上点击Like按钮或者写评论大约有三十亿次,这就为Facebook公司挖掘用户喜好提供了大量的数据线索。与此同时,谷歌子公司YouTube[①]每月接待多达8亿的访客,平均每一秒就会有一段长度在一小时以上的视频上传。推特(Twitter)[②]上的信息量几乎每年翻一番,每天都会发布超过4亿条微博。

从科学研究到医疗保险,从银行业到互联网,各个不同的领域都在讲述着一个类似的故事,那就是爆发式增长的数据量。这种增长超过了我们创造机器的速度,甚至超过了我们的想象。人类存储信息量的增长速度比世界经济的增长速度快4倍,而计算机数据处理能力的增长速度则比世界经济的增长速度快9倍,每个人都受到了这种极速发展的冲击。

以纳米技术为例。纳米技术专注于把东西变小而不是变大。其原理就是当事物到达分子级别时,它的物理性质就会发生改变。一旦你知道这些新的性质,就可以用同样的原料来做以前无法做的事情。铜本来是用来导电的物质,但它一旦到达纳米级别就不能在磁场中导电了。银离子具有抗菌性,但当它以分子形式存在的时候,这种性质就会消失。一旦到达纳米级别,金属可以变得柔软,陶土可以具有弹性。与之相对的是,当我们增加所利用的数据量时,也就可以做很多在小数据量的基础上无法完成的事情。

大数据的科学价值和社会价值正是体现在这里。一方面,对大数据的掌握程度可以转化为经济价值的来源。另一方面,大数据已经撼动了世界的方方面面,从商业科技到医疗、政府、教育、经济、人文以及社会的其他各个领域。尽管我们还处在大数据时代的初期,但我们的日常生活已经离不开它了。

4.1.2 大数据的定义

所谓大数据,狭义上可以定义为用现有的一般技术难以管理的大量数据的集合。对大量数据进行分析,并从中获得有用观点,这种做法在一部分研究机构和大企业中早已经存在了。现在的大数据和过去相比,主要有三点区别:第一,随着社交媒体和传感器网络等的发展,在我们身边正产生出大量且多样的数据;第二,随着硬件和软件技术的发展,数据的存储、处理成本大幅下降;第三,随着云计算的兴起,大数据的存储、处理环境已经没有必要自行搭建。

所谓"用现有的一般技术难以管理",是指用目前在企业数据库占据主流地位的关系

---

① YouTube是世界上最大的视频网站,于2005年2月15日注册,早期总部位于美国加利福尼亚州的圣布鲁诺。2006年11月,Google公司以16.5亿美元收购了YouTube,并把其当作一家子公司来经营。

② Twitter(推特)是一家美国社交网络及微博客服务的网站,是全球互联网上访问量最大的10个网站之一,其消息也被称为"推文"(Tweet)。Twitter被形容为"互联网的短信服务"。

型数据库无法进行管理的、具有复杂结构的数据，或者可以说，是指由于数据量的增大，导致对数据的查询（query）响应时间超出允许范围的庞大数据。

研究机构 Gartner 给出了这样的定义："大数据"是需要新处理模式才能具有更强的决策力、洞察发现力和流程优化能力的海量、高增长率和多样化的信息资产。

麦肯锡[①]说："大数据指的是所涉及的数据集规模已经超过了传统数据库软件获取、存储、营理和分析的能力。这是一个被故意设计成主观性的定义，并且是一个关于多大的数据集才能被认为是大数据的可变定义，即并不定义大于一个特定数字的太字节（TB）才叫大数据。因为随着技术的不断发展，符合大数据标准的数据集容量也会增长；并且定义随不同的行业也有变化，这依赖于在一个特定行业通常使用何种软件和数据集有多大。因此，大数据在今天不同行业中的范围可以从几十太字节（TB）到几拍字节（PB）。"

随着"大数据"的出现，数据仓库、数据安全、数据分析、数据挖掘等围绕大数据商业价值的利用正逐渐成为行业人士争相追捧的利润焦点，在全球引领了又一轮数据技术革新的浪潮。

4.1.3 用 3V 描述大数据特征

从字面来看，"大数据"这个词可能会让人觉得只是容量非常大的数据集合而已。但容量只不过是大数据特征的一个方面，如果只拘泥于数据量，就无法深入理解当前围绕大数据所进行的讨论，因为"用现有的一般技术难以管理"这样的状况，并不仅仅是由于数据量增大这一个因素所造成的。

IBM 公司提出：可以用 3 个特征相结合来定义大数据：数量（Volume，或称容量）、种类（Variety，或称多样性）和速度（Velocity），或者就是简单的 3V，即庞大容量、极快速度和种类丰富的数据（见图 4-3）。

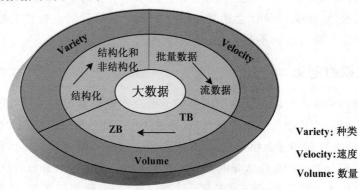

图 4-3　按数量、种类和速度来定义大数据

---

① 麦肯锡公司：是世界级领先的全球管理咨询公司。自 1926 年成立以来，公司的使命就是帮助领先的企业机构实现显著、持久的经营业绩改善，打造能够吸引、培育和激励杰出人才的优秀组织机构。麦肯锡在全球 52 个国家有 94 个分公司。在过去十年中，麦肯锡在大中华区完成了 800 多个项目，涉及公司整体与业务单元战略、企业金融、营销/销售与渠道、组织架构、制造/采购/供应链、技术、产品研发等领域。麦肯锡的经验是：关键是找那些企业的领导们，他们能够认识到公司必须不断变革以适应环境变化，并且愿意接受外部的建议，这些建议在帮助他们决定做何种变革和怎样变革方面大有裨益。

1. Volume(数量)

用现有技术无法管理的数据量,从现状来看,基本上是指从几十"TB"到几"PB"这样的数量级。当然,随着技术的进步,这个数值也会不断变化。

如今,存储的数据量正在急剧增长中,我们存储所有事物,包括环境数据、财务数据、医疗数据、监控数据等。有关数据量的对话已从 TB 级别转向 PB 级别,并且不可避免地会转向 ZB 级别。可是,随着可供企业使用的数据量不断增长,可处理、理解和分析的数据的比例却不断下降。

2. Variety(种类、多样性)

随着传感器、智能设备以及社交协作技术的激增,企业的数据也变得更加复杂,因为它不仅包含传统的关系型数据,还包含来自网页、互联网日志文件(包括点击流数据)、搜索索引、社交媒体论坛、电子邮件、文档、主动和被动系统的传感器数据等原始、半结构化和非结构化数据。

种类表示所有的数据类型。其中,爆发式增长的一些数据,如互联网上的文本数据、位置信息、传感器数据、视频等,用企业中主流的关系型数据库是很难存储的,它们都属于非结构化数据。

当然,在这些数据中,有一些是过去就一直存在并保存下来的。和过去不同的是,除了存储,还需要对这些大数据进行分析,并从中获得有用的信息。例如监控摄像机中的视频数据。近年来,超市、便利店等零售企业几乎都配备了监控摄像机,最初目的是为了防范盗窃,但现在也出现了使用监控摄像机的视频数据来分析顾客购买行为的案例。

例如,美国高级文具制造商万宝龙(Montblane)过去是凭经验和直觉来决定商品陈列布局的,现在尝试利用监控摄像头对顾客在店内的行为进行分析。通过分析监控摄像机的数据,将最想卖出去的商品移动到最容易吸引顾客目光的位置,使得销售额提高了 20%。

3. Velocity(速度)

数据产生和更新的频率也是衡量大数据的一个重要特征。就像我们收集和存储的数据量和种类发生了变化一样,生成和需要处理数据的速度也在变化。不要将速度的概念限定为与数据存储相关的增长速率,应动态地将此定义应用到数据,即数据流动的速度。有效处理大数据需要在数据变化的过程中对它的数量和种类执行分析,而不只是在它静止后执行分析。

例如,遍布全国的便利店在 24 小时内产生的 POS 机数据,电商网站中由用户访问所产生的网站点击流数据,高峰时达到每秒近万条的微信短文,全国公路上安装的交通堵塞探测传感器和路面状况传感器(可检测结冰、积雪等路面状态)等,每天都在产生着庞大的数据。

IBM 公司在 3V 的基础上又归纳总结了第四个 V——Veracity(真实和准确)。"只有真实而准确的数据才能让对数据的管控和治理真正有意义。随着社交数据、企业内容、交易与应用数据等新数据源的兴起,传统数据源的局限性被打破,企业愈发需要有效的信息治理以确保其真实性及安全性。"

IDC(互联网数据中心)提出:大数据是一个貌似不知道从哪里冒出来的大的动力。但是实际上,大数据并不是新生事物。然而,它确实正在进入主流,并得到重大关注,这是有原因的。廉价的存储、传感器和数据采集技术的快速发展、通过云和虚拟化存储设施增加的信息链路,以及创新软件和分析工具,正在驱动着大数据。大数据不是一个"事物",而是一个跨多个信息技术领域的动力/活动。大数据技术描述了新一代的技术和架构,其被设计用于:通过使用高速(Velocity)的采集、发现和/或分析,从超大容量(Volume)的多样(Variety)数据中经济地提取价值(Value)。

这个定义除了揭示大数据传统的3V基本特征,即Volume(大数据量)、Variety(多样性)和Velocity(高速),还增添了一个新特征——Value(价值)。总之,大数据是一个动态的定义,不同行业根据其应用的不同有着不同的理解,其衡量标准也在随着技术的进步而改变。

我们从广义层面上再为大数据下一个定义(见图4-4):所谓大数据,是一个综合性概念,它包括因具备3V(Volume/Variety/Velocity)特征而难以进行管理的数据,对这些数据进行存储、处理、分析的技术,以及能够通过分析这些数据获得实用意义和观点的人才和组织。

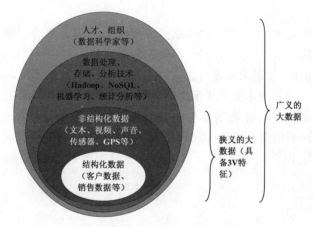

图4-4 广义的大数据

"存储、处理、分析的技术"指的是用于大规模数据分布式处理的框架Hadoop、具备良好扩展性的NoSQL数据库,以及机器学习和统计分析等;"能够通过分析这些数据获得实用意义和观点的人才和组织"指的是目前十分紧俏的"数据科学家"这类人才,以及能够对大数据进行有效运用的组织。

4.1.4 大数据的结构类型

大数据具有多种形式,从高度结构化的财务数据到文本文件、多媒体文件和基因定位图的任何数据,都可以称为大数据。由于数据自身的复杂性,作为一个必然的结果,处理大数据的首选方法就是在并行计算的环境中进行大规模并行处理(Massively Parallel Processing,MPP),这使得同时发生的并行摄取、并行数据装载和分析成为可能。实际上,大多数的大数据都是非结构化或半结构化的,这需要不同的技术和工具来处理和分析。

大数据最突出的特征是它的结构。图4-5显示了几种不同数据结构类型数据的增长趋势,由图可知,未来数据增长的80%～90%将来自不是结构化的数据类型(半结构化、准结构化和非结构化)。

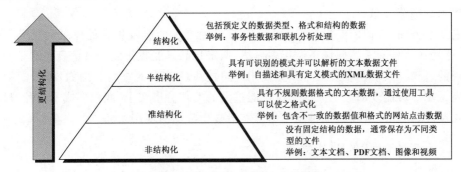

图4-5 数据增长日益趋向非结构化

虽然图4-5显示了4种不同的、相互分离的数据类型,实际上,有时这些数据类型是可以被混合在一起的。例如,有一个传统的关系数据库管理系统保存着一个软件支持呼叫中心的通话日志,这里有典型的结构化数据,比如日期/时间戳、机器类型、问题类型、操作系统,这些都是在线支持人员通过图形用户界面上的下拉式菜单输入的。另外,还有非结构化数据或半结构化数据,比如自由形式的通话日志信息,这些可能来自包含问题的电子邮件,或者技术问题和解决方案的实际通话描述。另外一种可能是与结构化数据有关的实际通话的语音日志或者音频文字实录。即使是现在,大多数分析人员还无法分析这种通话日志历史数据库中的最普通和高度结构化的数据,因为挖掘文本信息是一项强度很大的工作,并且无法简单地实现自动化。

人们通常最熟悉结构化数据的分析,然而,半结构化数据(XML)、准结构化数据(网站地址字符串)和非结构化数据代表了不同的挑战,需要不同的技术来分析。

如今,人们不再认为数据是静止和陈旧的。但在以前,一旦完成了收集数据的目的之后,数据就会被认为已经没有用处了。比方说,在飞机降落之后,票价数据就没有用了。又如某城市的公交车因为价格不依赖于起点和终点,所以能够反映重要通勤信息的数据就可能被丢弃了——设计人员如果没有大数据的理念,就会丢掉很多有价值的数据。

今天,大数据是人们获得新的认知、创造新的价值的源泉,大数据还是改变市场、组织机构以及政府与公民关系的方法。大数据时代对我们的生活以及与世界交流的方式都提出了挑战。实际上,大数据的精髓在于我们分析信息时的3个转变,这些转变将改变我们理解和组建社会的方法,这3个转变是相互联系和相互作用的。

4.2 思维变革之一:样本=总体

大数据时代的第一个转变,是要分析与某事物相关的更多的数据,有时候甚至可以处理和某个特别现象相关的所有数据,而不再是只依赖于分析随机采样的少量的数据样本。

19世纪以来,当面临大量数据时,社会都依赖于采样分析。但是采样分析是信息缺乏时代和信息流通受限制的模拟数据时代的产物。以前我们通常把这看成是理所当然的限制,但高性能数字技术的流行让我们意识到,这其实是一种人为的限制。与局限在小数据范围相比,使用一切数据为我们带来了更高的精确性,也让我们看到了一些以前的样本无法揭示的细节信息。

在某些方面,人们依然没有完全意识到自己拥有了能够收集和处理更大规模数据的能力,还是在信息匮乏的假设下做很多事情,假定自己只能收集到少量信息。这是一个自我实现的过程。人们甚至发展了一些使用尽可能少的信息的技术。例如,统计学的一个目的就是用尽可能少的数据来证实尽可能重大的发现。事实上,我们形成了一种习惯,那就是在制度、处理过程和激励机制中尽可能地减少数据的使用。

4.2.1 小数据时代的随机采样

数千年来,政府一直都试图通过收集信息来管理国民,只是到最近,小企业和个人才有可能拥有大规模收集和分类数据的能力,而此前,大规模的计数都是政府的事情。

以人口普查为例。据说古代埃及曾进行过人口普查,《旧约》和《新约》中对此都有所提及。1086年英国皇家委员穿越整个国家,对当时的人口、土地和财产做了一个前所未有的全面记载。后来这本书用《圣经》中的《末日审判书》命名,因为每个人的生活都被赤裸裸地记载下来的过程就像接受"最后的审判"一样。然而,人口普查是一项耗资且费时的事情,尽管如此,当时收集的信息也只是一个大概情况,实施人口普查的人也知道他们不可能准确记录下每个人的信息。实际上,"人口普查"这个词来源于拉丁语的censere,本意就是推测、估算。

三百多年前,一个名叫约翰·格朗特的英国缝纫用品商提出了一个很有新意的方法,来推算出鼠疫时期[①]伦敦的人口数,这种方法就是后来的统计学。这个方法不需要一个人一个人地计算。虽然这个方法比较粗糙,但采用这个方法,人们可以利用少量有用的样本信息来获取人口的整体情况。虽然后来证实他能够得出正确的数据仅仅是因为运气好,但在当时他的方法大受欢迎。样本分析法一直都有较大的漏洞,因此,无论是进行人口普查还是其他大数据类的任务,人们还是一直使用清点这种"野蛮"的方法。

考虑到人口普查的复杂性以及耗时耗费的特点,政府极少进行普查。古罗马在拥有数十万人口的时候每5年普查一次。美国宪法规定每10年进行一次人口普查,而随着国家人口越来越多,只能以百万计数。但是到19世纪末,即使这样不频繁的人口普查依然很困难,因为数据变化的速度超过了人口普查局统计分析的能力。

新中国建立后,先后于1953年、1964年和1982年举行过3次人口普查。前3次人口普查是不定期进行的,自1990年第4次全国人口普查开始改为定期进行。根据《中华人民共和国统计法实施细则》和国务院的决定以及国务院2010年颁布的《全国人口普查条例》规定,人口普查每10年进行一次,尾数逢0的年份为普查年度。两次普查之间进行

---

① 鼠疫时期:鼠疫也称黑死病,它第一次袭击英国是在1348年,此后断断续续延续了300多年,当时英国有近1/3的人口死于鼠疫。到1665年,这场鼠疫肆虐了整个欧洲,几近疯狂。

一次简易人口普查。2020年为第七次全国人口普查时间。

新中国第一次人口普查的标准时间是1953年6月30日24时,所谓人口普查的标准时间,就是规定一个时间点,无论普查员入户登记在哪一天进行,登记的人口及其各种特征都是反映那个时间点上的情况。根据上述规定,不管普查员在哪天进行入户登记,普查对象所申报的都应该是标准时间的情况。通过这个标准时间,所有普查员普查登记完成后,经过汇总就可以得到全国人口的总数和各种人口状况的数据。1953年11月1日发布了人口普查的主要数据,当时全国人口总数为601 938 035人。

第六次人口普查的标准时间是2010年11月1日零时。2011年4月,发布了第六次全国人口普查主要数据。此次人口普查登记的全国总人口为1 339 724 852人。与2000年第五次人口普查相比,10年增加7390万人,增长5.84%,年平均增长0.57%,比1990—2000年年均1.07%的增长率下降了0.5个百分点。

美国在1880年进行的人口普查,耗时8年才完成数据汇总。因此,他们获得的很多数据都是过时的。1890年进行的人口普查,预计要花费13年的时间来汇总数据。然而,因为税收分摊和国会代表人数确定都是建立在人口的基础上的,必须获得正确且及时的数据。很明显,人们当时已有的数据处理工具已经难以应付了。后来,美国人口普查局委托发明家赫尔曼·霍尔瑞斯(被称为现代自动计算之父)用他的穿孔卡片制表机(见图4-6)来完成1890年的人口普查。

图4-6 霍尔瑞斯普查机

经过大量的工作,霍尔瑞斯成功地在1年时间内完成了人口普查的数据汇总工作。这在当时简直就是一个奇迹,它标志着自动处理数据的开端,也为后来IBM公司的成立奠定了基础。但是,将其作为收集处理大数据的方法依然过于昂贵。毕竟,每个美国人都必须填一张可制成穿孔卡片的表格,然后再进行统计。对于一个跨越式发展的国家而言,十年一次的人口普查的滞后性已经让普查失去了大部分意义。

这就是问题所在,是利用所有的数据还是仅仅采用一部分呢?最明智的自然是得到有关被分析事物的所有数据,但是,当数量无比庞大时,这又不太现实。那么如何选择样本呢?事实证明,问题的关键是选择样本时的随机性。统计学家们证明:采样分析的精确性随着采样随机性的增加而大幅提高,但与样本数量的增加关系不大。虽然听起来很不可思议,但事实上,研究表明,当样本数量达到了某个值之后,我们从新个体身上得到的信息会越来越少,就如同经济学中的边际效应递减一样。

在商业领域,随机采样被用来监管商品质量。这使得监管商品质量和提升商品品质变得更容易,花费也更少。以前,全面的质量监管要求对生产出来的每个产品进行检查,而现在只需从一批商品中随机抽取部分样品进行检查就可以了。本质上来说,随机采样让大数据问题变得更加切实可行。同理,它将客户调查引进了零售行业,将焦点讨论引进了政治界,也将许多人文问题变成了社会科学问题。

随机采样取得了巨大的成功,成为现代社会、现代测量领域的主心骨。但这只是一条捷径,是在不可收集和分析全部数据的情况下的选择,它本身存在许多固有的缺陷。它的成功依赖于采样的绝对随机性,但是实现采样的随机性非常困难。一旦采样过程中存在任何偏见,分析结果就会相去甚远。此外,随机采样不适合考察子类别的情况。因为一旦继续细分,随机采样结果的错误率会大大增加。因此,在宏观领域起作用的方法在微观领域失去了作用。

4.2.2 大数据与乔布斯的癌症治疗

由于技术成本大幅下跌以及在医学方面的广阔前景,个人基因排序(DNA分析)成为了一门新兴产业(见图4-7)。从2007年起,硅谷的新兴科技公司23andme就开始分析人类基因,价格仅为几百美元。这可以揭示出人类遗传密码中一些会导致其对某些疾病抵抗力差的特征,如乳腺癌和心脏病。23andme希望能通过整合顾客的DNA和健康信息,了解到用其他方式不能获取的新信息。公司对某人的一小部分DNA进行排序,标注出几十个特定的基因缺陷。这只是该人整个基因密码的样本,还有几十亿个基因碱基对未排序。最后,23andme只能回答其标注过的基因组表现出来的问题。发现新标注时,该人

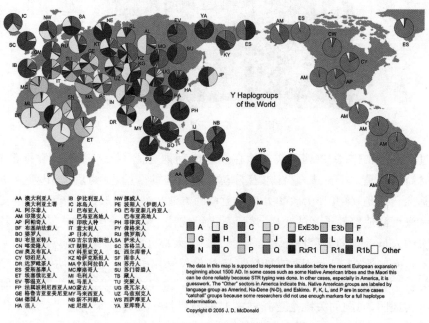

图 4-7 世界民族基因总图(美国)

的DNA必须重新排序,更准确地说,是相关的部分必须重新排列。只研究样本而不是整体,有利有弊:能更快更容易地发现问题,但不能回答事先未考虑到的问题。

苹果公司的传奇总裁史蒂夫·乔布斯在与癌症斗争的过程中采用了不同的方式,成为世界上第一个对自身所有DNA和肿瘤DNA进行排序的人。为此,他支付了高达几十万美元的费用,这是23andme报价的几百倍之多。所以,他得到了包括整个基因密码的数据文档。

对于一个普通的癌症患者,医生只能期望他的DNA排列同试验中使用的样本足够相似。但是,史蒂夫·乔布斯的医生们能够基于乔布斯的特定基因组成,按所需效果用药。如果癌症病变导致药物失效,医生可以及时更换另一种药。乔布斯曾经开玩笑地说:"我要么是第一个通过这种方式战胜癌症的人,要么就是最后一个因为这种方式死于癌症的人。"虽然他的愿望都没有实现,但是这种获得所有数据而不仅是样本的方法还是将他的生命延长了好几年。

4.2.3 全数据模式:样本=总体

采样的目的是用最少的数据得到最多的信息,而当我们可以获得海量数据的时候,它就没有什么意义了。如今,感应器、手机导航、网站点击和微信等被动地收集了大量数据,而计算机可以轻易地对这些数据进行处理——数据处理技术已经发生了翻天覆地的改变。

在很多领域,从收集部分数据到收集尽可能多的数据的转变已经发生了。如果可能的话,我们会收集所有的数据,即"样本=总体",这是指我们能对数据进行深度探讨。

分析整个数据库,而不是对一个小样本进行分析,能够提高微观层面分析的准确性。所以,我们现在经常会放弃样本分析这条捷径,选择收集全面而完整的数据。我们需要足够的数据处理和存储能力,也需要最先进的分析技术。同时,简单廉价的数据收集方法也很重要。过去,这些问题中的任何一个都很棘手。在一个资源有限的时代,要解决这些问题需要付出很高的代价。但是现在,解决这些难题已经变得简单容易得多。曾经只有大公司才能做到的事情,现在绝大部分的公司都可以做到了。

通过使用所有的数据,我们可以发现如若不然则将会在大量数据中淹没掉的情况。例如,信用卡诈骗是通过观察异常情况来识别的,只有掌握了所有的数据才能做到这一点。在这种情况下,异常值是最有用的信息,可以把它与正常交易情况进行对比。这是一个大数据问题。而且,因为交易是即时的,所以数据分析也应该是即时的。

因为大数据是建立在掌握所有数据,至少是尽可能多的数据的基础上的,所以我们就可以正确地考察细节并进行新的分析。在任何细微的层面,都可以用大数据去论证新的假设。当然,有些时候还是可以使用样本分析法,毕竟我们仍然处在一个资源有限的时代。但是更多时候,利用手中掌握的所有数据成为了最好也是可行的选择。

4.3 思维变革之二:接受数据的混杂性

大数据时代的第二个转变,是我们乐于接受数据的纷繁复杂,而不再一味追求其精确性。

在越来越多的情况下，使用所有可获取的数据变得更为可能，但为此也要付出一定的代价。数据量的大幅增加会造成结果的不准确，与此同时，一些错误的数据也会混进数据库。然而，重点是我们能够努力避免这些问题，适当忽略微观层面上的精确度会让我们在宏观层面拥有更好的洞察力。

当拥有海量即时数据时，绝对的精准不再是追求的主要目标。大数据纷繁多样，优劣掺杂，分布在全球多个服务器上。拥有了大数据，就不再需要对一个现象刨根究底，只要掌握大体的发展方向即可。当然，我们也不是完全放弃了精确度，只是不再沉迷于此。

4.3.1 允许不精确

对"小数据"而言，最基本、最重要的要求就是减少错误，保证质量。因为收集的信息量比较少，所以必须确保记录下来的数据尽量精确。无论是确定天体的位置还是观测显微镜下物体的大小，为了使结果更加准确，很多科学家都致力于优化测量的工具，发展了可以准确收集、记录和管理数据的方法。在采样的时候，对精确度的要求就更高、更苛刻了。因为收集信息的有限意味着细微的错误会被放大，甚至有可能影响整个结果的准确性。

然而，在不断涌现的新情况里，允许不精确的出现已经成为一个亮点。因为放松了容错的标准，人们掌握的数据也多了起来，还可以利用这些数据做更多新的事情。这样就不是大量数据优于少量数据那么简单了，而是大量数据创造了更好的结果。

同时，我们需要与各种各样的混乱做斗争。混乱，简单地说就是随着数据的增加，错误率也会相应增加。所以，如果桥梁的压力数据量增加1000倍的话，其中的部分读数就可能是错误的，而且随着读数量的增加，错误率可能也会继续增加。在整合来源不同的各类信息的时候，因为它们通常不完全一致，所以也会加大混乱程度。

混乱还可以指格式的不一致性，因为要达到格式一致，就需要在进行数据处理之前仔细地清洗数据，而这在大数据背景下很难做到。

当然，在萃取或处理数据的时候，混乱也会发生。因为在进行数据转化的时候，我们是在把它变成另外的事物。比如，葡萄是温带植物，温度是葡萄生长发育的重要因素，假设你要测量一个葡萄园的温度，但是整个葡萄园只有一个温度测量仪，那你就必须确保这个测量仪是精确的而且能够一直工作。反过来，如果每100棵葡萄树就有一个测量仪，有些测试的数据可能会是错误的，可能会更加混乱，但众多的读数合起来就可以提供一个更加准确的结果。因为这里面包含了更多的数据，而它不仅能抵消掉错误数据造成的影响，还能提供更多的额外价值。

大数据在多大程度上优于算法，这个问题在自然语言处理上表现得很明显。2000年，微软研究中心的米歇尔·班科和埃里克·布里尔一直在寻求改进Word程序中语法检查的方法。但是他们不能确定是努力改进现有的算法、研发新的方法还是添加更加细腻精致的特点更有效。所以，在实施这些措施之前，他们决定往现有的算法中添加更多的数据，看看会有什么不同的变化。很多对计算机学习算法的研究都建立在百万字左右的语料库基础上。最后，他们决定往4种常见的算法中逐渐添加数据，先是一千万字，再到一亿字，最后到十亿。

结果有点令人吃惊。他们发现,随着数据的增多,4种算法的表现都大幅提高了。当数据只有500万的时候,有一种简单的算法表现得很差,但当数据达10亿的时候,它变成了表现最好的,准确率从原来的75%提高到了95%以上。与之相反,在少量数据情况下运行得最好的算法,当加入更多的数据时,也会像其他算法一样有所提高,但是却变成了在大量数据条件下运行得最不好的,它的准确率会从86%提高到94%。

后来,班科和布里尔在他们发表的研究论文中写到,"如此一来,我们得重新衡量一下更多的人力物力是应该消耗在算法发展上还是在语料库发展上。"

4.3.2 大数据的简单算法与小数据的复杂算法

20世纪40年代,计算机由真空管制成,要占据整个房间这么大的空间。而机器翻译也只是计算机开发人员的一个想法。在冷战时期,美国掌握了大量关于苏联的各种资料,但缺少翻译这些资料的人手。所以,计算机翻译也成了亟待解决的问题。

最初,计算机研发人员打算将语法规则和双语词典结合在一起。1954年,IBM公司以计算机中的250个词语和六条语法规则为基础,将60个俄语词组翻译成了英语,结果振奋人心。IBM 701通过穿孔卡片读取了一句话,并将其译成了"我们通过语言来交流思想"。在庆祝这个成就的发布会上,一篇报道就有提到,这60句话翻译得很流畅。这个程序的指挥官利昂·多斯特尔特表示,他相信"在三五年后,机器翻译将会变得很成熟"。

事实证明,计算机翻译最初的成功误导了人们。1966年,一群机器翻译的研究人员意识到,翻译比他们想象的更困难,他们不得不承认自己的失败。机器翻译不能只是让计算机熟悉常用规则,还必须教会计算机处理特殊的语言情况。毕竟,翻译不仅仅只是记忆和复述,也涉及选词,而明确地教会计算机这些非常不现实。

在20世纪80年代后期,IBM公司的研发人员提出了一个新的想法。与单纯教给计算机语言规则和词汇相比,他们试图让计算机自己估算一个词或一个词组适合于用来翻译另一种语言中的一个词和词组的可能性,然后再决定某个词和词组在另一种语言中的对等词和词组。

20世纪90年代,IBM公司这个名为Candide的项目花费了大概十年的时间,将大约有300万句之多的加拿大议会资料译成了英语和法语并出版。由于是官方文件,翻译的标准就非常高。用那个时候的标准来看,数据量非常之庞大。统计机器学习从诞生之日起,就聪明地把翻译的挑战变成了一个数学问题,而这似乎很有效!计算机翻译能力在短时间内就提高了很多。然而,在这次飞跃之后,IBM公司尽管投入了很多资金,但取得的成效不大。最终,IBM公司停止了这个项目。

2006年,谷歌公司也开始涉足机器翻译,这被当作实现"收集全世界的数据资源,并让人人都可享受这些资源"这个目标的一个步骤。谷歌翻译系统开始利用一个更大、更繁杂的数据库,也就是全球的互联网,而不再只利用两种语言之间的文本翻译。

为了训练计算机,谷歌翻译系统会吸收它能找到的所有翻译。它从各种各样语言的公司网站上寻找对译文档,还会去寻找联合国和欧盟这些国际组织发布的官方文件和报告的译本。它甚至会吸收速读项目中的书籍翻译。谷歌翻译部的负责人弗朗兹·奥齐是机器翻译界的权威,他指出,"谷歌的翻译系统不会像Candide一样只是仔细地翻译300

万句话,它会掌握用不同语言翻译的质量参差不齐的数十亿页的文档。"不考虑翻译质量的话,上万亿的语料库就相当于950亿句英语。

尽管其输入源很混乱,但较其他翻译系统而言,谷歌的翻译质量相对而言还是最好的,而且可翻译的内容更多。到2012年年中,谷歌数据库涵盖了60多种语言,甚至能够接受14种语言的语音输入,并有很流利的对等翻译。之所以能做到这些,是因为它将语言视为能够判别可能性的数据,而不是语言本身。如果要将印度语译成加泰罗尼亚语,谷歌就会把英语作为中介语言。因为在翻译的时候它能适当增减词汇,所以谷歌的翻译比其他系统的翻译灵活很多。

谷歌翻译系统之所以更好,并不是因为它拥有一个更好的算法机制。和微软的班科和布里尔一样,这是因为谷歌翻译系统增加了很多各种各样的数据。从谷歌的例子来看,它之所以能比IBM公司的Candide系统多利用成千上万的数据,是因为它接受了有错误的数据。2006年,谷歌发布的上万亿的语料库就是来自互联网的一些废弃内容。这就是"训练集",可以正确地推算出英语词汇搭配在一起的可能性。

谷歌公司人工智能专家彼得·诺维格在一篇题为《数据的非理性效果》的文章中写道,"大数据基础上的简单算法比小数据基础上的复杂算法更加有效。"他们指出,混杂是关键。"由于谷歌语料库的内容来自未经过滤的网页内容,所以会包含一些不完整的句子、拼写错误、语法错误以及其他各种错误。况且,它也没有详细的人工纠错后的注解。但是,谷歌语料库的数据优势完全压倒了缺点。"

4.3.3 纷繁的数据越多越好

通常传统的统计学家都很难容忍错误数据的存在,在收集样本的时候,他们会用一整套的策略来减少错误发生的概率。在结果公布之前,他们也会测试样本是否存在潜在的系统性偏差。这些策略包括根据协议或通过受过专门训练的专家来采集样本。但是,即使只是少量的数据,这些规避错误的策略实施起来还是耗费巨大。尤其是当收集所有数据的时候,在大规模的基础上保持数据收集标准的一致性不太现实。

如今已经进入信息时代。我们掌握的数据库越来越全面,它包括了与这些现象相关的大量甚至全部数据。我们不再需要那么担心某个数据点对整套分析的不利影响。我们要做的就是要接受这些纷繁的数据并从中受益,而不是以高昂的代价消除所有的不确定性。

在美国华盛顿州布莱恩市的英国石油公司(BP)切里波因特炼油厂(见图4-8)里,无线感应器遍布于整个工厂,形成无形的网络,能够产生大量实时数据。在这里,酷热的恶劣环境和电气设备的存在有时会对感应器读数有所影响,形成错误的数据。但是数据生成的数量之多可以弥补这些小错误。随时监测管道的承压使得BP能够了解到,有些种类的原油比其他种类更具有腐蚀性。以前,这都是无法发现也无法防止的。

有时候,当我们掌握了大量新型数据时,精确性就不那么重要了,我们同样可以掌握事情的发展趋势。除了一开始会与我们的直觉相矛盾之外,接受数据的不精确和不完美,我们反而能够更好地进行预测,也能够更好地理解这个世界。

值得注意的是,错误性并不是大数据本身固有的特性,而是一个急需处理的现实问题,并且有可能长期存在。它只是用来测量、记录和交流数据的工具的一个缺陷。因为拥有更大数据量所能带来的商业利益远远超过增加一点精确性,所以通常我们不会再花大力气去提升数据的精确性。这又是一个关注焦点的转变,正如以前,统计学家们总是把他们的兴趣放在提高样本的随机性而不是数量上。如今,大数据给我们带来的利益,让我们能够接受不精确的存在了。

图 4-8　切里波因特炼油厂

4.3.4　5%的数字数据与95%的非结构化数据

据估计,只有5%的数字数据是结构化的且能适用于传统数据库。如果不接受混乱,剩下95%的非结构化数据都无法被利用,比如网页和视频资源。

我们怎么看待使用所有数据和使用部分数据的差异,以及我们怎样选择放松要求并取代严格的精确性,将会对我们与世界的沟通产生深刻的影响。随着大数据技术成为日常生活中的一部分,我们应该开始从一个比以前更大、更全面的角度来理解事物,也就是说应该将"样本=总体"植入我们的思维中。

相比依赖于小数据和精确性的时代,大数据因为更强调数据的完整性和混杂性,帮助我们进一步接近事实的真相。当我们的视野局限在可以分析和能够确定的数据上时,我们对世界的整体理解就可能产生偏差和错误。不仅失去了尽力收集一切数据的动力,也失去了从各个不同角度来观察事物的权利。所以,局限于狭隘的小数据中,我们可以自豪于对精确性的追求,但是就算我们可以分析得到细节中的细节,也依然会错过事物的全貌。

大数据要求我们有所改变,我们必须能够接受混乱和不确定性。精确性似乎一直是我们生活的支撑,但认为每个问题只有一个答案的想法是站不住脚的。

4.4　思维变革之三:数据的相关关系

在传统观念下,人们总是致力于找到一切事情发生背后的原因。然而在很多时候,寻找数据间的关联并利用这种关联就足够了。这些思想上的重大转变导致了**第三个变革**:

我们尝试着不再探求难以捉摸的因果关系,转而关注事物的相关关系。相关关系也许不能准确地告知我们某件事情为何会发生,但是它会提醒我们这件事情正在发生。在许多情况下,这种提醒的帮助已经足够大了。

如果数百万条电子医疗记录显示橙汁和阿司匹林的特定组合可以治疗癌症,那么找出具体的药理机制就没有这种治疗方法本身来得重要。同样,只要我们知道什么时候是买机票的最佳时机,就算不知道机票价格疯狂变动的原因也无所谓了。大数据告诉我们"是什么"而不是"为什么"。在大数据时代,我们不必知道现象背后的原因,我们只要让数据自己发声。我们不再需要在还没有收集数据之前就把分析建立在早已设立的少量假设的基础之上。让数据发声,我们会注意到很多以前从来没有意识到的联系的存在。

4.4.1 关联物,预测的关键

虽然在小数据世界中相关关系也是有用的,但如今在大数据的背景下,通过应用相关关系,我们可以比以前更容易、更快捷、更清楚地分析事物。

所谓相关关系,其核心是指量化两个数据值之间的数理关系。相关关系强是指当一个数据值增加时,另一个数据值很有可能也会随之增加。我们已经看到过这种很强的相关关系,比如谷歌流感趋势:在一个特定的地理位置,有更多的人通过谷歌搜索关于流感的词条,该地区就有更多的人患了流感。相反,相关关系弱就意味着当一个数据值增加时,另一个数据值几乎不会发生变化。例如,我们可以寻找关于个人的鞋码和幸福的相关关系,但会发现它们几乎扯不上什么关系。

相关关系通过识别有用的关联物来帮助我们分析一个现象,而不是通过揭示其内部的运作机制。当然,即使是很强的相关关系也不一定能解释每一种情况,比如两个事物看上去行为相似,但很有可能只是巧合。相关关系没有绝对,只有可能性。也就是说,不是亚马逊推荐的每本书都是顾客想买的书。但是,如果相关关系强,一个相关链接成功的概率是很高的。这一点很多人可以证明,他们的书架上有很多书都是因为亚马逊推荐而购买的。

通过找到一个现象的良好的关联物,相关关系可以帮助我们捕捉现在和预测未来。如果 A 和 B 经常一起发生,我们只需要注意到 B 发生了,就可以预测 A 也发生了。这有助于我们捕捉可能和 A 一起发生的事情,即使我们不能直接测量或观察到 A。更重要的是,它还可以帮助我们预测未来可能发生什么。当然,相关关系是无法预知未来的,而只能预测可能发生的事情。但是,这已经极其珍贵了。

在大数据时代,建立在相关关系分析法基础上的预测是大数据的核心。这种预测发生的频率非常高,以至于我们经常忽略了它的创新性。当然,它的应用会越来越多。

在社会环境下寻找关联物只是大数据分析法采取的一种方式。同样有用的一种方法是,通过找出新种类数据之间的相互联系来解决日常需要。比方说,一种称为预测分析法的方法就被广泛地应用于商业领域,它可以预测事件的发生。这可以指一个能发现可能的流行歌曲的算法系统——音乐界广泛采用这种方法来确保它们看好的歌曲真的会流行;也可以指那些用来防止机器失效和建筑倒塌的方法。现在,在机器、发动机和桥梁等基础设施上放置传感器变得越来越平常了,这些传感器被用来记录散发的热量、振幅、承压和发出的声音等。

一个东西要出故障,不会是瞬间的,而是慢慢地出问题的。通过收集所有的数据,我们可以预先捕捉到事物要出故障的信号,比方说发动机的嗡嗡声、引擎过热都说明它们可能要出故障了。系统把这些异常情况与正常情况进行对比,就会知道什么地方出了毛病。通过尽早地发现异常,系统可以提醒我们在故障之前更换零件或者修复问题。通过找出一个关联物并监控它,我们就能预测未来。

4.4.2 "是什么",而不是"为什么"

在小数据时代,相关关系分析和因果分析都不容易,耗费巨大,都要从建立假设开始,然后进行实验——这个假设要么被证实要么被推翻。但是,由于两者都始于假设,这些分析就都有受偏见影响的可能,极易导致错误。与此同时,用来做相关关系分析的数据很难得到。

另一方面,在小数据时代,由于计算机能力的不足,大部分相关关系分析仅限于寻求线性关系。而事实上,实际情况远比我们所想象的要复杂。经过复杂的分析,我们能够发现数据的"非线性关系"。

多年来,经济学家和政治家一直认为收入水平和幸福感是成正比的。从数据图表上可以看到,虽然统计工具呈现的是一种线性关系,但事实上,它们之间存在一种更复杂的动态关系:例如,对于收入水平在1万美元以下的人来说,一旦收入增加,幸福感会随之提升;但对于收入水平在1万美元以上的人来说,幸福感并不会随着收入水平提高而提升。如果能发现这层关系,我们看到的就应该是一条曲线,而不是统计工具分析出来的直线。

这个发现对决策者来说非常重要。如果只看到线性关系的话,那么政策重心应完全放在增加收入上,因为这样才能增加全民的幸福感。而一旦察觉到这种非线性关系,策略的重心就会变成提高低收入人群的收入水平,因为这样明显更划算。

大数据时代,专家们正在研发能发现并对比分析非线性关系的技术工具。一系列飞速发展的新技术和新软件也从多方面提高了相关关系分析工具发现非因果关系的能力。这些新的分析工具和思路为我们展现了一系列新的视野,我们看到了很多以前不曾注意到的联系,还掌握了以前无法理解的复杂技术和社会动态。但最重要的是,通过探求"是什么"而不是"为什么",相关关系帮助我们更好地了解了这个世界。

4.4.3 通过相关关系了解世界

传统情况下,人类是通过因果关系了解世界的。首先,我们的直接愿望就是了解因果关系。即使无因果联系存在,我们也还是会假定其存在。研究证明,这只是我们的认知方式,与每个人的文化背景、生长环境以及教育水平无关。当我们看到两件事情接连发生的时候,会习惯性地从因果关系的角度来看待它们。在小数据时代,很难证明由直觉而来的因果联系是错误的。

现在,情况不一样了。将来,大数据之间的相关关系将会越来越多地证明直觉的因果联系是错误的。最终也能表明,统计关系也不蕴含多少真实的因果关系。总之,我们的快速思维模式将会遭受各种各样的现实考验。

不像因果关系,证明相关关系的实验耗资少,费时也少。与之相比,分析相关关系,我们既有数学方法,也有统计学方法,同时,数字工具也能帮我们准确地找出相关关系。

相关关系分析本身意义重大,同时它也为研究因果关系奠定了基础。通过找出可能相关的事物,我们可以在此基础上进行进一步的因果关系分析。如果存在因果关系的话,我们再进一步找出原因。这种便捷的机制通过实验降低了因果分析的成本。我们也可以从相互联系中找到一些重要的变量,这些变量可以用到验证因果关系的实验中去。

例如,Kaggle公司举办了关于二手车的质量竞赛。二手车经销商将二手车数据提供给参加比赛的统计学家,统计学家们用这些数据建立一个算法系统来预测经销商拍卖的哪些车有可能出现质量问题。相关关系分析表明,橙色的车有质量问题的可能性只有其他车的一半。

这难道是因为橙色车的车主更爱车,所以车被保护得更好吗?或是这种颜色的车子在制造方面更精良些吗?还是因为橙色的车更显眼,出车祸的概率更小,所以转手的时候各方面的性能保持得更好?

马上,我们就陷入了各种各样谜一样的假设中。若要找出相关关系,我们可以用数学方法,但如果是因果关系的话,这却是行不通的。所以,我们就不一定要找出相关关系背后的原因,当我们知道了"是什么"的时候,"为什么"其实没那么重要了,否则就会催生一些滑稽的想法。比方说上面提到的例子里,我们是不是应该建议车主把车漆成橙色呢?毕竟,这样就说明车子的质量更过硬啊!

考虑到这些,如果把以确凿数据为基础的相关关系和通过快速思维构想出的因果关系相比的话,前者就更具有说服力。但在越来越多的情况下,快速清晰的相关关系分析甚至比慢速的因果分析更有用和更有效。慢速的因果分析集中体现为通过严格控制的实验来验证的因果关系,而这必然是非常耗时耗力的。

在大多数情况下,一旦我们完成了对大数据的相关关系分析,而又不再满足于仅仅知道"是什么"时,我们就会继续向更深层次研究因果关系,找出背后的"为什么"。

因果关系还是有用的,但是它将不再被看成是意义来源的基础。在大数据时代,即使很多情况下,我们依然指望用因果关系来说明我们所发现的相互联系,但是,因果关系只是一种特殊的相关关系。相反,大数据推动了相关关系分析。相关关系分析通常情况下能取代因果关系起作用,即使不可取代的情况下,它也能指导因果关系起作用。

【实验与思考】 深入理解大数据时代

1. 实验目的

本实验与思考的目的是:
(1) 熟悉大数据技术的基本概念。
(2) 熟悉大数据时代思维变革的主要内容。

(3) 理解在传统情况下人们分析信息了解世界的主要方法,分析大数据时代人们思维变革的三大转变。

2. 工具/准备工作

在开始本实验之前,请认真阅读课程的相关内容。

需要准备一台带有浏览器,能够访问因特网的计算机。

3. 实验内容与步骤

(1) 请结合查阅相关文献资料,为"大数据"给出一个权威性的定义。

答:_____

_____

_____

这个定义的来源是:_____

(2) 请具体描述大数据的 3V。

答:

① Volume(数量):_____

_____

② Variety(多样性):_____

_____

③ Velocity(速度):_____

_____

(3) 简述大数据时代人们分析信息、理解世界的三大转变。

答:

①_____

_____

②_____

_____

③_____

_____

(4) 在大数据时代,为什么要"分析与某事物相关的所有数据,而不是依靠分析少量的数据样本"?

答:_____

_____

_____

_____

(5) 在大数据时代,为什么"我们乐于接受数据的纷繁复杂,而不再一味追求其精确性"?

答:_____

_____

_____

_____

(6) 什么是数据的因果关系?什么是数据的相关关系?

答:_____

_____

_____

_____

(7) 在大数据时代,为什么"我们不再探求难以捉摸的因果关系,转而关注事物的相关关系"?

答:_____

_____

_____

_____

4. 实验总结

_____

_____

_____

5. 实验评价(教师)

_____

_____

第5章

思维定势与传统方法

【脑洞大开】 长征五号运载火箭的首次发射

2016年11月3日,一个值得中国航天界永久纪念的日子。这一天,在文昌发射场,距发射塔架3公里处,我亲历了长征五号运载火箭首次发射的全过程(见图5-1)。曾经看过多少次发射,连我自己都记不清了,唯有这一次,最是撼人心魄——这是长征五号运载火箭的首次发射。据统计,各国运载火箭首飞成功的概率是50%。这次发射会属于概率的哪一半呢?

图5-1 长征五号运载火箭首次发射

01指挥员胡旭东的位置在大厅的中心。他下达口令,十几个系统指挥员跟着重复口令,自信而又浑厚的声音在大厅里回荡。1980年出生的胡旭东显得比实际年龄老成许多。10天前,我和他匆匆见过一面,当时他只说了一句话:"这次首发一定要成功,它的意义非同一般……如果不成功,对中国航天的打击就太大了。"他的话让我马上生出一个祈祷:长征五号啊,你可千万别掉链子,让另一半的概率见鬼去吧!

瞭望3公里外的塔架,像一座华丽的宫殿,"胖五"则像等待出嫁的美丽公主,充满魔幻般的魅力。我在心里道了一声:亲爱的,一路平安。转回指挥大厅时,第一个"惊心动魄"便扑面而来,时钟刚好走到10:30。胡旭东的口令洪亮有力又略显低沉:"各号保持状态,暂不进入—7小时程序。"大厅里,一波小震荡。"保持状态,暂不进入……",谁都明白这意味着什么。

发射塔架1、3助推火箭上疑似液氧泄漏。听见"泄漏"两字,就是一个纯粹的外行,心头也会猛然一颤。加注过程最让人担心的就是燃料泄漏。我听过太多这方面的事故。液氢、液氧是极低温的易燃易爆的燃料,它们充填到火箭肚子里,极易汽化,加上发射场地域三高(高盐雾、高温、高湿),就更难伺候,一旦泄漏出来,想想就知道有多可怕。

　　指挥部里有一半的人走出大厅,去小会议室参加紧急会议。他们要根据航天人特有的"双五条"归零标准,逐一开展故障排查。两位副总师赶往101阵地现场勘察、摸排故障情况时,小会议室里早已争论得面红耳赤了。这个会开得像甲乙两方谈判,当大家还在为"故障"归不归零争论不休时,发射站站长唐功建却点出了眼下最紧迫的问题:程序是停还是继续?当专家们一致同意归零时,一个小时已经过去了。发射窗口变更,01指挥员胡旭东下达口令:"重置点火时间为——19:01:00。"

　　程序可以往下走了,大厅的气氛又轻快起来。我再次暗暗祈求别再有什么意外了。15:48:20,液氢大流量加注完毕。指挥部成员好像松了一口气,轻松站起,转移战场,到10层指挥大厅就座。17:00时,我去了加注现场。巨大的排气声和呼啸的风声让我突然感受到一丝冷意。这是我早已熟悉的那种"冷"。一个月前,我到过这里,是加注系统的"管家"李建军带我来的,他把低温燃料系统给我介绍了一遍。与他的声音一起留在我脑海的还有一个面容清瘦的江南女子,她叫陈虹,浙江大学热物理系低温工程专业的高才生。这个看上去十分秀气的杭州女子身上有种超乎常人的定力。为研发低温燃料系统与贮罐,她带领的团队付出了10年多的时间。"十年磨一剑",我能从陈虹脸上的雀斑中读到艰辛和不易。

　　回到508时,见走道上站满了人。我心里一激灵:又发生了什么?小会议室的门紧紧关闭。我的双腿突然变沉,绕到指挥大厅才听说:一级循环预冷失败。光是"失败"两字,你就能预知事态的严重性。"暂停液氧排放,暂停煤油充填。各系统保持状态,暂不进入-1小时程序。"专家们紧急商讨对策:"这次温度降不下来,我们就终止。""你们先做,最后一分钟都来得及。""只有半个小时了。这半个小时做完,还不成,只好放弃。"所谓窗口,就是运载火箭发射比较合适的一个时间宽度。整个窗口只有2小时40分,前面耽搁了1小时,只剩下1小时40分了。现在进入了-1小时,又停下来,窗口还撑得上吗?若失去窗口,小心翼翼喂进火箭肚子里的东西,得让它吐出来,整个程序得逆着走。凡是逆向的,难度都很大,就像逆流而上的船。

　　17:36,氢循环泵增压预冷和排放预冷效果仍不佳……01指挥员下达了"各号保持状态,暂不进入-1小时程序"的口令。"若到19:30,一级液氢发动机预冷仍不正常,考虑进入终止发射程序。这是指挥部的决策。"陈虹记录本上这段话,事后我读了3遍,读第2遍时,眼睛发潮了:终止发射程序,意味着400多方的液氢、500多方的液氧需要泄回,发射场将接受异常严峻的考验,中国航天将面临前所未有的技术挑战。

　　19:33,传来好消息:一级氢泵轴温度终于下降。01指挥员下达令人欢欣鼓舞的口令:"设定点火时间为20:40:00。"当听到这一消息时,指挥大厅凝固的空气忽然像注入一股清流,似乎能听到冰河化开时悦耳的"叮咚"声。稍显混乱的秩序恢复了正常。我大大地呼出一口气,感觉紧张的心瞬间像花儿一样绽放。

　　而陈虹他们减压了吗?再看看陈虹当时的记录:"又是一个新要求。这可是液氢回流系统从20世纪80年代长征3号开始,几十年来第一次采用该加注方式!!!"请从陈虹3个大大的"!!!"里体会其压力和分量吧。我不知道陈虹瘦弱的肩膀是怎么承受住这巨大压力的。作为一个比她更年长的女军人,我想向她表达深深的敬意,除了军礼,还想给她一个大大的拥抱。她的领导告诉我:"陈虹是个以工作为快乐的女人,办公室就是她的家。"按世俗的理解,她会不会像许多事业心强的女人一样,家庭很残缺?后来,我才知道我的担心完全多余,她有一个很爱她的丈夫,还有一个她很爱的儿子。不过,儿子嫌她厨艺不佳,宁愿去吃食堂,也不愿吃她做的饭,儿子爱吃的几个菜都是她丈夫的手艺。但她说,她会收拾家务,会拆洗被子。作为一个女人,她是幸福的。

19:55,一级氢射前补加开始。加注流量提高到了设定流量的2.5倍,可液位没有上升。流量又增加,已经超过安全流速,可液位还是没有上升,开排气阀门泄压……这些"刀尖上的舞者",不知道他们自身的压力如何排遣?我知道陈虹喜欢走步来减压。这会儿,她一动不动地坐在指挥的岗位上,她现在不能用走步去缓解自己的压力,只能把压力顶在头上,怎么办?我能猜到,她的大脑里此刻有一双无形的脚,在飞奔,脚尖正指向那个我们全都期待的胜利时刻。直到发射前5分30秒,液位稳定在终值液位。这时,听见口令:"氢加注好!"氢控制间的玻璃房里瞬时爆发一阵掌声:"真是太不容易了!"我们这些局外人,真能理解这7个字的内涵么?

离点火已经很近。我不知如何选择,是去空旷的2楼一睹"胖五"点火的雄姿,还是守在指挥大厅。正犹豫时,听见01指挥员胡旭东洪亮但略显低沉的声音又响了起来:"暂缓进入-3分钟准备程序,设定点火时间为20:41:17。"此刻——20:38。这个"暂缓",又一次让人紧张得屏住呼吸。芯一级氧加连接器没脱落。又来一个故障,需要应急处置。我紧张得不敢再听也不敢再看,感觉胸口堵得慌。胡旭东却极其冷静:"暂缓进入-2分钟准备程序,设定点火时间为20:41:56。"窗口又再次设定。

这时,我突然想起采访胡旭东时的一个细节:前不久,胡旭东和他可爱的小女儿视频通话。那是他最感幸福的时刻,但这种时刻少得可怜。在视频里,他听见宝贝儿稚嫩又甜美的声音:"爸爸,你看,我买了块新手表。"那一声"爸爸"别提多暖心了。可定睛再细瞧,女儿手背上的"手表",原来是挂吊针留下的胶布,他心里咯噔一下。原来女儿因病住院了,他却压根不知道……现在,他脑子里还装着这件事吗?不,完全没可能。此刻,他不能有丝毫分心,他的心全拴在每个程序的口令上。

当程序进入-90秒时,被大家称为"金手指"的120指挥员韦康,下达了"转电"的口令。他的话音刚落,又有人报告:控制主控计算机报错!还没来得及反应,韦康又再次喊报告,此时离发射点火还有不到1分钟:"01,终止发射!"韦康这一口令,事后有人调侃:这是"中国航天史上最牛的口令,没有之一"。此刻,我忍不住为胡旭东心慌,因为,他的指令变得口语化:"怎么搞的?"韦康回答说:"01,稍等。"这个"稍等"大概是世上最难等的时刻吧?事后我听说,这次发射如果不是手动操作,一切都自动化,也许便不会成功。看来,最后真正可以依赖的还是人,不是机器。

十几秒后,120指挥员喊:"01,好了。"真的好了?不。这次首发,神奇就神奇在进入倒计时10秒钟,01指挥员在读"10、9、8、7、6……"时仍有3次中断。这也是中国航天史上从没发生过的。一次是制导专业报告:"还没有数。"一次是姿控专业报告:"姿态角偏差还没有。"韦康又再次叫喊:"01,稍等。"又一个稍等。这些简略的话,猛一听,像病句,可对他们,却是精确的表达。我想告诉所有那些想观看火箭发射的人,假如你心脏不好,真要小心,请莫进入。

－6秒姿控专业报告说:"有了!"韦康也跟着报告:"01,好了。"此刻,01指挥员胡旭东又再次果断地下达口令:"C31重置当前时间为－10秒。"听见没,程序又回到－10秒。他们就这样在分秒里来回倒了好几次。这可是牵动人心的发射点火时刻。这次,胡旭东的口令下达与此前的每一道口令一样沉稳自信,尽管有一丝沙哑,但沙哑得很有磁性,不是吗?"5、4、3、2、1,点火!"在外面观看发射的人们,也跟着胡旭东大声地读秒,整个发射场的天地间响彻整齐划一、气势浩荡的声浪:"3、2、1——点火!"

20:43:13.13998秒,长征五号运载火箭点火,巨大的雾流从火箭的底座上喷涌出来,然后是耀眼的火光,箭体徐徐地离开底座,庄严地升空,一条火龙撕开云隙,怒吼着绝尘而去……大约30分钟后,指挥大厅传来了一个声音:"长征五号运载火箭首次飞行获得圆满成功!"

现在,终于可以为中国航天人狠狠地鼓掌点赞了。

阅读上文,请思考、分析并简单记录:

(1) 2016年11月3日是中国的长征五号运载火箭首次发射的日子,这次发射顺利吗?有没有遇到什么麻烦?各国运载火箭的首发成功概率是多少?

答:＿＿＿＿＿＿＿＿＿＿＿＿＿＿＿＿＿＿＿＿＿＿＿＿＿＿＿＿＿＿＿

(2) 请通过网络搜索,了解更多中国的航天事业成就,请简单记录其中给你留下最深印象的重要事件。

答:＿＿＿＿＿＿＿＿＿＿＿＿＿＿＿＿＿＿＿＿＿＿＿＿＿＿＿＿＿＿＿

(3) 什么是中国航天事业的"载人航天精神"?这样的精神对你有什么启发?

答:＿＿＿＿＿＿＿＿＿＿＿＿＿＿＿＿＿＿＿＿＿＿＿＿＿＿＿＿＿＿＿

(4) 请简单记述你所知道的上一周发生的国际、国内或者身边的大事。

答:＿＿＿＿＿＿＿＿＿＿＿＿＿＿＿＿＿＿＿＿＿＿＿＿＿＿＿＿＿＿＿

5.1 思维定势

在长期的思维活动中,每个人都形成了自己惯用的思维模式,当面临某个事物或现实问题时,便会不假思索地把它们纳入已经习惯的思想框架进行思考和处理,即思维定势。

思维定势(thinking set),也称"惯性思维",是指由先前的活动而造成的一种对活动的特殊的心理准备状态;或活动的倾向性。在环境不变的条件下,定势使人能够应用已掌握的方法迅速解决问题;而在情境发生变化时,它则会妨碍人采用新的方法。

思维定势有益于日常对普通问题的思考和处理,但不利于创造性思维,它阻碍新思想、新观点、新技术和新形象的产生。因此,在创造性思维过程中需要突破思维定势。

思维定势多种多样,不同的人有不同的思维定势。常见的思维定势有从众型、书本型、经验型和权威型。

5.1.1 从众型思维定势

从众型思维定势指没有或不敢坚持自己的主见,总是顺从多数人意志的一种广泛存在的心理现象。例如,当我们走到十字路口,看到红灯已经亮了,本应该停下来,但看到大家都在往前冲,自己也会随着人群往前冲。

我们来看一则幽默:一位石油大亨到天堂去参加会议,一进会议室发现已经座无虚席,没有地方落座,于是他灵机一动,喊了一声:"地狱里发现石油了!"这一喊不要紧,天堂里的石油大亨们纷纷向地狱跑去,很快,天堂里就只剩下那位后来的了。这时,这位大亨心想,大家都跑了过去,莫非地狱里真的发现石油了?于是,他也急匆匆地向地狱跑去。

上面这则幽默说的是"羊群效应"。"羊群效应"是管理学上一些企业的市场行为的一种常见现象。例如一个羊群(集体)是一个很散乱的组织,平时大家在一起盲目地左冲右撞。如果一头羊发现了一片肥沃的绿草地,并在那里吃到了新鲜的青草,后来的羊群就会一哄而上,争抢那里的青草,全然不顾旁边虎视眈眈的狼,或者看不到不远处还有更好的青草(图5-2)。

图 5-2 羊群效应

羊群效应比较多地出现在一个竞争非常激烈的行业中,而且这个行业有一个领先者(领头羊)吸引了主要的注意力,整个羊群就会不断模仿这个领头羊的一举一动,领头羊到哪里去吃草,其他的羊也去哪里觅食。

羊群效应是降低研发和市场调研成本的一种策略,现在被广泛地应用在各个行业上,也叫做"复制原则"。当一个公司通过调研和开发向市场投入一种产品,会被对手轻易地复制,这样对手就免去了前期的研发成本,复制是加剧竞争的一个来源之一。

可见,类似于羊群效应的从众型思维定势更多带来的是盲目上马的项目和没有经过充分的市场调研而导致的模糊前景,甚至会分散一个公司的精力。破除从众型思维定势,需要在思维过程中不盲目跟随,具备心理抗压能力;在科学研究和发明过程中,要有独立的思维意识。

5.1.2　书本型思维定势

书本知识对人类所起的积极作用是显而易见的。现有的科学技术和文学艺术是人类两千多年来认识世界、改造世界的经验总结,其中的大部分都是通过书本传承下来的。因此,书本知识是人类的宝贵财富。我们需要掌握书本知识的精神实质,不能当作教条死记硬背,否则将形成书本型思维定势,把书本知识夸大化、绝对化是片面甚至有害的。

当社会不断发展,而书本知识未得到及时和有效的更新时,导致书本知识相对于客观事实存在着一定程度的滞后性。如果一味地认为书本知识都是正确的或严格按照书本知识指导实践,将严重束缚、禁锢创造性思维的发挥。

5.1.3　经验型思维定势

经验是人类在实践中获得的主观体验和感受,是通过感官对个别事物的表面现象、外部联系的认识,是理性认识的基础,在人类的认识与实践中发挥着重要作用。但经验并未充分反映出事物发展的本质和规律。

经验型思维定势是指人们处理问题时按照以往的经验去做的一种思维习惯,照搬经验,忽略了经验的相对性和片面性,制约了创造性思维的发挥。经验型思维有助于人们在处理常规事物时少走弯路,提高办事效率。我们要把经验与经验型思维定势区分开来,破除经验型思维定势,提高思维灵活变通的能力。

5.1.4　权威型思维定势

在思维领域,不少人习惯引证权威的观点,甚至以权威作为判定事物是非的唯一标准,一旦发现与权威相违背的观点,就唯权威是瞻,这种思维习惯或程式就是权威型思维定势。

权威型思维定势是思维惰性的表现,是对权威的迷信、盲目崇拜与夸大,属于权威的泛化。权威型思维定势的形成来源于多个方面:一方面是由于不当的教育方式造成的,在婴儿、青少年教育时期,家长和老师把固化的知识、泛化的权威观念采用灌输式教育方式传授下来,缺少对教育对象的有效启发,使教育对象形成了盲目接受知识、盲目崇拜权威的习惯;另一方面在社会中广泛存在个人崇拜现象,一些人采用各种手段建立或强化自己的权威,不断加强权威型思维定势。

在科学研究中,要区分权威与权威型思维定势,破除权威型思维定势,坚持"实践是检验真理的唯一标准"。

5.2 试 错 法

在长期的自然与社会实践中,人们已经创造和发展了很多解决发明问题的方法,例如人们习惯使用的试错法、头脑风暴法、形态分析法和和田十二法等。单独使用这些传统的创新方法曾经收到过较好的发明创新效果。这些创新方法往往要求使用者具有较高的技巧、较丰富的经验和较大的知识积累量,因此,使用这些方法进行创新的效率普遍不高。特别是当遇到一些较难且复杂的问题时,仅仅依赖"灵机一动"就很难解决问题了。尤其是在人们对某些问题仍未找到理想的方案时,想只凭经验找到解决方案就显得极为困难。

传统的创新方法基本上都是以心理机制为基础的,它们的程序、步骤、措施大都是为人们克服发明创新的心理障碍而设计的。这些创新方法一般撇开了各领域的基本知识,方法上高度概括与抽象,因此具有形式化的倾向。这些倾向于形式化的传统创新方法在运用中受到使用者经验、技巧和知识积累水平的制约。

但是,当我们将这些传统的创新方法与 TRIZ 结合在一起的时候,却能收到更好的效果。例如,在由具体问题抽象成 TRIZ 的问题模型时,以及将 TRIZ 的解决方案模型演绎成具体解决方案时,都或多或少地需要应用头脑风暴法、形态分析法等方法。因此,我们在倡导推广应用 TRIZ 创新理论的同时,还应该了解和掌握常用的传统创新方法,力求做到 TRIZ 创新理论与传统创新方法的有机结合,以获取理想的创新效果。

试错法,是指人们通过反复尝试运用各式各样的方法或理论,使错误(或不可行的方案)逐渐减少,最终获得能够正确解决问题的方法的一种创新方法,这是一种随机寻找解决方案的方法。

千百年来,人们一直在使用试错法来求解发明问题。当尝试利用一种方法、物质、装置或工艺来求解某一问题时,如果找不到问题的解决方案,就进行第二次尝试,如果还没找到问题的解决方法,则进行第三次尝试,以此类推。这就是试错法解决问题的思路和过程。

当用尽了所有常规方法后,就会尝试去猜想是否有正确的解决方案。这样要经过一个漫长的寻找过程,也可能碰巧走对路子并解决问题,但取得这种结果的概率是很小的。多数情况下,对所想到的可能方案均进行了尝试之后仍不能解决问题,需要考虑其他可能的解决方案。甚至因条件限制,尝试无法继续进行,只能精疲力竭地宣告中止。

阿奇舒勒的学生与合作者尤里·萨拉马托夫对试错法做过这样的评价:"人类在试错法中损失的时间和精力远比在自然灾害中遭受的损失要惨重得多。"20 世纪,"在发达资本主义国家中,50%的研究刚刚开展,就因为没有发展前途而被迫终止了;在前苏联,有 2/3 的研究根本无法进入生产领域。"由此可见,用试错法解决问题具有一定的盲目性,所付出的代价(人力与财力)是巨大的。

例 5-1 爱迪生为人类带来光明。

很多人都读过爱迪生的发明故事。爱迪生(Edison,见图 5-3)是位举世闻名的美国电学家和发明家,他除了在留声机、电灯、电话、电报、电影等方面有许多的发明和贡献以外,在矿业、建筑业、化工等领域也有不少著名的创造和真知灼见。相信每个人都知道爱迪生的那句名言:"天才就是百分之一的灵感加上百分之九十九的汗水。"爱迪生不仅有聪慧过人的头脑,更有不懈努力的精神,因此,他获得了巨大的成功。据记载,他在发明电灯时,和助手们历经 13 个月,用过的灯丝材料有 1600 多种金属材料和 6000 多种非金属材料,试验了 7000 多次,终于找到了有实用价值的灯丝材料,为人类带来了光明。

图 5-3　爱迪生发明灯泡

爱迪生的发明为人类的文明和进步做出了巨大的贡献。他勇于试验、不畏失败的探索精神和执着的研究态度令人敬佩,值得我们学习。爱迪生发明电灯所采用的方法就是试错法。

对解决简单的发明问题,试错法效果明显,此时可能的解决方案的数目只有 10 个或 20 个,找到正确的解决方案并不困难。而对于较复杂的发明问题,由于可能存在成百上千个可能的解决方案,试错法的效率就非常低,解决发明问题的周期较长,所付出的代价很高。

5.3　头脑风暴法

头脑风暴法的发明者美国的奥斯本(Osborn)是 BBDO 广告公司的创始人。奥斯本最早于 1939 年首次提出头脑风暴法,并于 1953 年在《应用想象》一书中正式发表了这种激发创造性思维的方法。

5.3.1　头脑风暴法的组织

头脑风暴法也称为智力激励法、自由思考法或诸葛亮会议法,通常指一群人开动脑筋,进行自由的,创造性的思考与联想,并各抒己见,在短暂的时间内提出解决问题的大量构想的一种方法。这种方法是当今最负盛名,同时也可以说是最具实用性的一种集体创造性地解决问题的方法。

"头脑风暴"的原意是"突发性的精神错乱",用来表示精神病患者处于大脑失常的状态。精神病患者最大的特征是在发病时无视他人的存在,言语与肢体行为随心所欲。这虽然不合乎社会行为礼仪规范,然而从创造思考的启发与引导的目标来看,摆脱世俗与旧观念的束缚,期望构想能无拘无束地涌现,还是有必要的,这正是头脑风暴法的精义所在。

从形式上来看,"头脑风暴法"是将少数人召集在一起(见图 5-4),以会议的形式,对于某一问题进行自由的思考和联想,同时提出各自的设想和提案。头脑风暴法是一种发挥集体创造精神的有效方法,与会者可以在没有任何约束的情况下发表个人的想法,提出自己的创意。参与的人甚至可以提出看起来异想天开的想法。

图 5-4　头脑风暴会议

现代发明创新课题涉及技术领域广泛,因而靠个别发明家单枪匹马式的冥思苦想来求得问题解决的方法将变得软弱无力,收效甚微。相比之下,类似头脑风暴法这种群体式的发明战术则会显得效果更好。

5.3.2　头脑风暴法的基本规则

实施头脑风暴法会议之所以会导致大量新创意的诞生,主要有以下原因:一是在轻松、融洽的气氛中,每个人都能敞开想象,自由联想,各抒己见;二是能够产生互相激励、互相启发的效果。每个人的创意都会引起他人的联想,引起连锁反应,形成有利于解决问题的多种创意;三是在会议讨论时更能激发人的热情,激活思维,开阔思路,有益于突破思维定势和旧观念的束缚;四是激起竞争意识,争强好胜的天性会使与会者积极开动脑筋,发表独到见解和新奇观念。

在使用头脑风暴法解决问题时,为了减少群体内的社交抑制因素,激励新想法的产生,提高群体的创造力,必须遵守以下基本规则。

(1) 暂缓评价。在头脑风暴会议上,会议主持人和会议参与者对各种意见、方案的正确与否不要当场做出评价,更不能当场提出批评或指责。对现有观点的批评不仅会占用宝贵的时间和脑力资源,而且容易使得与会者人人自危,发言更加谨慎保守,从而遏制新观点的诞生。因为所有的想法都有潜力成为好观点、好方法,或者能够启发他人产生新的想法。参与者着重于对想法进行丰富和拓展。这种将评论放在后面的"评价阶段"进行的"延迟评判"策略,可以形成有利的气氛,有助于参与者提出更多的想法。

(2) 鼓励提出独特的想法。与会者在轻松的氛围下,就像与家人聊天一样,各抒己见,避免人云亦云、随波逐流、思维僵化,有利于提出独特的见解,甚至是异想天开的、荒唐的想法。这样便可能开辟新的思维方式,提供比常规想法更好的解决方案。若要产生独特的想法,可以反过来看问题,也可以换一个角度考虑问题,甚至可以撇开假设等。

(3) 追求数量。如果追求方案的质量,容易将时间和精力集中在对该方案的完善和补充上,从而影响其他方案的提出和思路的开拓,也不利于调动所有成员的积极性。如果头脑风暴会议结束时有大量的方案,那就极可能发现一个非常好的方案。因此,头脑风暴法强调所有的活动应该以在给定的时间内获得尽可能多的方案为原则。为此,与会者应该解放思想,无拘无束地、独立地思考问题,并希望每个与会者都畅所欲言,而不必顾虑自己的想法或说法是否离经叛道或荒唐可笑。

(4) 重视对想法的组合和改进。可以对他人好的想法进行组合、取长补短,进行改进,以形成一个更好的想法,从而达到"1+1=3"的效果。与单纯提出新想法相比,对想法进行组合和改进可以产生出更好、更完整的想法。所以,头脑风暴法能更好地体现集体智慧。

5.3.3 头脑风暴小组成员

实施头脑风暴法要组织由 5~10 个人参加的小型会议。在实施过程中,对小组成员和主持人的要求如下:

(1) 头脑风暴小组人数的确定。

奥斯本认为,参加人数以 5~10 人为宜,包含主持人和记录员在内以 6~7 人为最佳。头脑风暴法小组人数的多少取决于主持人风格、小组成员个体的情况等因素。小组人数太多或太少,效果都不太理想。人数过多时,则会使某些人没有畅所欲言的机会;过少时,则会场面冷清,影响参与者的热情。参与者最好职位相当,对所要解决的问题都感兴趣,但是不必均为同行。

(2) 小组中不宜有过多的专家。

在进行"头脑风暴"的过程中,如果专家太多,就很难做到"暂缓评价"。权威在场必定会对与会者产生"威慑"作用,给与会者的心理造成压力,因此难以形成自由的发言氛围。

然而,在实际操作"头脑风暴"的时候,会议参加者往往都是从企业的各个部门汇集而来的各专业领域的专家里手。在这种场合,无论主持人还是参加者,都应注意不要从专业角度发表评论,否则会引起争议,打破暂缓评价的和谐局面,产生不良效果。

还有一点很重要,这就是专家的人选应严格限制,以便参加者把注意力集中于所涉及的问题上,具体选取原则如下。

- 如果参加者相互认识,要从同一职位(职称或级别)的人员中选取,领导人员不应参加,否则可能会对某些参加者造成某种压力。
- 如果参加者互不认识,可从不同职位(职称或级别)的人员中选取。在这种情况下,不应宣布参加人员的职称或职务。与会者不论职称或职务级别的高低,都应同等对待。
- 参加者的专业应力求与所论及的决策问题相一致。这并不是专家组成员的必要条件,但是,专家中最好包括一些学识渊博,对所论及问题有较深理解的其他领域的专家。

(3) 小组成员最好具有不同学科背景。

如果小组成员具有相同的学科背景,他们都是同一方面的专家,那么,很可能会沿着固有专业方向的常规思路来开发思想、产生观念。这样,同学科或相近学科的成员所产生的构想范围就很有限,而不能发挥头脑风暴的优势。相反,如果小组成员背景不同,他们就有可能从不同的层面,不同的方向,不同的角度提出千差万别的观点,从而更有利于获得"头脑风暴"效应。

(4) 参与者应具备较强的联想思维能力。

参与者具有较强的联想能力是头脑风暴法获得良好效果的重要保证。在进行"头脑风暴"时,组织者应尽可能提供一个有助于把注意力高度集中于讨论问题的环境。在头脑风暴会议上,有的人提出的设想可能是其他准备发言的人已经思考过的设想。其中一些最有价值的设想,往往是在已提出设想的基础上,经过"头脑风暴"迅速发展起来的设想,或对两个或多个设想进行综合所得到的设想。因此,头脑风暴法产生的结果是成员集体创造的成果,是头脑风暴小组成员互相感染激励,互相补充完善的总体效果。

(5) 头脑风暴小组主持人的确定。

只有主持人对整个头脑风暴过程进行适度控制和协调,才能减少头脑风暴的抑制因素,激励新想法,发挥小组群体的创造力,获得预期的效果。由此可见,头脑风暴小组中的主持人非常重要。

主持人必须能够做好以下3点:

- 能掌控会议,并使头脑风暴会议的成员严格遵循前述的头脑风暴法基本规则。
- 要使会议保持热烈而轻松的气氛。
- 要保证让全体参与者都能畅所欲言,献计献策。

头脑风暴小组会议的主持人必须具有丰富的经验,能够充分把握讨论问题的本质。主持人应乐于接受头脑风暴法所造成的奔放而接近狂热的会议气氛,努力使参加者忘却自我,从而能变得更加自由。主持人应及时地发现参加者朝哪个方向提出设想,并巧妙地将脱离正确方向的参加者引回到既定的目标方向上来。在某种程度上讲,主持人应该是演技相当细腻的演员,并在某些方面具备电视节目主持人的素质。

为了更好地掌控头脑风暴会议,主持人可以运用以下技巧,使头脑风暴达到既定目标:

- 在参加者发言气氛显得相当热烈时,可能会出现许多违背头脑风暴法基本原则的现象,如交头接耳,哄堂大笑,甚至公开评论他人意见等,此时主持人应当立即制止,并号召大家给予发言者鼓励。
- 当许多灵感已被陆续激发出来,而参与者也开始表现为疲惫状态,灵感激发速度明显下降时,主持人可以用"每人再提两个点子就结束"之类的话语再次激发创意灵感。
- 主持人应控制好时间,一般建议控制在30分钟左右,以免参加者太疲倦而产生反感甚至厌恶情绪。
- 在会议结束时,主持人应对会议的成果表示肯定,对与会者表示感谢。

5.3.4 头脑风暴法的实施

1. 头脑风暴法的三个阶段

头脑风暴法可分为会前准备、会议过程和创意评价3个阶段。

1) 会前准备

会前准备包括以下工作：

（1）确定讨论主题。讨论主题应尽可能具体，最好是实际工作中遇到的亟待解决的问题，目的是为了进行有效的联想和激发创意。

（2）如果可能，应提前对提出初始问题的个人、集体或部门进行访谈调研，了解解决该问题的限制条件、制约因素、阻力与障碍以及任务最终目标分别是什么。

（3）确定参加会议人选，并将这些问题写成问题分析材料，在召开头脑风暴会议之前的几天内，连同会议程序及注意事项一起发给各位与会人员。

（4）举行热身会。在正式会议之前召开预备会议，这是因为在多数情况下，小组成员缺乏参加头脑风暴会议的经验，同时，要他们做到遵守"延迟评价"原则也比较困难。

所确定的讨论主题的涉及面不宜太宽。主持人将讨论主题告诉会议参加者，并附加必要的说明，使参加者能够收集确切的资料，并且按正确的方向思考问题。

在热身会上，要向与会人员说明"头脑风暴法"的基本规则，解释创意激发方法的基本技术，并对成员所做的任何有助于发挥创造力的尝试都予以肯定和鼓励，从而让参与者形成一种思维习惯来适应头脑风暴法，并尽快适应头脑风暴法的气氛。

2) 头脑风暴会议

在会议过程中要注意以下几个问题：

（1）由会议的主持人重新叙述议题，要求小组人员讲出与该问题有关的创意或思路。

（2）与会者想发言的先举手，由主持人指名开始发表设想，发言力求简单扼要，一句话的设想也可以，注意不要做任何评价。发言者首先提出由自己事先准备好的设想，然后再提出受别人的启发而得出的思路。从这一阶段开始，就存在着"头脑风暴"的创造性思维方法。

（3）若是头脑风暴法进行到人人都山穷水尽的地步，主持人必须使讨论发言再继续一段时间，务必使每人尽力想出妙计，因为奇思妙计往往在挖空心思的压力下产生。主持人在遇到会议陷于停滞时可采取其他创意激发方法。

（4）创意收集阶段实际上与创意激发和生成阶段同时进行。执行记录任务的是组员，也可以是其他组织成员。每一个设想必须以数字注明顺序，以便查找。必要时可以用录音机辅助记录，但不可以取代笔录。记录下来的创意是进行综合和改善所需要的素材，所以应该放在全体参加者都能看到的地方。

在小组人员提出设想的时候，主持人必须善于运用激发创意的方法。语言要妙趣横生，使气氛轻松融洽。同时主持人还要保证使参与者坚守头脑风暴法的基本规则，即任何发言者都不能否定和批评别人的意见，只能对别人的设想进行补充、完善和发挥。一次会议创意发表不完的，可以再次召开会议，直至将各种创意充分发表出来为止。

主持人必须充分掌握时间，时间过短，设想太少，时间过长，容易疲劳。最好的设想往往是会议快要结束时提出的。可以从已确定的会议结束时间再延长5分钟，因为在这段时间里人们容易提出最好的设想。

3) 创意评价

先确定创意的评价和选取的标准，比较通用的标准有可行性、效用性、经济性、大众性等。在风暴会议之后，要对创意进行评价和选择，以便对要解决的问题，找到最佳解决办法。

对设想的评价不要在进行头脑风暴法的同一天进行,最好过几天再进行。

2. 使用技巧

经过多年的研究和实践,人们总结了大量简便有效的经验,下面简单介绍一些小技巧,以便在实际操作中产生更好的实施效果。

(1) 讨论问题的确定非常重要,问题设置不当,头脑风暴会议便难以获得成功。

在讨论内容的问题设置方面,应做到以下几点:

- 在设置问题时必须注意头脑风暴法的适用范围。
- 讨论的问题要具体、明确,不要过大。
- 讨论问题也不宜过小或限制性太强,例如不要出现讨论"A 与 B 方案哪个更好"之类的问题。
- 不要将两个或两个以上的议题同时拿出来讨论。

主持人要对那些首次参加头脑风暴会议的人给予关注,让新参加者熟悉该类会议的特点,并能遵守基本规则。

(2) "停停走走"是头脑风暴法一个常用的技巧,即 3 分钟提出设想,然后 5 分钟进行考虑,接着用 3 分钟的时间提出设想……这样 3 分钟与 5 分钟过程反复交替,形成有行有停的节奏。

(3) "一个接一个"是头脑风暴法又一个常用的技巧,与会者根据座位的顺序一个接一个提出观点,如果轮到的人没有新构想就跳到下一个人。如此循环,直至会议结束。

(4) 参加会议的成员应当定期更换,应在不同部门、不同领域挑选不同的人参加,这样才能防止群体形成固定的思维方式。

(5) 参加会议成员的构成应当考虑男女搭配比例,适当的比例会极大地提高产生构想的数目。

3. 头脑风暴法的优缺点

头脑风暴法具有以下优点:

(1) 消除了妨碍自由想象的清规戒律,使小组成员人人平等,在轻松愉悦的氛围中自由联想,有助于新创意的出现。

(2) 集体讨论能够满足人们进行社会交往的需要,能大大地提高工作效率。在相同的时间内,集体活动总比个体活动容易产生更多的创意,因而也就更有可能产生高质量的问题解决方案。

(3) 在集体中更容易创造出适合创造性思维的环境,成员间相互启发,能产生更多的高质量的创意。

(4) 充分体现集体的智慧。在头脑风暴环境下,有利于将他人的创意加以综合与发展,从而形成更有价值的问题解决方案。

头脑风暴法也有自身的一些局限性:

(1) 小组成员之间若有矛盾或冲突,就会形成不愉快的气氛,从而抑制了思维的自由性,抑制了新创意的产生。

（2）有时因为头脑风暴会议的失控，使头脑风暴会议违背了"暂缓评价"的规则，出现消极的评价，甚至相互批评或谴责，这些必将使人们的创意热情受挫，从而减少了产生的创意数量，降低创意质量。

（3）小组成员中的一些具有支配欲的人控制讨论进程的企图会引起会议讨论方向偏离目标，并会减少其他人参与讨论的机会。

（4）一些地位较高的人或权威可能会对其他成员施加有形或者无形的压力，使他们很难产生突破性的创意。

（5）集体讨论会花费更多时间，因此当要解决的事情很紧急时，集体创意方法可能并不适用。

虽然头脑风暴法在实施中存在一些问题，但是这些问题可通过一些措施加以解决。比如，通过选择一个有经验的会议组织者及会议主持人，就能够有效减少讨论中可能出现的不利情况，控制讨论进程和方向；通过恰当地选择与会人员，可以避免个别人或权威带来的不利影响，营造轻松自由的氛围。同时还可以运用一些技巧来减少或避免这些不利的情况。

头脑风暴法作为一种令人愉悦的活动，通常被参与者欣然接受。另外，人们还对头脑风暴法进行了改进，从而出现了一些头脑风暴法的变型。总体上说，头脑风暴法适合于解决那些相对比较简单，并被严格确定的问题，如研究产品名称、广告口号、销售方法、产品的多样化研究等。因此，头脑风暴法对于解决一般发明问题是有效的。但在更加复杂的发明问题中，使用这种方法不可能立即猜想出解决方案，不是一种能快速"收敛"到发明结果的方法。

5.4 形态分析法

试错法、头脑风暴法等方法无法有效地解决一些复杂的发明问题。因此，20世纪50年代末，出现了一种基于系统式查找可能解决方案的方法，即形态分析法。

形态分析法是一种从系统论的观点看待事物的创新思维方法。这种方法是由美国加州理工学院教授兹维基与矿物学家里哥尼合作创建的，它对搜索问题的解决方案所设置的限制很有用处，利用它可以对解决方案的可能前景进行系统的分析。

1943年第二次世界大战期间，兹维基参加了美国火箭研制小组，他把数学中常用的排列组合原理应用于新颖技术方案的设计中，他将火箭的各个主要部件可能具有的各种形态进行了不同的组合，得到了令人惊奇的结果：他在一周之内交出了576种不同的火箭设计方案，这些方案几乎包括了当时所有的制造火箭的可能设计方案。后来才知道，就连美国情报局挖空心思都没能弄到手的德国正在研制的带脉冲发动机的F-1型和F-2型巡航导弹的设计方案也包括在其中。于是，兹维基的天才受到人们的关注。1948年，兹维基发表了他的构思技巧——形态分析法。

形态分析法首先把研究的对象或问题分为一些基本组成部分。然后，对每一个基本组成部分单独地进行处理，分别提出解决问题的办法或方案。最后通过不同的组合，形成若干个解决整个问题的总体方案。

因素和形态是运用形态分析法时要用到的两个非常重要的基本概念。所谓因素，就是指构成某种事物各种功能的特性因子；所谓形态，是指实现事物各种功能的技术手段。

例如,对于一种工业产品,可将反映该产品特定用途或特定功能的性能指标作为基本因素,而将实现该产品特定用途或特定功能的技术手段作为基本形态。

形态分析法最大的优点是对每个总体方案都要进行可行性分析,有利于寻找到最佳的解决方案。形态分析法的主要缺点是使用不便,工作量大。如果一个系统由 10 个部件组成(因素),而每个部件又有 10 种不同的制造方法(形态),那么,组合的数目就会达到 100。

形态分析法特别适用于下列几个方面的观念创新:

(1) 新产品或新型服务模式。
(2) 新材料应用。
(3) 新的市场分割及市场用途。
(4) 开发具有竞争优势的新方法。
(5) 产品或服务的新颖推销技巧。
(6) 新的发展机遇的定向确认。

形态分析法的实施步骤如下。

步骤 1:确定研究课题。这并不是提出一个准确的、具体的设想方案。

步骤 2:因素提取。确定发明对象的主要组成,即基本因素,把问题分解成若干个基本组成部分。确定的基本因素在功能上应是相对独立的。因素的数目不宜太多,也不宜太少,一般 3~7 个为宜。

步骤 3:形态分析。按照发明对象对诸因素所要求的功能,列出各因素全部可能的形态。完成这一步需要有很好的知识基础和丰富的工作经验,对本行业及其他行业的各种技术手段了解得越多越好。

步骤 4:编制形态表,进行形态组合。按照对发明对象的总体功能要求,分别将各因素的不同形态方式进行组合而获得尽可能多的合理方案。

步骤 5:优选。即从组合方案中选优,并具体化。

例 5-2 确定汽车前照灯的设计方案。

汽车前照灯是汽车的重要部件之一(见图 5-5)。首先,前照灯是汽车的眼睛,是汽车漂亮时髦的外表的重要特征。其次,有了可靠且性能良好的照明,能提高汽车的夜间行驶速度,同时对确保汽车的安全行驶非常重要。最后,汽车前照灯的结构形式直接影响到汽车前端的外形,对构建低空气阻力的流线型车身外廓极为重要。考虑到这些功能,要求对前照灯的外形、光源类型、散光玻璃类型、控制方式等因素的各种形态进行分析,编制形态表(见表 5-1)。

表 5-1 汽车前照灯形态表

形态	因素			
	前照灯外形	前照灯光源	散光玻璃材质	控制方式
1	方形	卤素灯泡	玻璃	手控开关
2	圆形	气体放电灯	树脂	光感应
3	椭圆形	LED		
4	柳叶形			

JEEP指南者(卤素灯)　　　　凯迪拉克XTS(氙气灯)　　　　奥迪A8L(LED灯)

图 5-5　汽车前照灯

根据表 5-1，进行各种可能性组合，得到 $4\times3\times2\times2=48$ 种设计方案。然后，考虑生产成本、重量、可靠性与耐久性、消费者的认可度等，对这些方案分别进行分析对比，从中可选出最优的方案。

5.5　和田十二法

和田十二法，又称稽核表法，或称为检核表法、检验表法，是由形态分析法演变而来的，就是用一张一览表对需要解决的问题逐项进行核对，从各个角度诱发多种创造性设想，以实现创造、发明、革新，或解决工作的某一问题的开发创意的方法。使用稽核表法时，为了获得解决问题所需的数据，需要构造问题列表。表中所提出的问题，可以是最意想不到的，这样有利于削弱思维定势。通过稽核表法，可以获得对问题的详述和查找规定问题解决方案的附加数据。早期最有影响的稽核表是奥斯本于1964年设计的。奥斯本的稽核表提纲达75条之多，后来经过简化归纳为9个方面(用途、类比、增加、减少、改变、代替、变换、颠倒、组合)。这种稽核表在后来的创意实践中又得到修正与发展。

利用稽核表法进行构思创意，应从以下几个方面(角度)进行思考：
(1) 现有发明的用途是什么？是否可以扩充？
(2) 现有发明能否吸收其他技术，引入其他创造构思？
(3) 现有发明的造型、颜色、制造方法等能否改变？
(4) 现有发明的体积、尺寸和重量能否改变？改变后的结果怎样？
(5) 现有发明的使用范围能否扩大？寿命能否延长？
(6) 现有发明的功能是否可以重新组合？
(7) 现有发明能否改变型号或改变顺序？
(8) 现有的发明可否颠倒过来？

例如，为了开发职工的创新能力，美国通用汽车公司给每个职工发稽核表，见表5-2。

和田十二法，又叫"和田创新法则"或"和田创新十二法"，是我国学者许立言、张福奎在奥斯本稽核问题表基础上，借用其基本原理，加以创造而提出的一种思维技法。它既是对奥斯本稽核问题表法的一种继承，又是一种大胆的创新。比如，其中的"联一联"，"定一定"等等，就是一种新发展。同时，这些技法更通俗易懂，简便易行，便于推广。

表 5-2　通用汽车公司的稽核表

序号	内　　容
1	可否利用其他适当的机械来提高工作效率
2	现有设备有无改进余地
3	改变流水线、传送带、搬运设备的位置或顺序,能否提高工作效率
4	为使各种操作同时进行,能否采用某些专用工具及设备
5	改变工序能否提高零部件的质量
6	能否用低成本的材料来替代目前使用的材料
7	改变现有的材料切削方法,能否节省材料
8	能否使员工的操作更安全
9	怎样才能去掉无用的程序
10	现在的操作能否再简化

"和田十二法",即指人们在观察、认识一个事物时,可以考虑是否可以:

(1) 加一加:加高、加厚、加多、组合等。
(2) 减一减:减轻、减少、省略等。
(3) 扩一扩:放大、扩大、提高功效等。
(4) 变一变:变形状、颜色、气味、音响、次序等。
(5) 改一改:改缺点、改不便、不足之处。
(6) 缩一缩:压缩、缩小、微型化。
(7) 联一联:原因和结果有何联系,把某些东西联系起来。
(8) 学一学:模仿形状、结构、方法,学习先进。
(9) 代一代:用别的材料代替,用别的方法代替。
(10) 搬一搬:移作他用。
(11) 反一反:能否颠倒一下。
(12) 定一定:定个界限、标准,能提高工作效率。

如果按这十二个"一"的顺序进行核对和思考,就能从中得到启发,诱发人们的创造性设想。所以,和田技法是一种打开人们的创造思路,从而获得创造性设想的"思路提示法"。简单的十二个字"加""减""扩""变""改""缩""联""学""代""搬""反""定",概括了解决发明问题的12条思路。

【实验与思考】　头脑风暴法实践

1. 实验目的

本实验与思考的目的是:
(1) 了解什么是思维定势。

(2) 理解和熟悉发明问题的传统方法。

(3) 理解和熟悉头脑风暴创新方法,了解该方法的基本规则和组织方法。通过实践,体会和掌握头脑风暴法的运用,尝试依靠传统创新方法提升自己的创新思维和实践能力。

2. 工具/准备工作

在开始本实验之前,请回顾教科书的相关内容。

需要准备一台能够访问因特网的计算机。

3. 实验内容与步骤

(1) 简述思维定势对人的影响。

答:_____

_____

(2) 平移、旋转是现实生活中广泛存在的图形"变换"现象,它与现实生活联系密切。但是,在学习平移、旋转的性质时,学生往往容易产生思维定势,陷入误区。

① 4张扑克牌如图5-6所示放在桌子上,小明把其中一张旋转180°后得到如图5-7所示的图案,那么他旋转的牌是从左数(　　　)。

A. 第一张　　　　B. 第二张　　　　C. 第三张　　　　D. 第四张

图5-6　扑克牌旋转前

图5-7　扑克牌旋转后

② 如图 5-8 所示,点 O 是正六边形 ABCDEF 的中心,下列三角形中,可由△OBC 平移得到的是(　　)。

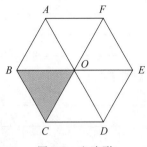

图 5-8　六边形

A. △OCD　　　　B. △OAB　　　　C. △OAF　　　　D. △OEF

③ 如图 5-9～图 5-11 所示,要求画出猫向右平移 8 格后的图案。正确的是(　　)。

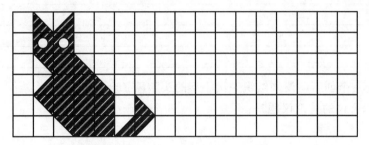

图 5-9　平移前的图案

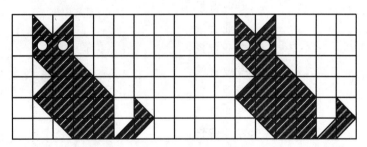

图 5-10　平移后的可能图案一

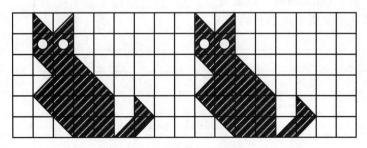

图 5-11　平移后的可能图案二

(3) 什么是试错法?
答:_____
_____
_____

(4) 头脑风暴法有哪些基本规则?
答:_____
_____
_____

头脑风暴法的主要实施步骤有哪些?
答:_____
_____
_____

(5) 选定一个创新动议来组织一次小型的头脑风暴会议。
头脑风暴会议的讨论议题是:_____
_____

头脑风暴会议的与会者分别是:
(1) _____,专业背景:_____
(2) _____,专业背景:_____
(3) _____,专业背景:_____
(4) _____,专业背景:_____
(5) _____,专业背景:_____
(6) _____,专业背景:_____
(7) _____,专业背景:_____
其中,主持人是:_____
头脑风暴会上,收集的创意数量是_____个。
请具体描述本次头脑风暴会的情况:
_____
_____
_____
_____

请评价:你认为此次头脑风暴会成功吗?
☐ 很成功   ☐ 成功   ☐ 一般   ☐ 不成功

4. 实验总结

_____
_____
_____

5. 实验评价(教师)

_____
_____

第6章

创新思维与技法

【脑洞大开】 斯坦福最火的一门课

斯坦福最火的一门课竟是教学生像设计 iPhone 一样设计自己的人生。

"你什么时候看起来最有活力,最投入?"

"研究数学的时候。"

这是斯坦福大学设计学院(d. school)一个天井(见图 6-1)里最常见的对话,别以为它只是同学间的闲聊,其实它是斯坦福《设计人生》课程中讨论最多的话题。

图 6-1 斯坦福大学设计学院 d. school 的天井

美国杂志 *Fast Company* 报道称这是斯坦福大学"最热门的课程",脱胎于这门课的《设计人生:如何打造美好快乐生活》(*Designing Your Life:How to Build a Well-Lived,Joyful Life*)的出版社也这样说。

上面回答称研究数学时最有活力的学生其实来自斯坦福艺术史专业,她是校内有名的学霸,已经完成了超过 230 个学分,但始终不知道自己毕业后要做什么,在上这门课之前,她从来没意识到——自己原来非常讨厌艺术。

她的这种迷茫是斯坦福无数学生共同的烦恼,他们擅长考高分,多才多艺,但对自己的未来却始终说不出个所以然。6 年前,这门《设计人生》课一经推出就迅速爆满,一直到今天,它依然是斯坦福最热门的课程之一。

其实中国孩子在挖掘自身潜能上的"坑"更多更大。多数人受制于应试教育的压力,从小不知道自己的兴趣究竟是什么,于是到大学选专业、毕业找工作的时候非常迷茫。他们更可能要用十年时间去弥补自己小时候三年就可以填补的沟壑。

非常有意思的是,斯坦福 d.school《设计人生》课程两位主讲教授都是苹果公司前员工,他们希望通过这门课将设计苹果手机的方法运用在教会学生"设计自己的人生"上。

像设计师一样思考,任何时候都可开始

这门课的萌芽要追溯到 9 年前,当时还是苹果公司员工的比尔·伯内特(Bill Burnett)和戴维·埃文斯(David J. Evans)两人(见图 6-2),经常受邀为谷歌公司的产品经理和硅谷创业天才等传授"设计"的秘诀,但他们渐渐发现,他们精通的设计理念可以让他们做出世界上最有创意的产品,但他们的生活却依然索然无趣。

图 6-2 左为伯内特教授,右为埃文斯教授

而纵观自己的人生,他们所做的每一个决定——去哪个学校、去哪个公司……看上去都是"最好"的选择,但如果冷静反问自己,他们也不知道自己到底为什么要做什么。他们开始意识到——为什么不把设计的理念应用到生活上?并拿自己做起了"实验":

设计讲究"定义问题",即在众多需求中只关注最核心的痛点——它们用来给生活做减法。每天有各种琐事缠身,但自己到底想要怎样的未来?那样的未来又需要从现在开始做什么准备呢?

设计讲究"原型设计",即有了想法就要做出来接受检验——它们用来检验计划的可行度。有了计划,不求完美但求完成,先做出个简单成果,找专业人士提建议会比一个人在角落钻牛角尖强 100 倍……

实验的效果立竿见影,他们开始意识到,自己其实不喜欢电脑,只是擅长电脑,并离开了苹果公司,回到母校,把这些人生经验整理成了这门课,让学生们能在 20 岁左右就解决困扰了他们多年的人生难题。

但两位教授也强调,这门课不专属于设计师,更不专属于大学生,像设计师一样思考,任何时候都可以。他们课上就有一位特殊的学生,是刚从斯坦福大学工学系退休的一位教授,他上课的初衷是"我就快退休了,但我完全不知道我该去做些什么。"

而这个课程上更有一些年轻人,以及一些 K12 阶段的老师,这些中小学教师觉得,应该让孩子从小就能找到自己真正的兴趣,充分发挥自己主动支配而非被动接受自己人生的潜能(见图6-3)。

图6-3 设计人生的课程

设计人生最重要的5个小步骤

这两位教授分享了很多经验、案例和方法,我们从《设计人生:如何打造美好快乐生活》中总结最基础也最重要的5个步骤,其实我们在日常生活中也能运用,整理如下,建议您与您家孩子分享:

(1)保持好奇心:问"什么"不如问"为什么"(见图6-4)。

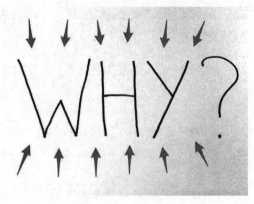

图6-4 问"什么"不如问"为什么"

我们习惯于接受摆在我们面前的问题——最近要完成的作业、下个商业项目……不过设计师更习惯在这个问题上笨一点,他们甚至会问:为什么要问这个问题?因为他们深知,把自己的创造力倾注到对错误问题的回答上非常"二"。

爱因斯坦曾说,他除了充满激情的好奇心外,再无其他真正的才能。在运用创造力解决问题之前,多花点时间找到正确的问题,才能事半功倍。

(2)不断尝试:不求完美但求完成,然后不断修正。

前面提到了"原型设计",其实设计的经典模式就是建造一大堆东西,尝试一大堆东西……但都还不是最后的产品。但这并不能说明"失败了",只是说,我们的想法正在不断趋近于最完美的方向。

所以，当你对未来事业感到迷茫，或者工作后考虑改变自己的职业，有了具体想法后，可以去拜访某些正在做你想做的工作的人。更好的办法是要求跟着他们工作一天，或者周末去实地做这项工作。如果感觉很好，那就继续向前一步；如果感觉不好，那就忘了这回事吧。在进行任何重大决策时都可以做这一步，它可以避免你一头冲进诱人的未知，从而毁掉你的生活，还可以避免更糟的情况——年复一年不采取任何行动，同时又闷闷不乐。

（3）重构问题：思考陷入停滞，就换个问法。

还记得文章最前面的那个问题吗——"你什么时候看起来最有活力，最投入？"这就是教授重新定义"你将来要做什么"后的结果，比起原来的版本，具象了不只一点两点。

曾有研究证明，我们如何理解一件事情，会直接影响我们处理它的效率。"将来做什么"是一个一辈子都不会停止的追问，是最基本的哲学问题，但我们可以跳出来，换一个角度看待它，就能很快走出死胡同，想到更多更好的解决方法。

（4）记录整个过程：随时反思人生。

设计人生并没有真正的终点，去寻求答案的过程，比结果更重要，这将会使你最终必有收获。而设计最让人满意的地方就在于，它的结果是可以看得见摸得着的，如果你把这种思维方式应用到生活中去，记得把整个过程记录下来。它将是无价之宝，不仅可以用在枯燥的绩效考核和工作面试中，也可以用来反思人生。

（5）主动寻找导师。

设计和发明是一个日益协同的过程，设计你的人生也一样。两位教授就建议，要随时采取开放的态度，从别人的建议和自己的想法中获取新的思路，同时积极对这些回应做出反馈。

对学生来说，组织互助读书会来讨论某些主题，写信给某些领域学有专精的人，向其请教学习上遭遇的难题，在网络上分享自己的学习成果，或向网络上的达人请教学习上遭遇到的难处……都是不错的方法（见图6-5）。

图6-5　分享学习成果

每个孩子都应该懂点设计思维

"你可以犯错，失败是好事，"一位参加这门课程的麦肯锡公司顾问说，这门课的理念应该让更多青少年懂得以及运用。

"尽管我还没有找到自己到底想做什么,"另一位同学这样说,"但是我对尝试其他事物变得更加开放,愿意看到它如何发展。勇敢行动起来太重要了,你无法只靠思考走进未来。"

实际上,《设计人生》这门课所倡导的理念——像设计师一样思考永不嫌早,与斯坦福大学 d. school 最拿手的杀手锏——Design Thinking(设计思维)殊途同归。设计思维是由 d. school 创办人 David Kelley 教授提出的,他当年帮乔布斯设计出了苹果公司第一款鼠标。

设计思维现在已风靡全球。最早在世界 500 强中流行,用于新产品迭代和创新突破,后来开始在教育界流行,现在从斯坦福到哈佛,非常多的美国名校和中小学也开始开设设计思维课,并将之视为激发孩子创造力的法宝。

设计思维课程上,孩子们首先通过采访调研获得同理心,然后聚焦、头脑风暴,发现核心问题,之后动手制作原型,测试,最终呈现自己的"产品"。显然,这并不是大众认为的"设计"本身,而是一门实践课。它强调的是,比创意本身更重要的是发现根本问题并真正解决问题的能力。

阅读上文,请思考、分析并简单记录:
(1) 请认真思考后回答"你什么时候看起来最有活力,最投入"的问题。
答:_____
_____

(2) 阅读本文,请回顾并写下设计人生最重要的 5 个步骤。
答:
① _____
② _____
③ _____
④ _____
⑤ _____

(3) 仔细阅读本文,请简述你对本文所述课程的看法。
答:_____
_____
_____

(4) 请简单记述你所知道的上一周发生的国际、国内或者身边的大事。

答：_____

_____

_____

_____

_____

6.1 创造性思维方式

　　创新思维是指以新颖独创的方法解决问题的思维过程，以求突破常规思维的界限，以超常规甚至反常规的方法、视角去思考问题，提出与众不同的解决方案，从而产生新颖的、独到的、有意义的思维成果。创新思维的本质在于将创新意识的感性愿望提升到理性的探索上，实现创新活动由感性认识到理性思考的飞跃。

　　创新思维的运用目的，就是让我们具有"新的眼光"，克服思维定势，打破技术系统旧有的阻碍模式。一些看似很困难的问题，如果我们投以"新的眼光"，站到更高的位置，采用不同的角度来看待，就会得出新奇的答案。

　　在客观需要的推动下，创新思维以新获得的信息和已储存的知识为基础，综合运用各种思维形态或思维方式，克服思维定势，经过对各种信息、知识的匹配、组合，或者从中选出解决问题的最优方案，或者系统地加以综合，或者借助于类比、直觉等创造出新办法、新概念、新形象、新观点，从而使认识或实践取得突破性进展的思维活动。创新思维具有新颖性、灵活性、探索性、能动性和综合性等特点，是创新过程中最基本的手段。创造性思维方式就是从创新思维活动中总结、提炼、概括出来的具有方向性、程序性的思维模式。

6.1.1 发散思维与收敛思维

　　思想家托马斯·库恩认为，科学革命时期发散思维占优势，常规科学时期收敛思维占优势，一个好的探索者要在发散思维和收敛思维之间保持必要的张力。

　　1. 发散思维

　　发散思维是由美国心理学家J.P.吉尔福特提出的，是对同一问题从不同层次、不同角度、不同方向进行探索，从而提供新结构、新点子、新思路或新发现的思维过程(见图6-6)。

　　发散思维具有流畅性、灵活性和独特性的特点。

　　流畅性是思想的自由发挥，指在尽可能短的时间内生成并表达出尽可能多的思维观念以及较快地适应、消化新的思想观念，是发散思维量的指标。例如，在思考"取暖"有哪些方法时，可以从取暖方法的各个方向发散，有晒太阳、烤火、开空调(电暖气、电热毯)、剧烈运动、多穿衣等，这些都是同一方向上数量的扩大，方向较为单一。

　　灵活性是指克服人们头脑中僵化的思维框架，按照某一新的方向来思索问题的特点。

常常借助横向类比、跨域转化、触类旁通等方法,使发散思维沿着不同的方面和方向扩散,以呈现多样性和多面性。

独特性表现为发散的"新异""奇特"和"独到",即从前所未有的新角度认识事物,提出超乎寻常的新想法,使人们获得创造性成果。

发散思维的具体形式包括用途发散、功能发散、结构发散和因果发散等。

例 6-1 发散思维的应用——"孔"。

"孔"结构在工程实例中广泛应用(见图6-6),利用发散思维,可用"孔"结构解决很多问题,例如:

(1) 钢笔尖上有一条导墨水的缝,缝的一端是笔尖,另一端是一个小孔,最早生产的笔尖是没有这个小孔的,既不利于存储墨水,也不利于在生产过程中开缝隙。

(2) 钢笔、圆珠笔之类的商品常常是成打(12支)平放在纸盒里的,批发时不便一盒一盒拆封点数和查看笔杆颜色,有人想出在每盒盒底对应每一支笔的下面开一个较大的孔,查验时只要翻过来一看,就可知道够不够数,是什么颜色,省时又省力。

(3) 弹子锁最怕钥匙断在里面或被人塞纸屑、火柴梗进去,很难钩取出来。如果在制造锁时,在钥匙口对面预留一个小孔,再出现上述情况,用细铁丝一捅就出来了。

(4) 防盗门上有小孔,装上"猫眼"能观察门外来人。

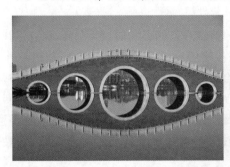 

图 6-6　桥孔

采用发散思维,可以尽可能多地提出解决问题的办法,最后再收敛,通过论证各种方案的可行性,最终得出理想方案。

2. 收敛思维

收敛思维是将各种信息从不同的角度和层面聚集在一起,尽可能利用已有的知识和经验,将各种信息重新进行组织、整合,实现从开放的自由状态向封闭的点进行思考,从不同的角度和层面,把众多的信息和解题的可能性逐步引导到条理化的逻辑序列中,以产生新的想法,寻求相同目标和结果的思维方法,形成一个合理的方案。

在收敛思维的过程中,要想准确地发现最佳的方法或方案,必须综合考察各种发散思维成果,并对其进行归纳、分析比较。收敛式综合并不是简单的排列组合,而是具有创新性的整合,即以目标为核心,对原有的知识从内容到结构上有目的地进行评价、选择和重组。

发散思维所产生的设想或方案,通常多数都是不成熟或者不切实际的。因此,必须借助收敛思维对发散思维的结果进行筛选,得出最终合理可行的方案或结果。

例 6-2 隐形飞机。

隐形飞机(见图 6-7)的制造是一种多目标聚焦的结果。要制造一种使敌方的雷达探测不到,红外及热辐射仪等追踪不到的飞机,需要分别实现雷达隐身、红外隐身、可见光隐身、声波隐身 4 个目标,每个目标中还有许多具体的小目标,通过具体地解决一个个小目标,最终制造出了隐形飞机。

图 6-7 隐形飞机

6.1.2 横向思维与纵向思维

横向思维是截取历史的某一横断面,研究同一事物在不同环境中的发展状况,并通过与周围事物的相互联系和相互比较,找出该事物在不同环境中的异同。纵向思维是从事物自身的过去、现在和未来的分析对比中发现事物在不同时期的特点及前后联系而把握事物本质的思维过程。

横向思维与纵向思维的综合应用能够对事物有更全面的了解和判断,是重要的创造性思维技巧之一。

1. 横向思维

横向思维是由爱德华·德·波诺于 1967 年在其《水平思维的运用》中提出的。横向思维从多个角度入手,改变解决问题的常规思路,拓宽解决问题的视野,从而使难题得到解决,在创造活动中发挥着巨大作用。

在横向思维的过程中,首先把时间概念上的范围确定下来,然后在这个范围内研究各方面的相互关系,使横向比较和研究具有更强的针对性。横向思维对事物进行横向比较,即把研究的客体放到事物的相互联系中去考察,可以充分考虑事物各方面的相互关系,从而揭示出不易觉察的问题。

横向思维突破问题的结构范围,是一种开放性思维,思维过程中将事物置于很多的事物、关系中进行比较,从其他领域的事物获得启示从而得到最终的结果。

例6-3 彼特·尤伯罗斯组织1984年洛杉矶奥运会。

彼特·尤伯罗斯(Peter Ueberroth,1937—)因成功组织了1984年的洛杉矶奥运会,被世界著名的《时代周刊》评选为1984年度的"世界名人"。在尤伯罗斯之前,举办现代奥运会简直是一场经济灾难,1976年蒙特利尔奥运会亏损10亿美元,1980年莫斯科奥运会用去资金90亿美元,第23届奥运会洛杉矶政府没有提供任何资金,居然获利2.25亿美元,令全世界为之惊叹。这个创举要归功于尤伯罗斯在奥运经费问题上采用了横向思维(见图6-8)。

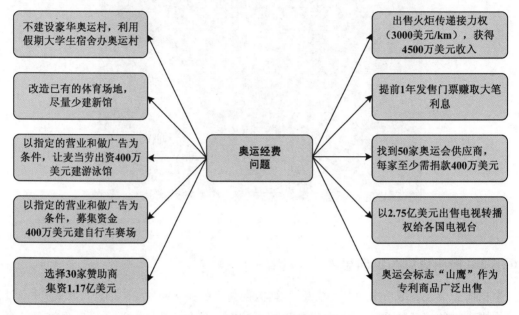

图6-8 奥运会经费的横向思维

尤伯罗斯运用横向思维,通过拍卖奥运会的电视转播权、出售火炬传递接力权、引入新的赞助营销机制等方式扩大了收入来源。在开源的同时,尤伯罗斯全力压缩开支,充分利用已有设施,不盖新的奥林匹克村,招募志愿人员为大会义务工作。凭借着天才的商业头脑和运作手段,尤伯罗斯使不依赖政府拨款的洛杉矶奥运会盈利2.25亿美元,成为近代奥运会恢复以来真正盈利的第一届奥运会,尤伯罗斯也因此被誉为奥运会的"商业之父"。

2. 纵向思维

纵向思维被广泛应用于科学和实践之中。事物发展的过程性是纵向思维得以形成的客观基础,任何一个事物都要经历一个萌芽、成长、壮大、发展、衰老和死亡的过程,并且在这个发展过程中可捕捉到事物发展的规律性,纵向思维就是对事物发展过程的反映。纵向思维按照由过去到现在,由现在到将来的时间先后顺序来考察事物。

纵向思维对未来的推断具有预测性,纵向思维的预测结果可能符合事物发展的趋势。在现实社会中,通过对事物现有规律的分析预测未知的情况相当普遍,纵向思维方法在气象预测、地质灾害预测等领域广泛应用,对于指导人们的行为、决策和规划起着较大作用。

6.1.3 正向思维与逆向思维

正向思维是按常规思路,以时间发展的自然过程、事物的常见特征、一般趋势为标准的思维方式,是一种从已知到未知来揭示事物本质的思维方法。与正向思维相反,逆向思维在思考问题时,为了实现创造过程中设定的目标,跳出常规,改变思考对象的空间排列顺序,从反方向寻找解决办法。正向思维与逆向思维相互补充,相互转化。

1. 正向思维

这是人们最常用到的思维方式。正向思维法是在对事物的过去、现在充分分析的基础上,推知事物的未知部分,提出解决方案。

正向思维具有如下特点:在时间维度上是与时间的方向一致的,随着时间的推进进行,符合事物的自然发展过程和人类认识的过程;认识具有统计规律的现象,能够发现和认识符合正态分布规律的新事物及其本质;面对生产生活中的常规问题时,正向思维具有较高的处理效率,能取得很好的效果。

2. 逆向思维

逆向思维法利用了事物的可逆性,从反方向进行推断,寻找常规的岔道,并沿着岔道继续思考,运用逻辑推理去寻找新的方法和方案。

逆向性思维在各种领域、活动中都有适用性。不论哪种方式,只要从一个方面想到与之对立的另一方面,都是逆向思维。

6.1.4 求同思维与求异思维

求同思维是指在创造活动中,把两个或两个以上的事物根据实际的需要联系在一起进行"求同"思考,寻求它们的结合点,然后从这些结合点中产生新创意的思维活动。

求异思维法是指对某一现象或问题进行多起点、多方向、多角度、多原则、多层次、多结果的分析和思考,捕捉事物内部的矛盾,揭示表象下的事物本质,从而选择富有创造性的观点、看法或思想的一种思维方法。

1. 求同思维

求同思维包括归纳法和演绎法。从已知的事实或者已知的命题出发,通过沿着单一的方向一步步推导来获得满意的答案,以获得客观事物共同本质和规律的基本方法是归纳法,把归纳出的共同本质和规律进行推广的方法是演绎法。这些过程中,肯定性的推断是正面求同,否定性的推断是反面求同。

求同思维是沿着单一的思维方向,追求秩序和思维缜密性,能够以严谨的逻辑性环环相扣,以实事求是的态度,从客观实际出发,来揭示事物内部存在的规律和联系,并且要通过大量的实验或实践来对结论进行验证和检验。

求同思维进行的是异中求同,只要能在事物间找出它们的结合点,基本就能产生意想不到的结果。组合后的事物所产生的功能和效益并不等于原先几种事物的简单相加,而是整个事物出现了新的性质和功能。

例 6-4 活字印刷机。

在欧洲中世纪,古登堡(Johann Gutenberg,1397—1468)发明了活字印刷机(见图 6-9),据说,古登堡首先研究了硬币打印机,它能在金币上压出印痕,可惜印出的面积太小,没办法用来印书。接着,古登堡又看到了葡萄压榨机,由两块很大的平板组成,成串的葡萄放在两块板之间便能压出葡萄汁。古登堡仔细比较了两种机械,从"求同思维"出发,把二者的长处结合起来,经过多次试验,终于发明了欧洲第一台活字印刷机,使长期被僧侣和贵族阶层垄断的文化和知识迅速传播开来,为欧洲科学技术的繁荣和整个社会的进步做出了巨大贡献。

图 6-9 古登堡发明活字印刷机

2. 求异思维

在遇到重大难题时,采用求异思维,常常能突破思维定势,打破传统规则,寻找到与原来不同的方法和途径。求异思维在经济、军事、创造发明、生产生活等领域广泛应用。求异思维的客观依据是任何事物都有的特殊本质和规律,即特殊矛盾表现出的差异性。要进行求异思维,必须积极思考和调动长期积累的社会感受,给人们带来新颖的、独创的、具有社会价值的思维成果。

例 6-5 松下无绳电熨斗。

在日本,松下电器的熨斗事业部很有权威性,因为它在 20 世纪 40 年代发明了日本第一台电熨斗。虽然该部门不断创新,但到了 80 年代,电熨斗还是进入滞销行列,如何开发新品,使电熨斗再现生机,是当时该部门很头痛的一件事。

一天,被称为"熨斗博士"的事业部部长召集了几十名年龄不同的家庭主妇,请她们从使用者的角度来提要求。一位家庭主妇说:"熨斗要是没有电线就方便多了。""妙,无线熨斗!"部长兴奋地叫起来,马上成立了攻关小组研究该项目。

攻关小组首先想到用蓄电池,但研制出来的熨斗很笨重,不方便使用,于是研发人员又观察、研究妇女的熨衣过程,发现妇女熨衣并非总拿着熨斗一直熨,整理衣物时,就把熨斗竖立一边。经过统计发现,一次熨烫最长时间为23.7秒,平均为15秒,竖立的时间为8秒。于是根据实际操作情况对蓄电熨斗进行了改进,设计了一个充电槽,每次熨后将熨斗放进充电槽充电,8秒钟即可充足,这样使得熨斗重量大大减轻。新型无线熨斗终于诞生了(见图6-10),成为当年最畅销的产品。这个简单的例子告诉我们,求异思维经常会产生意想不到的收获。

图6-10　无绳电熨斗

6.2　创造性思维技法

对创新思维的内在规律加以总结归纳,形成有助于方案产生或问题解决的策略,即为创造性思维技法。在具体的问题解决和方案生成中,对创造性思维技法的系统化应用以及辅助工具的支持也是非常关键的。

创造性思维技法是有效、成熟的创造性思维的规律化总结与结构化表达。

6.2.1　整体思考法

整体思考法是由德·彼诺(Edward de Bono)开发的一个全面思考问题的模型,它提供了"横向思考"的工具,避免把时间浪费在相互争执上。这种方法将思维方式分为6类,而每次思考时思考者只能用一种方式思考,这样可有效避免思维混杂,为在需要一种确定类型的思维时提供形式上的方便。同时,可将一般争辩型思维向制图型思维转化,从而形象地展示出思考的路线,这有利于思维的展开和整理(见图6-11)。

(1) **客观性思考**。当进行客观思考时,思考者要撇开所有建议与辩论,而仅对事实、数字和信息进行思考。通过提以下问题和回答罗列出已有信息和需求信息:已得到什么信息?缺少什么信息?想得到什么信息?怎样得到这些信息?

(2) **探索性思考**。尽可能多地提出各类新奇建议,创造出新观念、新选择。探索性思考在创造性思维中是极其重要且最有价值的思考方式,其中所包含的价值通过其他思考方式加工处理后,可逐步变成切实可行的方案。

(3) **积极性思考**。以一种积极的态度和看法思考事物的优点,基于逻辑寻找事物发展的可能性。例如:它为什么有利?它为什么能做?为什么它是一件要努力做好的事

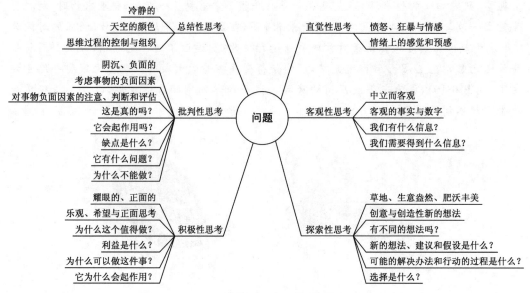

图 6-11 整体思考法的不同思维角度

情？其中包含了什么潜在价值？有时一些概念所包含的优势一开始并不是十分明显的，需要刻意地去寻找。

（4）**批判性思考**。思考时，要在事实基础上对问题提出质疑、判断、检验，甚至逻辑否定，并批判性地找到方案不可行的原因。例如，它起作用吗？它安全吗？它同事实相吻合吗？这事能做吗？批判性思考可以纠正事物中存在的错误和问题本身，是非常有价值的思考。

（5）**总结性思考**。思考过程中对思考方案的及时总结，对下一步进行安排。在进行总结性思考时，思考者要控制思维的进程，时刻保持冷静，以决定下一个思考步骤所使用的思考模式，或者评价所运用的思维并及时对思考结果进行总结。

（6）**直觉性思考**。思考者在进行直觉思考时，要表达出对项目、方法的感觉、预感或其他情绪，但并不要求给出原因。例如，觉得项目有没有前景？使用这种方法能不能达到目的？直觉与感情可能是思考者在某一领域多年的经验，是在潜意识中进行的综合判断。尽管有时候没办法将直觉背后的原因说清楚，但它在思考过程中可能非常有用。在直觉性思考之后通常还应用一些其他的思考方法对其结果加以验证。

（7）**整体思考法**。其一般性思考顺序是：客观性思考→探索性思考→积极性思考→批判性思考→探索性思考→总结性思考→批判性思考→直觉性思考。在实际运用时，应针对不同的问题性质，结合思考方式自身的思维特点来安排其顺序。

6.2.2 多屏幕法

多屏幕法（又称九屏幕法）是典型的 TRIZ "系统思维"方法，即对情境进行整体考虑，不仅考虑目前的情境和探讨的问题，而且还有它们在层次和时间上的位置和角色。多屏幕法具有可操作性、实用性强的特点，可以更好地帮助使用者质疑和超越常规，克服思维定势,为解决实践中的疑难问题提供清晰的思维路径。

根据系统论的观点,系统由多个子系统组成,并通过子系统间的相互作用实现一定的功能。系统之外的高层次系统称为超系统,系统之内的低层次系统称为子系统。我们所要研究的、问题正在发生的系统通常也称作"当前系统"(简称系统)。例如,如果把汽车作为一个当前系统,那么轮胎、发动机和方向盘都是汽车的子系统。因为每辆汽车都是整个交通系统的一个组成部分,交通系统就是汽车的一个超系统。当然,大气、车库等也是汽车的超系统(见图6-12)。

图6-12　当前系统、子系统和超系统

当前系统是一个相对的概念。如果以轮胎作为"当前系统"来研究的话,那么轮胎中的橡胶、子午线等就是轮胎的子系统,而汽车、驾驶员、大气、车库等都是汽车的超系统。

在分析和解决问题的时候,多屏幕法要考虑当前系统及其超系统和子系统;要考虑当前系统的过去和将来,还要考虑超系统和子系统的过去和将来(见图6-13)。

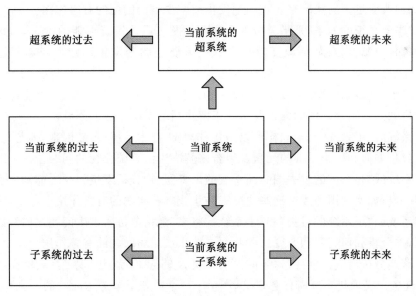

图6-13　系统思维的多屏幕法

为了便于理解,我们以汽车为例来进行多屏幕法分析(见图6-14)。

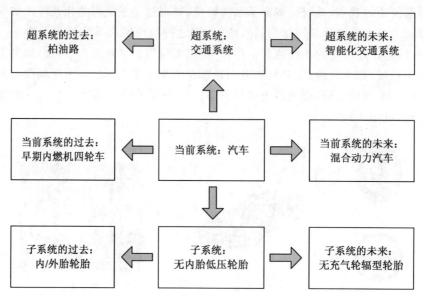

图6-14 系统思维的多屏幕法的例子——汽车

多屏幕法是理解问题的一种很好的手段,它可以帮助我们重新定义任务或矛盾,找出解决问题的新途径。它多层次、多方位地从一切与当前问题所在系统(如汽车)相关的系统去分析问题,这样才能更好地理解当前的问题及找到解决方案。

考虑"当前系统的过去"是指考虑发生当前问题之前该系统的状况,包括系统之前运行的状况、其生命周期的各阶段情况等,考虑如何利用过去的各种资源来防止此问题的发生,以及如何改变过去的状况来防止问题发生或减少当前问题的有害作用。

考虑"当前系统的未来"是指考虑发生当前问题之后该系统可能的状况,考虑如何利用以后的各种资源,以及如何改变以后的状况来防止问题发生或减少当前问题的有害作用。

当前系统的"超系统"元素可以是各种物质、技术系统、自然因素、人与能量流等。人们通过分析如何利用超系统的元素及组合来解决当前系统存在的问题。

当前系统的"子系统"元素同样可以是各种物质、技术系统、自然因素、人与能量流等。人们通过分析如何利用子系统的元素及组合来解决当前系统存在的问题。

当前系统的"超系统的过去"和"超系统的未来"是指分析发生问题之前和之后超系统的状况,并分析如何利用和改变这些状况来防止或减弱问题的有害作用。

当前系统的"子系统的过去"和"子系统的将来"是指分析所发生问题之前和之后子系统的状况,并分析如何利用和改变这些状况来防止或减弱问题的有害作用。

进行这些分析后,再来寻找这个问题的解决方案,我们就会发现一系列完全不同的观点:新的任务定义取代了原有任务定义,产生了一个或若干个考虑问题的新视角,发现了系统内没有被注意到的资源等。

多屏幕思维方式是一种分析问题的手段,它体现了如何更好地理解问题的一种思维方式,也确定了解决问题的某个新途径。另外,各个屏幕显示的信息并不一定都能引出解决问题的新方法。如果实在找不出好的办法,可以暂时先空着它。但不管怎么说,每个屏幕对于问题的总体把握肯定是有所帮助的。练习多屏幕思维方式,可以锻炼人们的创造力,也可以提高人们在系统水平上解决任何问题的能力。

6.2.3 金鱼法

在创新过程中,有时候产生的想法看起来并不可行甚至不现实,但是,此种想法的实现却绝对令人称奇。如何才能克服对"虚幻"想法的自然排斥心理呢?金鱼法(见图6-15)可帮助我们解决此问题。

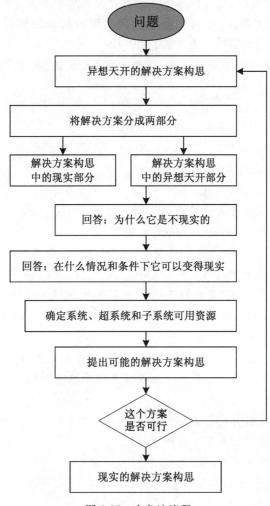

图6-15 金鱼法流程

金鱼法的基础是将一个异想天开的想法分为两个部分:现实部分及非现实(幻想)部分。接着,把非现实部分再分为两部分:现实部分及非现实部分,继续划分,直到余下的非现实部分变得微不足道,而想法看起来却愈加可行为止。

金鱼算法的具体做法是：

(1) 将不现实的想法分为两个部分：现实部分与非现实部分。精确界定什么样的想法是现实的，什么样的想法看起来是不现实的。

(2) 解释为什么非现实部分是不可行的。尽力对此进行严密而准确的解释，否则最后可能又得到一个不可行的想法。

(3) 找出在哪些条件下想法的非现实部分可变为现实的。

(4) 检查系统、超系统或子系统中的资源能否提供此类条件。

(5) 如果能，则可定义相关想法，即应怎样对情境加以改变，才能实现想法的看似不可行的部分。将这一新想法与初始想法的可行部分组合为可行的解决方案构想。

(6) 如果无法通过可行途径，利用现有资源为看起来不现实的部分提供实现条件，则可将这一"看起来不现实的部分"再次分解为现实部分与非现实部分。然后，重复步骤(1)~(5)，直到得出可行的解决方案构想。

金鱼法是一个反复迭代的分解过程，其本质是将幻想的、不现实的问题求解构想变为可行的解决方案。

例 6-6 让毛毯飞起来。

步骤1：将问题分为现实和幻想两部分。

现实部分：毯子是存在的。

幻想部分：毯子能飞起来。

步骤2：幻想部分为什么不现实？

毯子比空气重，而且它没有克服地球重力的作用力。

步骤3：在什么情况下，幻想部分可变为现实？

施加到毯子上向上的力超过毯子自身重力。毯子的重量小于空气的重量。

步骤4：列出所有可利用资源。

- 超系统资源：空气，风（高能粒子流），地球引力，阳光和重力。
- 系统资源：毯子的形状和重量。
- 子系统资源：毯子中交织的纤维。

步骤5：利用已有资源，基于之前的构想（步骤3）考虑可能的方案。

- 毯子的纤维与太阳释放的粒子流相互作用可使毯子飞翔。
- 毯子比空气轻。
- 毯子在不受地球引力的宇宙空间。
- 毯子上安装了提供反向作用力的发动机。
- 毯子由于下面的压力增加而悬在空中（气垫毯）。
- 磁悬浮。

……

步骤6：构想中的不现实方案，再次回到步骤1。

选择不现实的构想之一：毯子比空气轻，回到步骤1。

步骤1：分为现实和幻想两部分。

现实部分：存在着重量轻的毯子，但它们比空气重。

幻想部分：毯子比空气轻。
步骤 2：为什么毯子比空气轻是不现实的？
制作毯子的材料比空气重。
步骤 3：在什么条件下，毯子会比空气轻？
制作毯子的材料比空气轻。毯子像尘埃微粒一样大小。作用于毯子的重力被抵消。
步骤 4：考虑可利用资源。
- 超系统资源：空气，风（高能粒子流），地球引力，阳光和重力。
- 系统资源：毯子的形状和重量。
- 子系统资源：毯子中交织的纤维。

步骤 5：结合可利用资源，考虑可行的方案。
- 采用比空气轻的材料制作毯子。
- 使毯子与尘埃微粒的大小一样，其密度等于空气密度。
- 毯子由于空气分子的布朗运动而移动。在飞行器内使毯子飞翔，飞行器以相当于自由落体的加速度向上运动，以抵消重力。

步骤 6：构想中的不现实方案，再次回到步骤 1。
……

6.3 因果分析法

当我们面对一个技术问题的时候，牵涉的因素往往很多，这时，分析的关键是理顺问题产生的原因，并充分挖掘技术系统内外部资源，以找到最有效解决问题的方案。

常见的因果分析方法有"五个为什么"分析法、故障树分析法、鱼骨图分析法、因果矩阵分析法、失效模式与后果分析法等。

6.3.1 "五个为什么"

在丰田公司的改善流程中，有一个著名的"五个为什么"分析法。要解决问题必须找出问题的根本原因，而不是问题本身；根本原因隐藏在问题的背后。举例来说，你可能会发现一个问题的源头是某个供应商或某个机械中心，即问题发生在哪里；但是，造成问题的根本原因是什么呢？答案必须靠更深入的挖掘，并询问问题何以发生才能得到。先问第一个"为什么"，获得答案后，再问为何会发生，依此类推，问五次"为什么"。丰田的成功秘诀之一就是把每次错误视为学习的机会，不断反思和持续改善，精益求精，通过识别因果关系链来进行诊断。

这个方法的使用前提要求是对问题的信息充分了解，下面这个例子可以生动地说明这种方法的特点。

例 6-7　丰田汽车生产线。

丰田汽车公司前副社长大野耐一先生曾举了一个例子来找出停机的真正原因。

有一次，大野耐一发现一条生产线上的机器总是停转，虽然修过多次但仍不见好转。

于是,大野耐一与工人进行了以下的问答:

一问:"为什么机器停了?"

答:"因为超过负荷,保险丝就断了。"

二问:"为什么超负荷呢?"

答:"因为轴承的润滑不够。"

三问:"为什么润滑不够?"

答:"因为润滑泵吸不上油来。"

四问:"为什么吸不上油来?"

答:"因为油泵轴磨损、松动了。"

五问:"为什么磨损了呢?"

答:"因为没有安装过滤器,混进了铁屑等杂质。"

经过连续五次不停地问"为什么",才找到问题的真正原因和解决的方法,在油泵轴上安装过滤器。如果没有这种追根究底的精神来发掘问题,很可能只是换根保险丝草草了事,真正的问题还是没有解决。

例 6-8 杰斐逊纪念堂的外墙。

杰斐逊纪念堂(见图 6-16)坐落于美国华盛顿,是为纪念美国第三任总统托马斯·杰斐逊而建的。1938年在罗斯福主持下开工,至1943年杰斐逊诞生200周年时,杰斐逊纪念堂落成并向公众开放。杰斐逊纪念堂的外墙采用花岗岩,近年来脱落和破损严重,再继续下去就需要推倒重建,这要花纳税人一大笔钱,这需要市议会的商讨决议。在议员们投票之前需要请专家分析一下根本原因,并找出一些可行的解决方案。

图 6-16 美国杰斐逊纪念堂

专家发现:

(1) 脱落和破损的直接原因是经常清洗,而清洗液中含有酸性成分。为什么需要用酸性清洗液?

(2) 花岗岩表面特别脏,因此,使用去污性能强的酸性清洗液,究其原因主要是由于鸟粪造成的。为什么这个大楼的鸟粪特别多?

(3) 楼顶常有很多鸟。为什么鸟愿意在这个大厦上聚集?

(4) 大厦上有一种鸟喜欢吃的蜘蛛。为什么大厦的蜘蛛特别多?

(5) 楼里有一种蜘蛛喜欢吃的虫。为什么这个大厦会滋生这种虫?因为大厦采用了整面的玻璃幕墙,阳光充足,温度适宜。

至此,解决方案就明显而简单了:拉上窗帘。

"五个为什么"分析方法并没有多少玄妙,只是通过一再追问为什么,就可以避免表面现象,而深入系统分析根本原因,也可避免其他问题。所以若能解决问题的根本原因,许多相关的问题就会迎刃而解。

6.3.2 鱼骨图分析

鱼骨图是由日本管理大师石川馨先生创建的,故又名石川图,这是一种发现问题"根本原因"的方法,也可以称之为"因果图"。鱼骨图分析法把问题以及原因,采用类似鱼骨的图样串联起来,鱼头是问题点,鱼骨则是原因,而鱼骨又可分为大鱼骨、小鱼骨、细鱼骨,小鱼骨是大鱼骨的支骨,细鱼骨又是小鱼骨的支骨,必要时,还可以再细分下去。大鱼骨是大方向,小鱼骨是大方向的子因,而细鱼骨则是子因的子因。鱼骨图分析法与头脑风暴法结合是比较有效的寻找问题原因的方法之一。

根据不同类型,可以有不同的鱼骨图模板(见图6-17)。

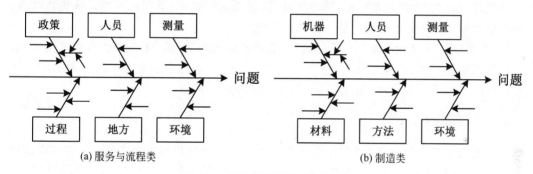

图6-17 两种类型的鱼骨图模板

对于列举出来的所有可能的原因,还要进一步评价这些原因发生的可能性,用V(非常可能)、S(有些可能)和N(不太可能)3种类型来标志。

对标有V和S的原因,评价其解决的可能性,用V(非常容易解决)、S(比较容易解决)和N(不太容易解决)3种类型来标志。

对标有VV、VS、SV、SS的原因,进一步评价其实施纠正措施的难易度,用V(非常容易验证)、S(比较容易验证)和N(不太容易验证)3种类型来标志。

通过评价,将VVV、VVS等原因在鱼骨图中标识出来。图6-18是为"X研究所项目管理水平低下"问题所绘制的鱼骨分析图,其中将比较容易解决的方面直接在图中标识出来。

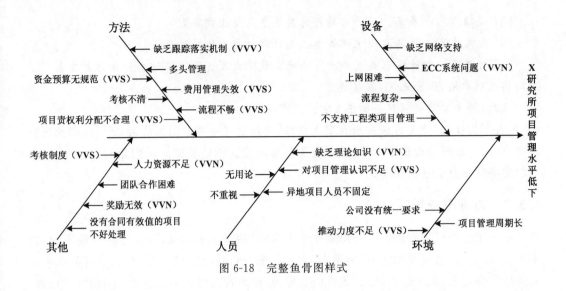

图 6-18 完整鱼骨图样式

6.4 资源分析法

"资源"最初是指自然资源。人们不断地发现、利用和开发新能源,并创造出很多新的设计和技术,例如太阳能蓄电池、风力发电机、超级杂交水稻、基因技术等。这些新技术、新成果大多来源于人们对现有资源的创造性应用。

TRIZ 在其不断发展的过程中,提出了对技术系统中"资源"这一概念的系统化认识,并将其结合到对问题应用求解的过程中。TRIZ 认为,对技术系统中可用资源的创造性应用能够增加技术系统的理想度,这是解决发明问题的基石。

6.4.1 资源的分类

资源有很多不同的分类方式。从资源的存在形态角度出发可将资源分为宏观资源和微观资源;从资源使用的角度出发可将资源分为直接资源和派生资源;从分析资源角度出发可将资源分为显性资源和隐性资源,显性资源指的是已经被认知和开发的资源,隐性资源指的是尚未被认知或虽已认知却因技术等条件不具备还不能被开发利用的资源;从资源与 TRIZ 中其他概念结合的角度出发可将资源分为发明资源、进化资源和效应资源。

TRIZ 认为,任何技术都是超系统或自然的一部分,都有自己的空间和时间,通过对物质、场的组织和应用来实现功能。因此,资源通常按照物质、能量、时间、空间、功能、信息等角度来划分。

(1) 物质资源:是指用于实现有用功能的一切物质。系统或环境中任何种类的材料或物质都可看作是可用物质资源,例如废弃物、原材料、产品、系统组件、功能单元、廉价物质、水。TRIZ 理论认为:应该使用系统中已有的物质资源解决系统中的问题。

(2) 能量资源:是指系统中存在或能产生的场或能量流。一般能够提供某种形式能量的物质或物质的转换运动过程都可以称为能源。能源主要可分为3类:一是来自太阳的能量,除辐射能外,还经其转化为很多形式的能源;二是来自地球本身的能量,例如热能和原子能;三是来自地球与其他天体相互作用所引起的能量,例如潮汐能。

系统中或系统周围的任何可用能量都可看作是一种资源,例如机械资源(旋转、压强、气压、水压等)、热力资源(蒸汽能、加热、冷却等)、化学资源(化学反应)、电力资源、磁力资源、电磁资源。

(3) 信息资源:是指系统中存在或能产生的信息。信息作为反映客观世界各种事物的特征和变化结合的新知识已成为一种重要的资源,在人类自身的划时代改造中产生重要的作用。其信息流将成为决定生产发展规模、速度和方向的重要力量。

(4) 时间资源:是指系统启动之前、工作中以及工作之后的一切可利用时间。

(5) 空间资源:是指系统本身及超系统的可利用空间。为了节省空间或者当空间有限时,任何系统中或周围的空闲空间都可用于放置额外的作用对象,特别是某个表面的反面、未占据空间、表面上的未占用部分、其他作用对象之间的空间、作用对象的背面、作用对象外面的空间、作用对象初始位置附近的空间、活动盖下面的空间、其他对象各组成部分之间的空间、另一个作用对象上的空间、另一个作用对象内的空间、另一个作用对象占用的空间、环境中的空间等。

(6) 功能资源:是指利用系统的已有组件挖掘系统的隐性功能,例如将飞机机舱门用作舷梯。

此外,相对于系统资源而言,还有很多容易被我们忽视或者没有意识到的资源,这些资源通常都是由系统资源派生而来的,在TRIZ中称之为潜在资源或隐藏资源。能充分挖掘出所有的资源是解决问题的良好保证。

6.4.2 资源分析方法

资源分析就是从系统的高度来研究和分析资源,挖掘系统的隐性资源,实现系统中隐性资源显性化,显性资源系统化,强调资源的联系与配置,合理地组合、配置、优化资源结构,提升系统资源的应用价值或理想度(或资源价值)。资源分析可以帮助我们找到解决问题所需要的资源,帮助我们在这些可能的方案中找到理想度相对比较高的解决方案。

资源分析的步骤如下。

第一步:发现及寻找资源。可以使用的工具有多屏幕法和组件分析法等。

(1) 多屏幕法按照时间和系统层次两个维度对情境进行系统的思考。它强调系统地、动态地、相关联地看待事物,将寻找到的资源填入表6-1中。

表6-1 多屏幕方法资源列表

维度	物质资源	能量资源	信息资源	时间资源	空间资源	功能资源
系统						
子系统						

续表

维度	物质资源	能量资源	信息资源	时间资源	空间资源	功能资源
超系统						
系统过去						
系统未来						
子系统过去						
子系统未来						
超系统过去						
超系统未来						

（2）组件分析法是指从构成系统的组件入手，分清层级，建立组件之间的联系，明确组件之间的功能关系，构建系统功能模型的过程。

组件分析法强调从功能的角度寻找资源。将找到的资源填入表6-2中。

表6-2 组件分析法资源列表

系统组件	物质资源	能量资源	信息资源	时间资源	空间资源	功能资源
工具						
系统						
子系统						
超系统						
系统作用对象						

第二步：挖掘及探究资源。挖掘就是向纵深获取更多有效的、新颖的、潜在的、有用的资源。探究就是针对资源进行分类，针对系统进行聚集，以问题为中心寻找更深层级的资源及派生资源。

派生资源可以通过改变物质资源的形态而得到，主要有物理方法和化学方法两种：

（1）改变物质的物理状态（相态之间的变化）。包括：物理参数的变化，如形状、大小、温度、密度、重量等；机械结构的变化，分为直接相关（材料、形状、精度）、间接相关（位置、运动）。

（2）改变物质的化学状态，包括物质分解的产物、燃烧或合成物质的产物。

第三步：整理及组合资源。资源整合是指工程师对不同来源、不同层次、不同结构、不同内容的资源进行识别与选择、汲取与配置、激活并有机融合，使其具有较强的系统性、适应性、条理性和应用性，并创造出新的资源的一个复杂的动态过程。

资源整合是通过组织和协调，把系统内部彼此相关又彼此分离的资源及系统外部既参与共同的使命又拥有独立功能的相关资源整合成一个大系统，取得"1＋1＞2"的效果。

第四步：评价及配置资源。在解决方案的过程中，最佳利用资源的理念与理想度的概念紧密相关。

事实上,某一解决方案中采用的资源越少,求解问题的成本就越小,理想度的指数就越高。这里所说的成本应理解成为广义的成本,而并非只是采购价格这一具体可见的成本。

对于资源的遴选,资源评估从数量上有不足、充分和无限,从质量上有有用的、中性和有害的;资源的可用度从应用准备情况看,有现成的、派生的和特定的,从范围看有操作区域内、操作时段内、技术系统内、子系统中和超系统中,从价格看有昂贵、便宜和免费等。最理想的资源是取之不尽,用之不竭,不用付费的资源。

资源配置是指经济中的各种资源(包括人力、物力、财力)在各种不同的使用方向之间的分配。资源配置的三要素就是时间、空间和数量。资源利用的核心思想是:挖掘隐性资源,优化资源结构,体现资源价值。

【实验与思考】 创造性思维技法的实践

1. 实验目的

本实验与思考的目的是:
(1) 了解创造性思维方式。
(2) 通过实践,掌握创造性思维技法的应用方法。

2. 工具/准备工作

在开始本实验之前,请回顾教科书的相关内容。
需要准备一台能够访问因特网的计算机。

3. 实验内容与步骤

(1) 创造性思维方式主要有哪些?
答:_____
_____
_____
_____

(2) 请使用多屏幕法分析如何安全地测量一条毒蛇的长度,条件是既不能被蛇咬伤,也不能将毒蛇弄死。

我们把放在透明玻璃容器中的毒蛇作为当前系统。

屏幕"过去":毒蛇之前会爬行、吃东西、休息,利用毒蛇的这个特点,可以有如下想法:
① _____。
② _____。
③ _____。
④ _____。

屏幕"未来"：毒蛇以后还会爬行、吃东西、休息，并且还会冬眠，利用毒蛇的这个特点，可以有如下想法：

① _____。
② _____。
③ _____。
④ _____。

屏幕"超系统"：超系统可以是玻璃容器甚至房间，因此可以利用玻璃容器、树枝、空气等，可以有如下想法：

① _____
_____。
② _____
_____。
③ _____
_____
_____。

屏幕"子系统"：蛇的子系统包含蛇皮、蛇头，可以有如下想法：

① _____。
② _____。

通过上述分析，填空完成图 6-19。

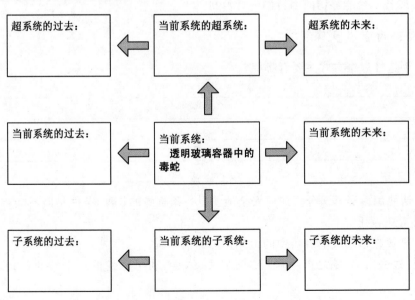

图 6-19　多屏幕法分析测量毒蛇的长度

（3）请使用金鱼法分析"用空气赚钱"。

步骤 1：将不现实的想法分为两个部分。

现实部分：_____

不现实部分：_____

步骤2：解释为什么非现实部分是不可行的。

答：_____

步骤3：找出在哪些条件下想法的非现实部分可变为现实的。

答：_____

_____

_____

步骤4：检查系统、超系统或子系统中的资源能否提供此类条件。

答：_____

_____

_____

步骤5：如果能，则可定义相关想法，即应怎样对情境加以改变，才能实现想法的看似不可行的部分。将这一新想法与初始想法的可行部分组合为可行的解决方案构想。

答：_____

_____

_____

_____

步骤6：如果我们无法通过可行途径来利用现有资源为看起来不现实的部分提供实现条件，则可将这一"看起来不现实的部分"再次分解为现实与非现实部分。然后，重复步骤1～步骤5，直到得出可行的解决方案构想。

答：_____

_____

_____

_____

请记录：对于这个例子，我们还可以继续进行以下考虑（如果有的话）。

答：_____

_____

_____

_____

_____

通过上述分析，填空完成图6-20。

4. 实验总结

_____

_____

_____

_____

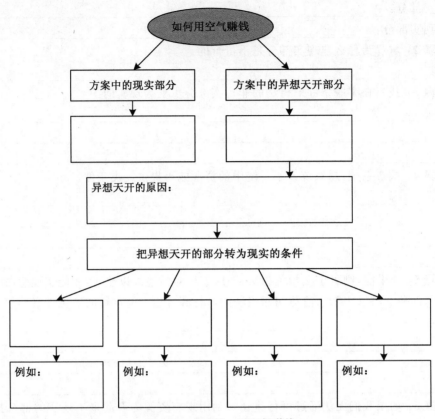

图 6-20　金鱼法：用空气赚钱

5. 实验评价（教师）

TRIZ 创新方法基础

【脑洞大开】 "火箭号"蒸汽机车

在伦敦南肯辛顿区附近的科学博物馆底层,有一条被称作"现代世界的形成"的走廊,在其中心位置的一个低矮平台上展示着世界最有名的机车。

或者说那是遗留下来供展示的"火箭号"机车,车身被煤烟熏得发黑。它于1829年由乔治·斯蒂芬森和罗伯特·斯蒂芬森这对父子工程师设计、建造,它与开创了蒸汽机车时代的那种机器大不相同。它的回水管遗失了。附着在两个驱动轮上的活塞也不再保持初始的角度。两个世纪之前令它如太阳一般闪耀光芒的黄漆现在已经无法辨识。虽然如此,机车上6英尺(1英尺≈0.3048米)长的锅炉、联动装置、凸轮乃至机车行驶的轨道等相关技术基本上还和1829年的状态一样。实际上,它们和那些使用了一个多世纪的铁路技术并无二致(见图7-1)。

图7-1 "火箭号"机车

"火箭号"机车的重要性不止于此。它实际上还标志着某些意义重大的事情的开端——两个世纪的公共交通运输。同时,它也标志着一个高潮的到来。站在"火箭号"机车面前,一个博物馆的参观者,带着些许的想象,就能发现由蒸汽机车而来的无数线索,可以追溯到现代世界最初的起点。其中第一条线索可以倒退到第一批冶金工人,他们想出了办法,可以铸造驱动"火箭号"机车车轮的铁制气缸。第二条线索导向人们发现的燃料,这样的燃料可以使铁制锅炉内的水产生蒸汽。第三条是最短的线索,但也可能是影响最深远的,它导引我们回到一项重大发现:沸腾的水能够被以某种方式转变为运动力量。第四条线索实际上就是运输线:制造"火箭号"机车就是为了从曼彻斯特向利物浦运输棉质产品,它是工业化第一阶段的标志性工业制造品。

  从"火箭号"机车而来的大多数线索都是非常直接的,但有一个(也是最有意思的一个)却并不那么顺畅——那是个谜团。"火箭号"机车令人迷惑不解的地方是,为什么人们制造它来从曼彻斯特向利物浦运输货物,而不是从巴黎到图卢兹,或者从孟买到贝拿勒斯,或者从北京到杭州。就此而言,自从世界上第一台汽轮机的工作模型在公元1世纪的亚历山大港被制造出以来,就存在一个疑问:为什么"火箭号"机车是在19世纪初期而不是之后才开始它的定期往返行程呢?

  更直接地说,为什么被称作历史断面的工业革命,有时也称作"第一次"工业革命,会发生在当时那样的时间和地点呢?

  那条特别线索的重要性似乎是不言而喻的。大约就在那个时期,"火箭号"机车被制造出来,世界正在经历的不仅是一场深刻的产业变革,在《牛津英文词典》中将其称为"因使用机器而带来了产业的快速发展",而且是从农业向工业(或工业经济)的重大转变。把这两者结合在一起,不仅是革命性的,而且是独一无二的。

  "革命性"和"独一无二"这两个夺人眼球的词已被过度使用。在某种意义上讲,人类历史中的每一个世纪都是独一无二的。每一年,世界某个地方都会发生一些看似具有革命性的事件。但是风流韵事、流行病、艺术活动以及战争都是完全不同的事件,它们的影响几乎总是遵循着一类或另一类人们熟悉的模式。不管上述事件在个人、家庭乃至国家的生活中具有多么大的变革作用,在过去的一万年里,仅有两次事件实实在在地改变了整个人类。

  第一次发生在大约公元前10 000年,当时的全球人口低于500万,标志事件是当时的人类发现了他们可以种植自己所需的食物。这是一个毋庸置疑的世界性转变。一旦人类被拴在了生长食物的土地上,定居的社会就发展起来了,而在这样的社会中,等级制度随之出现。等级体系中最弱的成员依赖于最强者的友善,而最强者学着去操控世界上持续时间最长的收保护费的组织。定居点变为城镇,城镇发展成王国,王国又变为帝国。

  然而,经过各种量化指标的测量,包括寿命、热量消耗或儿童死亡率,实际上整个人类的生活经验,在农业革命(有时称作"新石器时代")扩散至全球之后的1000年里,并没有多大改变。阿兹特克的农民、巴比伦的牧羊人、雅典的石匠以及加洛林王朝的商人说着不同的语言,穿着相异的衣服,祈祷的神明也大不一样,但是他们都吃同样数量的食物,有着同样年数的寿命,不会到远离家乡的地方去,同样都埋葬过自己夭折的孩子。因为他们只是生了很多孩子——世界人口从公元前5000年到公元1600年间,由500万增长到5亿,翻了100倍——并没有做其他任何影响久远的事。根据1990年美元的不变价值计算,对人类生产力(必然是个概数)做出的最佳估算认为,7000年间每年的人均国内生产总值在400~550美元间波动。公元前800年的全世界人均国内生产总值为543美元,几乎与1600年的数据完全一样。莎士比亚时代的普通人并不比生活在荷马时代的人过得更好。

  17世纪的普通人的生活与7世纪的人们一样贫困,而第一个解释这一现象的人是英国人口学家托马斯·马尔萨斯。他在《人口论》中论证,纵观整个人类历史,人口的增长速度总是快于食物的供给速度。为了找到数学表达式的可靠支持(这在社会科学史上是个常用的修辞),他认为,除非未受到战争、饥荒、流行疾病或少量无人关注的新闻的影响,否则人口总是会呈几何级数增长,而增长的人口所需的资源——主要是食物——总是以算术级数增长("几何"和"算术"对应于现代的用词是"指数"和"线性")。

"马尔萨斯陷阱"这个学术术语已经通用了好几个世纪,它明确指出,虽然人类在饲养、制衣、运输或(更为频繁)相互征伐方面时常发现或发明一些更有效率的方法,结果是人口的快速增长消耗了生产盈余,让每个人完全回到了以前的生活状态(水平)。更常见的情形是,人口先是暴增,然后在食物耗尽后暴跌。路易斯·卡罗尔的"红色皇后"理论可能在一只火柴盒背后写下了整个人类历史:"嘿!听着,你能跑多快就跑多快,这样你才能停在原地。如果你想去其他地方,你至少要以两倍的速度奔跑。"

这就是"火箭号"机车诞生的历史时刻如此独一无二的原因。这台被煤烟熏黑的蒸汽机车恰恰处在一个历史拐点上。这条描绘了人类生产能力的直线,千年以来平直得如同堪萨斯州的州界线,而如今像曲棍球球杆的发力端一样,转了个弯。"火箭号"机车诞生的时刻就是人类最终学会如何以两倍的速度快速奔跑的时刻。

阅读上文,请思考、分析并简单记录:

(1) 阅读上文,你通过"火箭号"蒸汽机车了解到哪些重要线索?

答:

① _____

② _____

③ _____

④ _____

其他: _____

(2) 阅读上文,请简单阐述什么是"马尔萨斯陷阱"。

答: _____

(3) 请简单记述你所知道的上一周发生的国际、国内或者身边的大事。

答: _____

7.1 TRIZ 起源与发展

TRIZ 是"发明问题解决理论"俄文单词的首字母缩写,按照国际标准 ISO/R9—1968E 的规定,把俄文转换成拉丁字母以后,就成为 TRIZ。"发明问题解决理论"有两个基本含义:表面的意思是强调解决实际问题,特别是发明问题;隐含的意思是由解决发明问题而最终实现(技术和管理)创新,因为解决问题就是要实现发明的实用化,这符合创新的基本定义。

70 年前(1946 年),前苏联军方技术人员、发明家根里奇·阿奇舒勒(Genrich S. Altshuller,见图 7-2)和他的同事们在研究了来自于世界各国的上百万个专利(其中包含二十多万个高水平发明专利)的基础上,提出了的一套体系相对完整的"发明问题解决理论",为 TRIZ 的问世和发展奠定了基础。

图 7-2 发明家阿奇舒勒

7.1.1 理论体系

阿奇舒勒在分析专利的过程中,从不同的角度,利用不同的分析方法对这些专利进行分析,总结出了多种规律。如果按照抽象程度由高到低进行划分,可以将经典 TRIZ 中的这些规律表示为一个金字塔结构(见图 7-3)。随着 TRIZ 的不断发展和完善,TRIZ 不仅增加了很多新发现的规律和方法,还从其他学科和领域中引入了很多新的内容,从而极大地丰富和完善了 TRIZ 的理论体系。

TRIZ 的理论体系可以表示如图 7-4 所示。

从图 7-4 中可以看出:

(1) TRIZ 的理论基础是自然科学、系统科学和思维科学。

(2) TRIZ 的哲学范畴是辩证法和认识论。

图 7-3 经典 TRIZ 中的规律

(3) TRIZ 来源于对海量专利的分析和总结。

(4) TRIZ 的理论核心是技术系统进化法则。

(5) TRIZ 的基本概念有进化、理想度、系统、功能、矛盾和资源。

(6) TRIZ 的创新问题分析工具包括根本原因分析、功能分析、物-场分析、资源分析和创新思维方法。

(7) TRIZ 的创新问题求解工具包括发明原理、分离方法、科学效应库、标准解系统和

第 7 章　TRIZ 创新方法基础

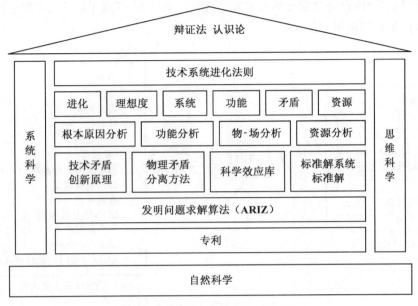

图 7-4　经典 TRIZ 的理论体系结构

创新思维方法。

（8）TRIZ 的创新问题通用求解算法是发明问题求解算法（ARIZ）。

7.1.2　发展历程

1946 年，作为苏联里海舰队专利部的一名专利审查员，阿奇舒勒有机会接触并对大量的专利进行分析研究。在研究中阿奇舒勒发现，发明是有一定规律的，掌握这种规律有助于做出更多、更高级别的发明。从此，阿奇舒勒共花费了将近 50 年的时间，揭示出隐藏在专利背后的规律，构建了 TRIZ 的理论基础，创立并完善了 TRIZ。

在阿奇舒勒看来，人们在解决发明问题过程中所遵循的科学原理和技术进化法则是一种客观存在。大量发明所面临的基本问题是相同的，其所需要解决的矛盾（在 TRIZ 中称为技术矛盾和物理矛盾），从本质上说也是相同的。同样的技术创新原理和相应的解决问题的方案会在后来的一次次发明中被反复应用，只是被使用的技术领域不同而已。因此，将那些已有的知识进行整理和重组，形成一套系统化的理论，就可以用来指导后来者的发明和创造。正是基于这一思想，阿奇舒勒与前苏联的科学家们一起对数以百万计的专利文献和自然科学知识进行研究、整理和归纳，最终建立起一整套系统化的、实用的解决发明问题的理论和方法体系（见图 7-5）。

前苏联解体后，在 20 世纪 90 年代初、中期，随着部分 TRIZ 研究人员移居到欧美，TRIZ 才系统地传到了西方并引起学术界和企业界的关注。特别是在 TRIZ 传入美国后，在密歇根州等地成立了 TRIZ 研究咨询机构，继续对 TRIZ 进行深入的研究，使 TRIZ 得到了更加广泛的应用和发展。

2008 年，国家科技部、发展改革委、教育部、中国科协联合发布了《关于加强创新方法工作的若干意见》，明确了创新方法工作的指导思想、工作思路、重点任务及其保障措施等。截至目前,全国已分批在几乎所有省(自治区、直辖市)开展了以 TRIZ 理论体系为主的创新方法的推广应用工作。

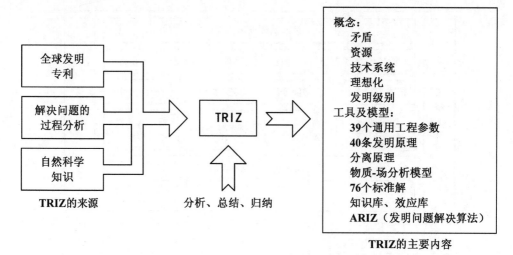

图 7-5　TRIZ 的来源与内容

7.2　发明的 5 个级别

在人类进化发展的历史长河中,无数的先贤们创造性地推动了人类社会的发展。今天,当回顾历史的时候,我们往往只注意到那些给人类社会发展带来巨大影响的发明创造,例如,制陶技术为人类提供了最早的人造容器,冶炼技术为人类提供了最早的金属制品——青铜器,十进位记数法为科学的发展奠定了基础,造纸术对人类文化传播产生了广泛、久远的影响,指南针对航海产生了深远的影响,火药改变了整个世界事物的面貌和状态等。但是,很少有人会注意到那些对已有事物进行的修修补补式的小发明、小创造。而正是由于有了这些小发明、小创造,才有了我们现在所看到的各种各样功能相对完善、结构相对简单的生产工具和生活用品。

7.2.1　发明的创新水平

在 18 世纪,为了鼓励、保护、利用发明与创新成果,以促进产业发展,各个国家纷纷制定了专利法。在阿奇舒勒开始对大量专利进行分析、研究之初,他就遇到了一个无法回避的问题:如何评价一个专利的创新水平?

我们都知道,一项技术成果之所以能通过专利审查,获得专利证书,必定有其独到之处。但是,在众多的专利当中,有的专利只是在现有技术系统的基础上进行了很小的改变,改善了现有技术系统的某个性能指标;而有的专利则是提出了一种以前根本不存在的技术系统。显然,这两种专利在创新水平上是有差别的,但是如何制定一个相对客观的标准来评价它们在创新水平上的差异呢?

从法律的角度来看,专利的定义会随着时间的变化而改变。即使在同一历史时期,不同国家对专利的定义也有所差异。专利的作用就是准确地确定一个边界,只有在这个范围之内,用法律的形式对技术领域的创新进行经济利益的保护才是有意义的。但是,从技术的角度来看,判断一个产品或一项技术是否具有创新性,其创新的程度有多高,更重要的是要识别出该产品或技术的创新的核心是什么,这个本质从来没有变过。

7.2.2 发明级别的划分

发明的独特之处就在于解决矛盾,解决现有技术系统中存在的问题。如何从众多的专利中将那些具有价值的专利找出来呢?阿奇舒勒在研究中提出了一种评价专利创新性的标准,即将专利分为5个级别(见表7-1)。

表7-1 发明的5个级别

发明级别	创新程度	知识来源	试错法尝试	比例/%
第一级	常规设计。对系统中个别零件进行简单改进	利用本行业中本专业的知识	<10	32
第二级	小发明。对系统的局部进行改进	利用本行业中不同专业的知识	10~100	45
第三级	中级发明。对系统进行本质性的改进,大大提升了系统的性能	利用其他行业中本专业的知识	100~1000	18
第四级	大发明。系统被完全改变,全面升级了现有技术系统	利用其他科学领域中的知识	1000~10 000	4
第五级	重大发明。催生了全新的技术系统,推动了全球的科技进步	所用知识不在已知的科学范围内,是通过发现新的科学现象或新物质来建立全新的技术系统	>100 000	<1

1. 第一级发明

这种发明是指在本技术领域内的正常设计,或仅对已有系统做简单改进与仿制所做的工作。这一类问题的解决主要依靠设计人员自身掌握的常识和一般经验就可以完成,可以算作不是发明的发明。利用试错法解决这样的问题通常需要进行10次以下的尝试。

例如,增加隔热材料以减少建筑物的热量损失,将单层玻璃改为双层玻璃以增强窗户的保温和隔音效果,用大型拖车代替普通卡车以实现运输成本的降低,就属于这种发明。

该类发明大约占人类发明总数的32%。

2. 第二级发明

这种发明是指在解决一个技术问题时对现有系统的某一个组件进行了改进,是解决了技术矛盾的发明。这一类问题的解决主要利用本专业内已有的理论、知识和经验,设计人员需要具备系统所在行业中不同专业的知识。解决这类问题的传统方法是折中法。这种发明能小幅度地提高现有技术系统的性能,属于小发明。利用试错法解决这样的问题通常需要进行10~100次尝试。

例如,把自行车设计成可折叠(见图7-6)等,就属于这种发明。

图7-6　折叠自行车

该类发明约占所有发明的45%。

3. 第三级发明

这种发明是指对已有系统的若干个组件进行改进。这一类问题的解决需要运用本专业以外但属于同一个学科的现有方法和知识(如用机械知识解决机械问题,用化学知识解决化学问题)。在发明过程中,人们必须解决系统中存在的技术矛盾,设计人员需要来自其他行业的知识。

如果系统中的一个组件被彻底改变,就是很好的发明(如改变某物质状态,由固态变成液态等)。可以用一些人们熟知的物理效应的组合(可能是不为人们所熟知的)来解决这类问题。例如,利用电动控制系统代替机械控制系统,汽车上用自动换挡系统代替机械换挡系统,在冰箱中用单片机控制温度等,就属于这种发明。

这种发明能从根本上提升现有技术系统的性能,属于中级发明。利用试错法解决这样的问题通常需要进行100~1000次尝试。

该类发明约占所有发明的18%。

4. 第四级发明

这种发明一般是在保持原有功能不变的前提下,用组合的方法构建新的技术系统,属于大发明,通常是采用全新的原理来实现系统的主要功能,属于突破性的解决方案,能够全面升级现有的技术系统。利用试错法解决这样的问题通常需要进行1000~10 000次尝试。

在解决第四级发明问题时所找到的原理通常可以用来解决属于第二级发明和第三级发明的问题。例如,数码相机代替胶卷相机,内燃机替代蒸汽机,核磁共振技术代替B超和X光技术,第一台内燃机的出现,集成电路的发明,充气轮胎等,就属于这种发明。

该类发明在所有发明中所占比例小于4%。

5. 第五级发明

对于这类发明来说,首先是要发现问题,然后再探索新的科学原理来解决发明任务。问题的解决方法往往不在人们已知的科学范围内,是通过发现新的科学现象或新物质来建立全新的技术系统。本级发明中的低端发明为现代科学中许多物理问题的解决带来了希望。

支撑这种发明的新知识为开发新技术提供了保证,使我们可以用更好的方法来解决现有的矛盾,使技术系统向最终理想解迈进了一大步。

这种发明催生了全新的技术系统,推动了全球的科技进步,属于重大发明。利用试错法解决这样的问题通常需要进行10万次以上的尝试。

设计人员通常没有能力解决这类问题,例如计算机(见图7-7)、蒸汽机、激光、晶体管、半导体、形状记忆合金、X光透视技术、微波炉、飞机的首次发明。

该类发明大约占人类发明总数的1%或者更少。

在发明的5个级别中,第一级发明其实谈不上创新,它只是对现有系统的改善,并没有解决技术系统中的任何矛盾;第二级和第三级发明解

图7-7 世界上第一台电子计算机ENIAC

决了矛盾,可以看作是创新;第四级发明也改善了一个技术系统,但并不是解决现有的技术问题,而是用某种新技术代替原有技术来解决问题;第五级发明是利用科学领域发现的新原理、新现象推动现有技术系统达到一个更高的水平。

阿奇舒勒认为,第一级发明过于简单,不具有参考价值;第五级发明对于工程技术人员来说又过于困难,也不具有参考价值。于是,他从海量专利中将属于第二级、第三级和第四级的专利挑出来,进行整理、研究、分析、归纳、提炼,最终发现了蕴藏在这些专利背后的规律。

7.2.3 发明级别的意义

TRIZ源于专利,服务于生成专利(应用TRIZ产生的发明结果多数可以申请专利),TRIZ与专利有着密不可分的渊源。

从来源上来看,TRIZ是在分析第二级、第三级和第四级发明专利的基础上归纳、总结出来的规律,因此,利用TRIZ只能帮助工程技术人员解决第一级到第四级的发明问

题,而无法利用TRIZ来解决第五级的发明问题。阿奇舒勒曾明确表示:利用TRIZ方法可以帮助发明家将其发明水平从一、二级提高到第三级和第四级水平。

"发明级别"对发明的水平、获得发明所需要的知识以及发明创造的难易程度等有了一个量化的概念。总体上,我们对"发明级别"有以下几方面的认识:

(1) 发明的级别越高,完成该发明时所需的知识和资源就越多,这些知识和资源所涉及的领域就越宽,搜索所用知识和资源的时间就越多,因此就要投入更多、更大的研发力量。

(2) 随着社会的发展、人类的进步、科技水平的提高,已有"发明级别"也会随时间的变化而不断降低。因此,原来级别较高的发明,逐渐变成人们熟悉和容易掌握的东西。而新的社会需求又不断促使人们去做更多的发明,生成更多的专利。

(3) 统计表明,一、二、三级发明占了人类发明总量的95%,这些发明仅仅是利用了人类已有的、跨专业的知识体系。由此,也可以得出一个推论,即人们所面临的95%的问题,都可以利用已有的某学科内的知识体系来解决。

(4) 四、五级发明只占人类发明总量约5%,却利用了整个社会的、跨学科领域的新知识。因此,跨学科领域的知识获取是非常有意义的工作。当人们遇到技术难题时,不仅要在本专业内寻找答案,也应当向专业外拓展,寻找其他行业和学科领域已有的、更为理想的解决方案,以求获得事半功倍的效果。人们从事创新,尤其是进行重大的发明时,就要充分挖掘和利用专业外的资源。

7.3 TRIZ的重要概念

学习TRIZ,首先需要了解它的许多基本概念,包括TRIZ中的一些通用表述名词及其含义,例如技术系统、功能、矛盾、理想度等,以便于进一步深入学习TRIZ中的工具和方法。

7.3.1 技术系统

"系统"一词源于古希腊语,是由部分构成整体的意思。亚里士多德[①]说:"整体大于部分之和。"由此可见,对系统的研究从古代就已经开始了。"宇宙、自然、人类,一切都在一个统一的运转系统之中!世界是关系的集合体,而非实物的集合体。"这是人们早期对系统最朴素的认知。随着人们对自然系统认知的加深,形成了系统的原始概念。再由自然系统到人造系统和复合系统,逐渐深入,形成了系统的概念。

对自然科学学科和工程技术的研究表明:任何系统(生物学系统、技术系统、信息系统、社会系统等)的发展在本质上都是相同的。人类通过研究,已经建立了关于生物学系统和经济系统的进化理论,而对技术系统的类似研究才刚刚开始。

研究表明,作为一类特殊的系统,与自然系统(如自然生态系统、天体系统等)相比,技

---

① 亚里士多德(公元前384年—公元前322年),古希腊斯吉塔拉人,世界古代史上最伟大的哲学家、科学家和教育家之一。他是柏拉图的学生,亚历山大的老师。

术系统具有如下两个鲜明的特征：

(1) 技术系统是一种"人造"系统。不同于自然系统，技术系统是人类为了实现某种目的而创造出来的。因此，技术系统与自然系统的最大差别就是明显的"人为"特征。

(2) 技术系统能够为人类提供某种功能。人类之所以创造某种技术系统，就是为了实现某种功能。因此，技术系统具有明显的"功能"特征。在对技术系统进行设计、分析的时候，应该牢牢地把握住"功能"这个概念。

于是，我们对技术系统的定义如下：技术系统是指人类为了实现某种功能而设计、制造出来的一种人造系统。

作为一种特殊的系统，技术系统符合系统的定义，具有系统的5个基本要素(输入、处理、输出、反馈和控制)，也具有系统应该拥有的所有特性。

技术系统是相互关联的组成成分的集合。同时，各组成成分有其各自的特性，而它们的组合具有与其组成成分不同的特性，用于完成特定的功能。技术系统是由要素组成的，若组成系统的要素本身也是一个技术系统，即这些要素是由更小的要素组成的，称之为子系统。反之，若一个技术系统是较大技术系统的一个要素，则称较大系统为超系统。这是技术系统的层次性。技术系统进化是指实现技术系统功能的各项内容从低级向高级变化的过程。

例如，汽车是一个技术系统，它的子系统有汽车发动机、汽车轮胎、外壳等，同时还可以把整个交通系统看作是它的超系统。而如果汽车发动机是一个技术系统，它的子系统就有变速齿轮、引擎、传动轴等，汽车则是它的超系统。

7.3.2 功能

19世纪40年代，美国通用电气公司的工程师迈尔斯首先提出功能(function)的概念，并把它作为价值工程研究的核心问题。

功能的由来有两种：一种是人们的需求，另一种是人们从实体结构中抽象出来的。人们的需求是主动地提出功能，从结构中抽象是被动地挖掘出功能。例如汽车、飞机的出现，最初不是人们想要利用其运载人或物，而是随着时代的发展，人们逐渐发掘出其功能。因此，广义的功能定义为：研究对象能够满足人们某种需要的一种属性。例如，冰箱具有满足人们"冷藏食品"属性，起重机具有帮助人们"移动物体"的属性。企业生产的实际上是产品的功能，用户购买的实际上也是产品的功能。

在TRIZ中，功能是产品或技术系统特定工作能力抽象化的描述，它与产品的用途、能力、性能等概念不尽相同。例如，钢笔，它的用途是写字，而功能是存送墨水；铅笔，它的用途是写字，而功能是摩擦铅芯；毛笔，它的用途是写字，而功能是浸含墨汁。

任何产品都具有特定的功能，功能是产品存在的理由，产品是功能的载体；功能附属于产品，又不等同于产品。

7.3.3 矛盾与冲突

现实生活中，人们用"矛盾"来比喻相互抵触、互不相容的关系。工程中同样存在矛盾。如在飞机制造中，为了增加飞机外壳的强度，很容易想到的方法是增加外壳的厚度，但是厚度的增加势必会造成重量的增加,而重量增加却是飞机设计师们最不想见到的。在很多其他行业中,这样的矛盾也十分常见。

TRIZ中的技术问题可以定义为技术矛盾和物理矛盾。

技术矛盾描述的是两个参数的矛盾,是指为了改善系统的一个参数而导致了另一个参数的恶化。例如,改善汽车的速度,导致了安全性发生恶化,这个例子中涉及的两个参数是速度和安全性。

所谓物理矛盾就是针对系统的某个参数提出两种不同的要求。当对一个系统的某个参数具有相反的要求时就出现了物理矛盾。例如,飞机的机翼应该尽量大,以便在起飞时获得更大的升力;飞机的机翼应该尽量小,以便减少在高速飞行时的阻力。可见,物理矛盾是对技术系统的同一参数提出相互排斥的需求时出现的一种物理状态。

通过对大量发明专利的研究,阿奇舒勒发现,真正的"发明"(指发明级别为第二、第三和第四级的专利)往往都需要解决隐藏在问题当中的矛盾。于是,阿奇舒勒规定:是否出现矛盾(又称"冲突",冲突可以理解为是必须解决的矛盾)是区分常规问题与发明问题的一个主要特征。如果问题中不包含矛盾,那么这个问题就不是一个发明问题(或TRIZ问题)。与一般性的设计不同,只有在不影响系统现有功能的前提下成功地消除矛盾,才能认为是发明性地解决了问题。也就是说,矛盾应该是这样解决的:在完善技术系统的某一部分或优化某一参数的同时,其他部分的功能或其他参数不会被影响。

7.3.4 理想度、理想系统与最终理想解

对于理想度(ideality)的定义,阿奇舒勒是这样描述的,即:系统中有益功能的总和与系统有害功能和成本的比率。阿奇舒勒在研究中发现,所有的技术系统都在沿着增加其理想度的方向发展和进化。

1. 理想度

技术系统的理想度越高,产品的竞争能力越强。可以说,创新的过程就是提高系统理想度的过程。因此,在发明创新中,应以提高理想度的方向作为设计的目标。人类不断地改进技术系统使其速度更快、更好和更廉价的本质就是提高系统的理想度。以理想度的概念为基础,引出了理想系统和最终理想解的概念。

每个技术系统之所以被设计、制造,就是为了提供一个或多个有用功能(Useful Function,UF)。一个技术系统可以执行多种功能,在这些有用功能中,有且只有一个最有意义的功能,这个功能是技术系统存在的目的,称为主要功能(Primary Function,PF),也被称为基本功能。另外,为了使主要功能得以实现,或提高主要功能的性能,技术系统往往还会具有多个辅助性的有用功能,称为辅助功能(Auxiliary Function,AF)或称伴生性功能。同时,每个技术系统也会有一个或多个我们所不希望出现的效应或现象,称为有害功能(Harmful Function,HF)。

例如,坦克的主要功能是消灭敌人。同时,为了使这个主要功能得以实现,且能够更好地实现,坦克还需要防护、机动、瞄准、自动装弹等有用功能的辅助。在实现有用功能的同时,坦克在运行过程中也会引起空气污染,放出大量的热,产生振动,发出噪声,这些在

TRIZ中都被看作是有害功能。

对于一个技术系统来说,从它诞生的那一刻起,就开始了其进化的过程。在进化过程中具体表现为:在数量上,技术系统能够提供的有用功能越来越多,所伴生的有害功能越来越少;在质量上,有用功能越来越强,有害功能越来越弱。

下面的公式就是理想度的定义,它表示了技术系统的进化趋势:

$$I = \frac{\sum_{i=1}^{\infty} U_i}{\sum_{j=1}^{0} C_j + \sum_{k=1}^{0} H_k} \rightarrow \infty$$

其中,I 为理想度,U 为有用功能,C 为成本,H 为有害功能,i 为变量 U 的数量,j 为变量 C 的数量,k 为变量 H 的数量。从上式可以看出,随着技术系统的进化,系统的理想度不断增大,最终趋向于无穷大。

将上式中的有用功能用技术系统的效益来表示,将系统的成本细化,如时间、空间、能量、重量。上式明确指出了在技术系统的进化过程中,其效益不断增加,有害作用不断降低,成本不断减小(系统实现其功能所需要的时间、空间、能量等不断减少,同时,系统的体积和重量也不断减小),系统的理想度不断增大,最终趋向于无穷大。

根据定义,可以用以下3种方法来提高系统的理想度:

(1) 增加有用功能。

(2) 降低有害功能或成本。

(3) 将上述(1)与(2)结合起来。

2. 理想系统

随着技术系统的不断进化,其理想度会不断提高。当技术系统的有用功能趋向于无穷大,有害功能为零,成本为零的时候,就是技术系统进化的终点。此时,由于成本为零,所以技术系统已经不再具有真实的物质实体,也不消耗任何的资源。同时,由于有用功能趋向于无穷大,有害功能为零,表示技术系统不再具有任何有害功能,且能够实现其应该实现的一切有用功能。这样的技术系统就是理想系统(ideal system)。

在TRIZ中,理想系统是指,作为物理实体它并不存在,也不消耗任何的资源,但是却能够实现所有必要的功能,即系统的质量、尺寸、能量消耗无限趋近于零,系统实现的功能趋近于无穷大。因此,也可以说,理想技术系统没有物质形态(即体积为零,重量为零),也不消耗任何资源(消耗的能量为零,成本为零),却能实现所有必要的功能。

理想系统只是一个理论上的、理想化的概念,是技术系统进化的极限状态,是一个在现实世界中永远也无法达到的终极状态。但是,理想系统就像北极星一样,为设计人员和发明家指出了技术系统进化的终极目标,是寻找问题解决方案和评价问题解决方案的最终标准。

3. 最终理想解

产品创新的过程,就是产品设计不断迭代,理想化的水平不断由低级向高级演化的过程,无限逼近理想状态。当设计人员不需要额外的花费就实现了产品的创新设计时,这种状况就称为最终理想结果(Ideal Final Result,IFR),或者,基于理想系统的概念而得到的针对一个特定技术问题的理想解决方案称为最终理想解。

最终理想解的实现可以这样来表述:系统自己能够实现需要的动作,并且同时没有有害作用的参数。通常最终理想解的表述中需包含以下两个基本点:系统自己实现这个功能;没有利用额外的资源,并且实现了所需的功能。

最终理想解是从理想度和理想系统延伸出来的一个概念,是用于问题定义阶段的一种心理学工具,是一种用于确定系统发展方向的方法。它描述了一种超越了原有问题的机制或约束的解决方案,指出了在使用TRIZ工具解决实际技术问题时应该努力的方向。这种解决方案可以看作是与当前所面临的问题没有任何关联的、理想的最终状态。

例如,高层建筑物玻璃窗的外表面需要定期清洗。目前,清洁工作需要在高层建筑物的外面进行,是一种高危险、高成本的工作,只有那些经过特殊培训和认证的"蜘蛛人"才能够胜任。能不能在高层建筑物的内部对玻璃进行清洁呢?针对该问题,其最终理想解可以定义为:在不增加玻璃窗设计复杂度的情况下,在实现玻璃现有功能且不引入新的有害功能的前提下,玻璃窗能够自己清洁外表面。

通过这个例子可以看出,最终理想解是针对一个已经被明确定义出来的问题,所给出的一种最理想的解决方案。通过将问题的求解方向聚焦于一个清晰可见的理想结果,最终理想解为后续使用其他TRIZ工具来解决问题创造了条件。

最终理想解的确定和实现可以按下面提出的问题,分作6个步骤来进行:

(1) 设计的最终目的是什么?
(2) 最终理想解是什么?
(3) 达到最终理想解的障碍是什么?
(4) 出现这种障碍的结果是什么?
(5) 不出现这种障碍的条件是什么?
(6) 创造这些条件时可用的资源是什么?

上述问题一旦被正确地理解并描述出来,问题也就得到了解决。当确定了创新产品或技术系统的最终理想解后,检查其是否符合最终理想解的特点,并进行系统优化,以确认达到或接近最终理想解为止。最终理想解同时具有以下4个特点:

(1) 保持了原系统的优点。
(2) 消除了原系统的不足。
(3) 没有使系统变得更复杂。
(4) 没有引入新的不足。

因此,设定了最终理想解,就设定了技术系统改进的方向。以定义最终理想解作为解决问题的开端有以下好处:

(1) 有助于产生突破性的概念解决方案。
(2) 避免选择妥协性的解决方案。
(3) 有助于通过讨论来清晰地设立项目的边界。

7.4　TRIZ核心思想

阿奇舒勒发现：技术系统进化过程不是随机的，而是有客观规律可以遵循，这种规律在不同领域反复出现。TRIZ的核心思想是：

（1）在解决发明问题的实践中，人们遇到的各种矛盾以及相应的解决方案总是重复出现。

（2）用来彻底而不是折中地解决技术矛盾的创新原理与方法的数量并不多，一般科技人员都可以学习、掌握。

（3）解决本领域技术问题的最有效的原理与方法往往来自其他领域的科学知识。

由于TRIZ的来源是对高水平发明专利的分析，因此，人们通常认为，TRIZ更适用于解决技术领域里的发明问题。目前，TRIZ已逐渐由原来擅长的工程技术领域向自然科学、社会科学、管理科学、生物科学等多种领域逐渐渗透，尝试解决这些领域遇到的问题。

7.5　理想化方法的应用

理想化方法是科学研究中创造性思维的基本方法之一，它主要是在大脑中设立理想的模型，把对象简化、钝化，使其升华到理想状态，通过思想实验的方法来研究客体运动的规律。一般的操作程序为：首先对经验事实进行抽象，形成一个理想客体，然后通过思维的想象，在观念中模拟其实验过程，把客体的现实运动过程简化，并上升为一种理想化状态，使其更接近理想指标。在一定条件下把物质看作质点，把实际位置看作数学上的点，忽略摩擦力的存在，都是理想化的结果。在科学史上，很多科学家正是通过理想化获得划时代的科学发现，如伽利略的惯性原理、牛顿的抛体运动实验等。

事实上，真正的理想系统是不存在的。但是，我们通过创新方法的巧妙应用，可以让现实中的系统无限趋近理想化的系统，即一步步提高现实系统的理想化程度（即理想度）。

就提高某种产品或者某个技术系统的理想度而言，可以从以下6个方向来做努力：

（1）通过增加新的、有用的功能，或从外部环境（最理想就是自然环境）获得功能。

（2）提高有用功能的级别，把尽可能多的功能高效传输到工作元件上。

（3）降低成本，充分利用内部或外部已存在的、可利用的资源，尤其是免费的理想资源。

（4）减少有害功能的数量，尽量剔除那些无效、低效、产生副作用的功能。

（5）降低有害功能的级别，预防和抑制有害功能产生，或者将有害功能转化为中性功能。

（6）将有害功能移到外部环境中去，不再成为系统的有害功能。

例 7-1　运送矿渣。

炼铁时在高炉里生成矿渣以及融化的镁、钙等氧化物的混合物（见图7-8）。炽热的矿渣达到1000℃,倒进大的钢水包里,并在铁路平板车上运去加工。目前在开口的料斗里运送矿渣,由于表面冷却产生硬的外壳。这样不仅损失原料部分,还很难倒出矿渣。在工厂,为了捣碎这部分矿渣,要用专门的设备敲击外壳。但有窟窿的硬壳同样阻挡矿渣,以至于移动起来特别费力。在传统的产品改进思路中,设计者首先想到的就是要为料斗做隔热的盖子,这将使料斗特别沉重。盖上和打开盖子时不得不使用吊车,这不仅增加子系统的复杂性,而且增加的子系统也降低了系统的可靠性。显然,这不符合最终理想解4个特点中的后两个。那么理想的盖子是什么样的呢?应该是不存在盖子,却实现了盖子的功能,即将矿渣和空气隔绝。

图7-8 炼钢高炉

如果用最终理想解来分析,会得到截然不同的创新设计方案。

(1) 设计的最终目的是什么?

答:矿渣不会冷却,能够很好地保温。

(2) 最终理想解是什么?

答:矿渣自己保温。

(3) 达到最终理想解的障碍是什么?

答:料斗周围有冷空气。

(4) 出现这种障碍的结果是什么?

答:矿渣变硬,不容易倒出。

(5) 不出现这种障碍的条件是什么?

答:矿渣上面有隔绝冷空气的物质。

(6) 创造这些条件可用的资源是什么?

答:矿渣、空气。

解决方案:在液体矿渣上洒冷水,泼上的水和热矿渣相互作用产生了矿渣泡沫,泡沫是很好的保温体和很好的盖子,而且很容易将液体矿渣倒出来。这里,解决问题的资源是矿渣本身,矿渣和冷水结合可以产生新的特性。

【实验与思考】 熟悉 TRIZ 以及 5 个发明级别

1. 实验目的

本实验与思考的目的是：
(1) 了解 TRIZ 理论的发展历程和核心思想。
(2) 理解 TRIZ 的基本概念，熟悉技术系统、矛盾和理想化方法等重要内容。
(3) 熟悉 TRIZ 的 5 个发明级别，了解 TRIZ 的适用范围。

2. 工具/准备工作

在开始本实验之前，请回顾教科书的相关内容。
需要准备一台能够访问因特网的计算机。

3. 实验内容与步骤

(1) 请简述划分发明级别的意义。

答：_____
_____
_____

在浩如烟海的技术系统中，有些技术系统对人类有着重大的影响。请根据发明级别的定义，分析下列发明属于哪个发明级别：

① 晶体管的发明使制造体积更小、结构更为紧凑的计算机成为可能，成就了今天所有关于"信息化"的技术基础，属于（   ）级发明。你的理由是：_____
_____

② 数百年前，人们就使用锉刀作为金属加工的工具，属于（   ）级发明。你的理由是：_____
_____

③ 杯子对于人们的日常生活很重要，属于（   ）级发明。你的理由是：_____
_____

④ 冰箱作为制冷设备可以为食物保鲜，属于（   ）级发明。你的理由是：_____
_____

⑤ 因特网连接着全世界千百万台计算机，实现了全球用户间信息的交换，属于（   ）级发明。你的理由是：_____

⑥ 图书作为传播媒体,将知识与文化代代相传,属于(　　)级发明。你的理由是:

⑦ 收音机借助电磁波,可以实现远距离广播节目的传送,属于(　　)级发明。你的理由是:

(2) 请根据各级别发明的特点,举出一些发明实例。
一级发明:

二级发明:

三级发明:

四级发明:

五级发明:

(3) 请简述什么是理想度,什么是理想系统,什么是最终理想解。
答:

(4) 请简述为什么要学习和研究 TRIZ。
答:

(5) 以杯子为例,什么样的杯子可以算作四级发明?为什么?
答:

4. 实验总结

_____
_____
_____

5. 实验评价(教师)

_____
_____

技术系统进化与发明原理

【脑洞大开】 从山寨到创新,中国用了 15 年时间

从创业项目可以看出中美的明显差别,美国人确实更倾向于做新的东西,我们则倾向于做已有的东西,这不是坏事,在特定的背景下 C2C(消费者之间)就是很好的模式,但接下来如果还一直延续这模式,那就有可能吃力不讨好。现在大家其实都处在不知道路在哪里的状态,显然跟着不知道路在那里的人跑是没价值的,也是不自信的。换个角度看,我们也可以说国内的企业和创业者们站在了一个创新的十字路口上。

C2C 的好日子到头了

熊彼特是这么定义创新的:把一种从来没有的关于生产要素和生产条件的"新组合"引进生产体系中去。

对这定义稍微一推理,你就会发现创新其实是有前提的,那就是你要有重排生产要素和生产条件的能力,这要求对大的环境背景有深刻理解并掌控某种资源。所以万众创新是很难的,因为一般人既不理解环境的背景,手里也没有可以调配的资源。

当对环境的理解和掌握的资源低到一定程度的时候,C2C 就变成最安全的模式。这并不只存在于互联网行业里。例如,在医疗器械行业,如果一款器械国外要 50 万元,国内企业用 10 万元做出来,那当然是非常稳健的模式,为什么不做?

现在的问题是这种好日子到头了。

前一阵极客公园翻译了一篇连线杂志的文章,里面详细介绍了 Facebook 会如何打造自己的 Messenger,看下来你就会发现这显然受到了微信的影响,走的就是微信的路数,以 IM(即时通信)为入口,在里面绑定各种服务,在操作系统上面重建一个平台。我们有理由相信 Facebook 最终成品会和微信有差异,但这确实是一种标志,标志着在互联网上中国企业和美国企业跑到了同一起跑线上,不再只是单向的复制。当然同一起跑线也意味着没人知道方向在哪儿,也就意味着必须做点创新的事情了。

摆脱历史惯性的尝试

创新不是研发,但研发通常是创新的重要源泉,而科技行业的历史事实上在暗示在研发上做投入推动创新很可能是不划算的。回看商业发展史,一个很有趣的事就是"研发不划算"现象反复出现。

贝尔实验室发明了晶体管,但晶体管先是成就了索尼(见图 8-1),接下来又启动了 IT 行业,可就是和贝尔实验室没什么关系。

施乐的实验室研究出图形用户界面,这启发了乔布斯和比尔·盖茨,成就了两大IT巨头,但施乐自己则基本上差不多快被人忘记了。

微软在研发上投入极大,我们熟悉的亚洲研究院当年也吸引了大批精英,但微软不管是在互联网还是移动产品上都基本没有太大建树,最赚钱的始终是还未成立研究院时弄出来的Windows和Office。

Google是互联网巨头,现在养了800多研究人员,但即使到现在其主要收入仍然是广告,接下来能否在它那些非常吸引眼球的项目中构建出新的商业模式,我们还需要拭目以待。如果按照历史的惯性,Google的未来其实是悲剧式的。

图8-1　1960年5月,索尼推出了世界上第一台晶体管电视机TV8-301

这里面最有趣的事情就是苹果这家当下最赚钱的公司,它的研发投入历来小于微软,也不及三星,但基本上是这家公司启动了移动时代。

在国内就更不用说,国内互联网公司基本没有技术驱动的企业,即使如此,一样可以做到全球十大互联网企业里有4席,一样可以做到最大的未上市公司在中国。

这类现象看下来,最直接的理解就是模式和产品的创新也许更有价值,研发上的创新不划算。如果仔细想想,那可能就会发现波音、Intel、高通这样的公司正是因为有足够的技术壁垒,才没有被中国制造打得一败涂地,所以这里稍微更新一下上面的结论,那就是除非技术能在产品上产生用户可感知体验,否则研发会变成高级的娱乐。

不管怎么样,科技行业的发展历史至少在暗示大家要做产品和模式的创新,而不是技术的创新。

这是一种来自历史的惯性,要想摆脱这种惯性,就需要跳出来做点思考。

关于创新的几点思考

创新在很多教授那里会是一门专门的课程,但寻找创新点却并没有那么复杂,要么自顶向下,要么自底向上。

大部分人更习惯使用自底向上的视角,这时候往往要根据个人的经历,考察周围人用得到的场景,接下来定位自己的点,然后做产品切进去。这在软件、互联网、移动互联网时代都是适合的,但越往后就可能越不适合。纯自底向上的方法非常适合搭配MVP,在小步快跑,不断试错中完善自己,但这么做的前提显然是试错本身的成本不能太高,迭代成本也不能太高。所以这方法特别适合软件产品,而前几波浪潮恰恰是软件主导的,所以这类方法开始占据主流。

但接下来很多可见的机会包括VR/AR(虚拟现实/增强现实)、IoT(物联网)、3D打印、机器人等都是偏硬件的产品,启动成本偏高,启动周期偏长,技术密集,迭代成本也高,所以就会越来越需要一种自顶向下的视角,谋定而启动,否则更可能会半途而废。

抽象来看这事并不复杂,假设在现有人员的基础上,预先调研规划某产品需要耗费的成本为X,而直接迭代,事到临头再处理,其耗费的成本为Y,那么无疑会导致$Y>X$的问题都应该是尽可能预先处理的问题,而不能以迭代为借口堂而皇之地忽视。

上面的观点总结起来可以归纳为两点：

第一，产品有自己的先天属性（我此前写过产品的"性与命"来说明这一点），先天属性相当于一个行业或者产品的不变量，只有认清它才知道大致的方向是对是错。比如现在经常被提到的传统企业互联网转型，当我们认清某个行业的本质属性后，我们会发现所谓的转型其实更可能是错的，企业所需要的不是转向互联网，而是舍弃某些东西，让自己强的东西更强。再比如，家电就需要大规模生产来降低价格，提高品质来形成品牌和口碑，个性化和多样化并不具备核心价值，由此来看，媒体报道的海尔的尝试在方向上就是错误的。

不考察产品或者行业的先天属性，后果是可怕的，这会导致一个人在游戏规则已经被重置的时候仍然按照原来的游戏规则来玩。

第二，打造产品的方法、人员组织结构等是产品先天属性的变量（其实也是人的变量）。我们知道有的小孩天生擅长算术，如果非要让他学钢琴，那可能事倍功半。对于产品也是同样的道理，方法和组织必须努力适应产品的先天属性与人的特性（不是个性，而是文化孕育出来的价值观这类东西）。

而认清产品的先天属性，理解上述两点，打破历史的惯性，正需要自顶向下的视角。

阅读上文，请思考、分析并简单记录：

(1) 什么是 C2C？请举例说明之。

答：_____
_____
_____
_____

(2) 你怎么理解文中所说的"研发不划算"现象？

答：_____
_____
_____
_____

(3) 你怎么看待 VR/AR（虚拟现实/增强现实）、IoT（物联网）或者机器人这样的行业的发展前景？请简述你的看法。

答：_____
_____
_____
_____

(4) 请简单记述你所知道的上一周发生的国际、国内或者身边的大事。

答：_____
_____
_____
_____

第 8 章 技术系统进化与发明原理

8.1 技术系统进化规律的由来

阿奇舒勒等人于 20 世纪 70 年代和 80 年代开始在 TRIZ 的框架中研究技术系统的进化。在研究过程中,他们广泛使用了辩证唯物主义哲学体系中的一些著名规律,如矛盾的对立统一、量变到质变、否定之否定等。

通过对大量专利的研究,阿奇舒勒发现,作为一个有机的整体,技术系统本身是在不断变化的。在环境变化的影响下,技术系统的这种变化就具有了一定的方向性。"好的"技术系统通过不断自我调整来更好地适应变化着的环境,从而得以生存和发展;而对"差的"、不能适应环境变化的技术系统来说,灭亡是必然的结果。

对于生物系统来说,达尔文的自然选择理论指出了生物系统进化的根本原因——自然选择。其中,实施这种选择行为的是自然界,选择的标准是"生物对环境(即自然界)的适应能力"。阿奇舒勒认为,技术系统同样也面临"自然选择,优胜劣汰"的问题,只不过实施这种选择行为的是人类社会,选择的标准是"技术系统是否满足人类社会的需要"。由此,阿奇舒勒认为:

技术系统的进化不是随机的,而是遵循一定的客观规律的;同生物系统的进化类似,技术系统也面临着自然选择,优胜劣汰。

这一论述是对技术系统发展规律的高度概括和总结。其前半部分指出了技术系统进化的本质特征:客观规律性,是 TRIZ 理论的基石;后半部分指出了技术系统进化的原因和动力。

8.2 S 曲线及其作用

如果对实现相同主要功能的技术系统家族观察相当长的时间,很容易就能发现该技术系统家族中发生的许多变化。虽然技术系统的某些特性或参数被改变了,但是其主要功能却始终保持不变。其结果是,随着人类知识水平的提高,实现该功能的技术手段也提高了,例如飞行设备、机动车辆、计算设备、录音设备等。

8.2.1 S 曲线

在对海量专利进行分析的基础上,通过对大量技术系统的跟踪研究,阿奇舒勒发现,技术系统的进化规律可以用 S 曲线(见图 8-2)来表示。对于当前的技术系统来说,如果没有设计者引入新的技术,它将停留在当前的水平上。只有向系统中引入新的技术,技术系统才能进化。因此,进化过程是靠设计者的创新来推动的。

为了方便说明问题,常常将图 8-2 所示的 S 曲线简化为图 8-3 所示的形式,称为分段 S 曲线。其中,横轴表示时间,纵轴表示系统中某一个具体的重要性能。例如,在飞机这一技术系统中,飞机的速度、航程、安全性、舒适性等都是其重要的性能指标。

任何一种产品、工艺或技术都会随着时间的推移,向着更高级的方向发展,在其进化过程中,一般都要经历 S 曲线所表示的四个阶段:婴儿期、成长期、成熟期和衰退期。在每个阶段中,S曲线都呈现出不同的特点。不仅如此,在4个不同的阶段中,发明数量、发明级别和经济收益方面也都有不同的表现(见图8-4)。

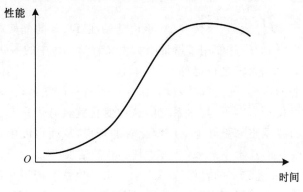

图8-2 技术系统进化的S曲线

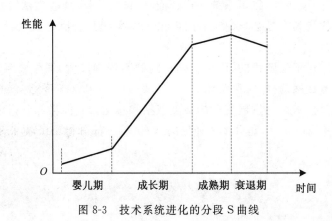

图8-3 技术系统进化的分段S曲线

1. 婴儿期

一个新技术系统的出现一般要满足两个条件:①人类社会对某种功能有需求;②存在满足这种需求的技术。

新的技术系统往往随着一个高水平的发明而出现,而这个高水平的发明正是为了满足人类社会对于某种功能的需求。在新的技术系统刚刚诞生的时候,一方面其本身的结构还不是很成熟;另一方面,为其提供辅助支持的子系统或超系统也还没有形成稳定的功能结构。所以,新系统本身往往表现出效率低、可靠性差等一系列问题,在其前进道路上还有很多技术问题需要解决。同时,由于大多数人对新系统的未来发展并没有信心,因此,新系统的发展缺乏足够的人力和物力的投入。此时,市场处于培育期,对该产品的需求并没有明显地表现出来。

在这一阶段,系统呈现出的特性是:系统发展十分缓慢,所产生专利的级别很高但数量很少,为了解决新系统中存在的技术问题,需要消耗大量资源,且经济收益为负值。

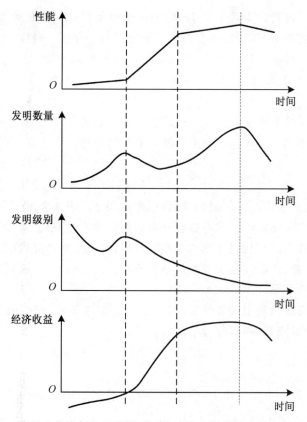

图 8-4 分段 S 曲线与发明数量、发明级别和经济收益之间的对应关系

2. 成长期

当社会认识到其价值和市场潜力的时候,新系统就进入了成长期。此时,通过婴儿期的发展,新系统所面临的许多主要技术问题已经得到解决,系统的效率和性能得到了改善,其市场前景开始显现。大量的人力和金钱被投入到系统的开发过程中,使系统的效率和性能得到快速的提升,结果又吸引更多的资金投入到系统的开发过程中,形成了良性的循环,进一步推动了系统的进化过程。同时,市场对产品的需求增长很快,但供给不足,消费者愿意出高价购买产品。在这一时期,企业应对产品不断创新,迅速解决存在的技术问题,使其尽快成熟,为企业带来利润。

在这一阶段,系统呈现出的特性是:系统性能得到快速提升,产生的专利在级别上开始下降,专利数量大幅上升,系统经济收益迅速上升。

3. 成熟期

由于成长期投入了大量人力、物力和财力,使技术系统日趋完善。系统发展到成熟期时,性能水平达到了最高点,建立了相应的标准体系。新系统的发展潜力也基本上都被挖掘出来了(即新系统是基于某个科学技术原理而开发的,此时该原理的资源已经基本耗尽),系统发展速度开始变缓。只能通过大量低级别的发明或对系统进行优化来使系统性能得到有限的改进,再投入大量的人力、物力也很难使系统的性能产生明显的提高。此时,产品已进入大批量生产阶段,并获得了巨额的利润。在这一时期,企业应在保证质量、降低成本的同时,大量制造并销售产品,以尽可能多地赚取利润。同时,企业应该投入相应的人力、物力,着手开发基于新原理的下一代技术系统,以便在未来的市场竞争中处于领先地位。

在这一阶段,系统呈现出的特性是:系统发展速度变缓,产生的专利级别更低但数量达到最大值,所获得的经济收益达到最大但有下降的趋势。

4. 衰退期

应用于该系统的技术已经发展到极限,很难取得进一步的突破。该技术系统可能不再有需求,因而面临市场的淘汰或将被新开发的技术系统所取代。此时,先期投入的成本已经收回,相应的技术已经相当成熟。在这一时期,企业会在产品彻底退出市场之前"榨"出最后的利润。因此,产品往往表现为价格和质量同时下降。随后,新的系统将逐步占领市场,从而进入下一个循环。

在这一阶段,系统呈现出的特性是:系统的发展基本停止,产生的专利无论在级别上还是在数量上都明显降低,经济收益下降。

5. S曲线族

在主要功能保持不变的基础上,实现该功能的技术系统的这种持续不断的更新过程表现为多条S曲线(见图8-5)。

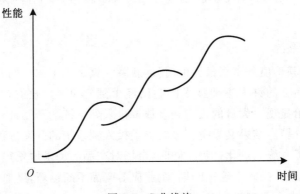

图8-5　S曲线族

8.2.2　技术预测

对大量历史数据的分析研究表明:技术进化过程有其自身的规律与模式,是可以预测的,这种预测的过程称为技术预测。预测未来技术进化的过程,快速开发新产品,迎接未来产品竞争的挑战,对企业竞争力的提高起着重要的作用。因此,企业在新产品的开发决策过程中,需要准确地预测当前产品的技术水平及下一代产品的进化方向。

技术预测的研究起源于半个世纪以前,最初应用于军工产品,即对武器及部件的性能进行技术预测,后来也应用于民用产品。在长期的研究过程中,理论界提出了多种技术预测的方法。其中最有效的是 TRIZ 的技术系统进化理论。阿奇舒勒等人通过对大量专利的分析和研究,发现并确认技术系统在结构上进化的趋势,即技术系统进化模式以及技术系统进化路线;他们同时还发现,在一个工程领域中总结出来的进化模式及进化路线可以在另一个工程领域实现,即技术进化模式与进化路线具有可传递性。该理论不仅能预测技术的发展,而且能展示依据预测结果所开发出来的产品可能的状态,对于产品创新具有指导作用。

8.3 技术系统进化法则

技术系统的进化法则既可以用于发明新的技术系统,也可以用来系统化地改善现有系统。阿奇舒勒提出的进化法则共有 8 个,可以分为两大类:生存法则和发展法则。

8.3.1 3 条生存法则

在构建新系统的时候,通过将多个元素有机地组合成一个整体,并涌现出新的系统特性时,这个整体才能称为技术系统。所出现的系统特性是所有零件或组件按照某种确定的关系进行组合后才显现出来的。例如,作为一个技术系统,飞机具有飞行这一特性。但是,"飞行"这一特性是这个系统中任意一个单独的零件或组件都不具备的。只有在明确了系统目标的前提下,按照一定的关系将所有的零件装配起来以后,才有可能涌现出"飞行"这一特性。

所谓生存法则就是,**一个技术系统必须同时满足这些法则的要求,才能"生存",才能算是一个技术系统。**

1. 系统完备性法则

技术系统存在的必要条件是存在最小限度的可用性。

要实现某项功能,一个完整的技术系统必须包含以下 4 个相互关联的基本子系统:动力子系统、传输子系统、执行子系统和控制子系统。如图 8-6 所示,矩形框中的 4 个子系统构成了一个最基本的技术系统。其中,动力子系统负责将能量源提供的能量转化为技术系统能够使用的能量形式,以便为整个技术系统提供能量;传输子系统负责将动力子系统输出的能量传递到系统的各个组成部分;执行子系统负责具体完成技术系统的功能,对系统作用对象(或称产品、工作对象或作用对象)实施预定的作用;控制子系统负责对整个技术系统进行控制,以协调其工作。在 4 个基本子系统中,如果任意一个子系统失效而无法正常工作,那么整个技术系统就无法正常工作。

由完备性法则可以得出如下推论:为了使技术系统可控,至少要有一个部分应该具有可控性。所谓可控性是指根据控制者的要求来改变系统特征/参数的行为。完备性法则有助于确定实现所需技术功能的方法并节约资源,利用它可对效率低下的技术系统进行简化。

初期的技术系统都是从劳动工具发展来的。当驱动装置代替人提供能量的时候,就出现了传动装置,利用传动装置将能量由驱动装置传向执行机构。这样劳动工具就演变成了"机器的"执行机构,而人只完成控制执行机构的工作。例如,锄头和人并不是一套技

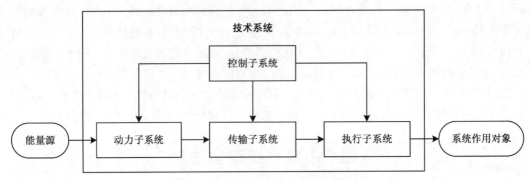

图 8-6 组成技术系统的 4 个基本子系统

术系统。技术系统是随着在新石器时代发明了犁(见图 8-7)之后才出现的：犁(执行子系统)翻地,犁辕(传输子系统)架在牲畜(能量源和动力子系统)身上,人(控制子系统)扶着犁把。

图 8-7 犁地

2. 系统能量传递法则

技术系统存在的必要条件是能量要传递到系统的各个部分。

从这个法则可以得到以下的重要推论：技术系统中的某个部分能够被控制的条件是,在该部分与控制子系统之间必须存在能量传递(见图 8-8)。

根据能量守恒定律,能量既不可能凭空产生,也不可能凭空消失。只要做功,就需要消耗能量。从本质上来说,技术系统就是工具。因此,只要它以某种形式做功,就需要消耗相应"数量"的能量。在技术系统内部也是如此,任何一个子系统之所以被"纳入"该技术系统,就是因为这个子系统能够实现某种技术系统所需要的功能。在实现功能的同时,就意味着能量的消耗。

因此,在任何一个技术系统内部,都需要有能量的传递和转换。所有在技术系统实现其功能的过程中需要做功的子系统都需要得到相应"数量"的能量。如果能量不能贯穿整个系统,而是"滞留"在某处,那么技术系统的某些子系统就得不到能量,也就意味着这些

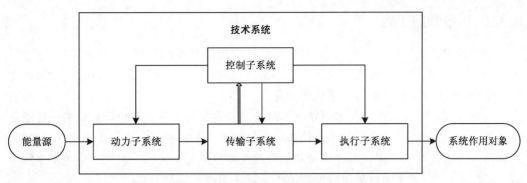

图 8-8　技术系统中能量的基本传递路径

子系统不能工作,从而导致整个技术系统无法正常实现其相应的功能。

能量传递应该遵守以下规则:

(1) 在技术系统的产生和综合过程中,应该力求在系统的运行和控制过程中利用同一种场,即使用同一种形式的能量。这不仅可以保持能量形式的"纯洁性",而且可以避免不同形式的能量在转换过程中的损耗。

(2) 如果技术系统中包含某种不可取代(即不可替换)的物质,就应该使用对于技术系统中的各种物质都具有良好传导性的能量形式。

(3) 如果系统中各个组成部分的物质都是可以用其他物质来替换的,则可以把不易控制的场替换为易控制的场。同时,需要替换或引入物质,以确保能量的有效传递(对选定的场来说,引入的物质应该是"透明的")。按照可控性由低到高的顺序对场进行排序,其结果为重力场→机械场→声场→热场→化学场→电场→磁场→辐射场。

3. 系统各部分之间的韵律协调法则

技术系统存在的必要条件是系统中各个组成部分之间的韵律(结构、性能和频率等属性)要协调。

协调性法则指出:

(1) 技术系统朝着使多个子系统的参数之间彼此协调的方向进化。

(2) 技术系统朝着使系统参数与超系统参数之间更协调的方向进化。

(3) 对于高度发达的技术系统,其进化特征是:通过在多个子系统的参数间实现有目的的、动态的协调或反协调(也称为"匹配-错配"),从而使技术系统能够更加有效地发挥其功能。

协调性可以具体表现为以下 3 种方式:

(1) 结构上的协调,例如几何尺寸、质量等。

(2) 各性能参数的协调,例如电压、力、功率等。

(3) 工作节奏、频率上的协调,例如转动速度、振动频率等。

因此,技术系统应该在其子系统参数协调、系数参数与超系统参数协调的方向上发展进化。高度发展的技术系统的特征是:子系统为充分发挥功能,其参数要进行有目的的动态协调或反协调。

8.3.2　5条发展法则

新的技术系统"诞生"以后，虽然它已经能够实现最基本的功能了，即能够"生存"了，但是，其各个方面的指标还很不理想。接下来，就会面临如何改善其可操作性，如何改善其可靠性，如何改善其效率等一系列的问题。

所谓发展法则就是**一个技术系统在其改善自身性能的发展过程中所遵循的一些最基本的法则**。与生存法则不同，技术系统在发展过程中并不需要同时遵从所有的发展法则。不同的技术系统在其发展过程中所遵从的发展法则可能是不同的。对同一个技术系统来说，在其"一生"中的不同发展阶段所遵从的发展法则也可能是不同的。

1. 系统理想度增加法则

也称为提高理想度法则，该法则指出：所有技术系统都是朝着提高其理想度的方向进化的。在技术系统的理想度不断增加，无限趋近于无穷大的过程中，技术系统也无限趋近于理想系统。

本法则是技术系统发展进化的主要法则，是技术系统进化的总纲，其他的进化法则为本法则提供具体的实现方法。因此，本法则可以表述为以下两点：

（1）技术系统是沿着提高其理想度，向理想系统的方向进化。

（2）提高理想度法则代表着其他所有技术系统进化法则的最终方向。

2. 系统各部分不均衡进化法则

系统中各个部分的进化是不均衡的。越是复杂的系统，其各个组成部分的进化越是不均衡。

在完备性法则中已经指出，一个完整的技术系统至少应该包含动力子系统、传输子系统、执行子系统和控制子系统。子系统不均衡进化法则是指：

（1）技术系统中的每个子系统都有自己的S曲线。

（2）技术系统中的各个子系统是按照自己的进度来进化的，不同子系统的进化是不同步、不均衡的。

（3）技术系统中不同的子系统在不同的时刻到达自身的极限，率先到达自身极限的子系统将"抑制"整个技术系统的进化。这种不均衡的进化通常会导致子系统之间产生矛盾，只有解决了矛盾，技术系统才能继续进化。

（4）整个技术系统的进化速度取决于技术系统中进化最慢的那个子系统的进化速度。

掌握子系统不均衡进化法则，可以帮助技术人员及时发现并改进系统中最不理想的子系统，从而使整个技术系统的性能得到大幅提升。

例 8-1　自行车的进化（见图 8-9）。

早在19世纪中期，自行车还没有链条传动系统，脚蹬直接安装在前轮轴上。此时，自行车的速度与前轮直径成正比。为了提高速度，人们采用了增加前轮直径的方法。但是，一味地增加前轮直径，会使前后轮尺寸相差太大，从而导致自行车在前进中的稳定性变差,很容易摔倒。后来,人们开始研究自行车的传动系统,在自行车上装上了链条和链轮,用后轮的转动来推动车子的前进,且前后轮大小相同,以保持自行车的平稳和稳定。

图 8-9　自行车的进化

3. 向超系统进化法则

向超系统进化法则指出:技术系统内部进化资源的有限性要求技术系统的进化应该沿着与超系统中的资源相结合的方向发展。技术系统与超系统结合后,原来的技术系统将作为超系统的一个子系统。

向超系统进化有以下两种形式:

(1) 技术系统是沿着单系统→双系统→多系统的方向进化的。将原有的技术系统与另外的一个或多个技术系统进行组合,形成一个新的、更复杂的技术系统。

(2) 技术系统进化到极限时,它实现某项功能的子系统会从系统中剥离出来,转移至超系统,成为超系统的一部分。在该子系统的功能得到增强的同时,也简化了原有的技术系统。

例 8-2　空中加油机(见图 8-10)。

长距离飞行时,飞机需要携带大量的燃油。最初,是通过携带副油箱的方式得以实现的。此时,副油箱被看作是飞机的一个子系统。通过进化,将副燃油箱从飞机中分离出来,转移至超系统,以空中加油机的形式给飞机加油。此时,一方面,由于飞机不需要携带副油箱,使得飞机的飞行重量降低,系统得以简化;另一方面,加油机可以携带比副油箱多得多的燃油,大大提高了为飞机补充燃油的能力。

向超系统进化法则可以应用在技术系统进化的任何阶段。该法则是系统升迁的一种变体,这种性质可用于解决物理矛盾。将该法则与其他技术系统进化法则结合起来,可以预测技术系统的进化趋势。

在进化过程中,当技术系统耗尽了系统中的资源之后,技术系统将作为超系统的一部分而被包含到超系统中,下一步的进化将在超系统级别上进行。

图 8-10 空中加油机

4. 向微观级进化法则

一般来说，在技术系统中，组成元素首先是在宏观级别上进化，然后是在微观级别上进化。

向微观级进化法则指出：在能够更好地实现原有功能的条件下，技术系统的进化应该沿着减小其组成元素尺寸的方向发展，其尺寸倾向于达到原子或基本粒子的大小，即元件从最初的尺寸向原子、基本粒子的尺寸进化。在极端情况下，技术系统的小型化意味着进化为相互作用的场。

在发展的早期，技术系统发展的主要方向是增加子系统的数量，以丰富和完善技术系统的功能，这一阶段被称为技术系统的膨胀发展阶段。但是，这种子系统数量的增加会造成技术系统在能量消耗、尺寸和重量上的过度增加。而能量消耗、尺寸和重量的增加是与提高理想度相矛盾的，同时也是与环境要求相违背的，技术系统将很快达到其性能的极限。

膨胀发展阶段结束后，为了使技术系统的性能进一步提高，技术系统的发展必然会沿着减小重量、尺寸和能量消耗的方向发展。通过减小重量、尺寸和能量消耗，能够将技术系统中各个组成部分的成本控制在一个较低的水平上，这个过程称为向微观级进化，这标志着技术系统向密集型进化的开始。

5. 增加物-场度法则

在科学研究中，模型是对系统原型的抽象，通过抽象，就可以利用模型来揭示研究对象的规律性。TRIZ 中的物质-场模型（简称物-场模型）是一种用图形化语言对技术系统进行描述的方法，也是理解和使用其标准解系统的基础。

所谓"物质"是指工程系统中包含的任意复杂级别的具体对象，可以是任何实质性的东西，例如基本粒子、铅笔、车轮、电话、汽车、航天飞机等。物-场模型中所说的物质比一般意义上的物质含义更广一些，它不仅包括各种材料，还包括技术系统（或其组成部分）、外部环境甚至活的有机体。这样设置的目的在于利用物-场模型来简化解决问题的进程。

在物理学中，人们把实现物质微粒之间相互作用的物质形式叫做场。目前已经发现的基本场共有 4 种：重力场、电磁场、强作用场和弱作用场。

在技术系统中,物质之间的作用是多种多样的,能量的供给形式也是千变万化的。于是,阿奇舒勒对场这个物理学概念进行了泛化,将存在于物质之间的各种各样的作用都用场来表示,并使用了更细的分类法,如力场(压力、冲击、脉冲)、声场(超声波、次声波)、热能场、电场(静电、电流)、磁场、电磁场、光学场(紫外线、可见光、红外线)、电离辐射场、放射性辐射场、化学场(氧化、还原、酸性、碱性环境)、气味场等。

TRIZ指出,系统的进化本质上就是向着更高级、更复杂的场的进化。按照可控性由低到高的顺序,可以将场依次排列为重力场→机械场→声场→热场→化学场→电场→磁场→辐射场。因此,如果某个技术系统当前采用的是机械场的方式,接下来,可以考虑用声场、热场、化学场、电场或磁场来替代机械场,从而推动技术系统向更高级的形式进化。

在TRIZ中,技术系统是由"物质"和"场"这两种元素所构成的集合体。物-场模型就是从功能的角度对技术系统进行抽象和建模,从而使我们能够将注意力集中在问题发生的那个点上(最小范围)。对问题的模型描述就是对问题所处情境的模型化抽象,也就是对需要改进的最小限度的可工作的技术系统的模型化描述。

TRIZ理论中的功能一般遵循以下两条原理:

(1) 任何一个系统,经过分解后,其底层的功能都可以分解为3个基本元素,即物质1、物质2和场。

(2) 将相互作用的3个基本元素进行有机组合将形成一个功能。

表达一个系统的功能主要使用三角形形式,它简单实用且应用广泛(见图8-11)。在三角形物-场模型中,两个下角通常分别表示两种物质(S),上面的一个角通常表示场(F)。场是物-场模型分析中的一个术语,通常表示物质之间的相互作用或效应。一个复杂的系统,经过分解后,可以运用多个组合三角形模型表示(见图8-12)。

图8-11 简单三角形的物-场模型

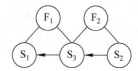

图8-12 复杂三角形的物-场模型

例8-3 用洗衣机洗衣服。

S_1——衣服,S_2——洗衣机,F_1——清洗(机械场)。用洗衣机洗衣服的物-场模型如图8-13所示。

增加物-场度法则适用于技术系统发展的初期,也称为技术系统展开阶段。本法则指出:技术系统是沿着物-场度增加的方向进化的,具体表现为以下几点:

(1) 从低级场向高级场转化(如机械场转变为电磁场)。

(2) 组成系统的组件数量增加。

(3) 物质的分散程度增加。

(4) 元素之间的联系增加。

(5) 元素之间的灵敏性(感应性)增加。

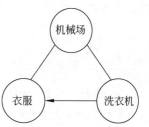

图8-13 洗衣机洗衣服的物-场模型

从物-场模型的角度来看，最初，技术系统的产生就是要形成一个简单的、完整的物-场。随着人类社会对该技术系统的需求不断提高，在该技术系统的物-场模型上，会慢慢表现出技术系统的某种不足，从而产生新的需求：提高有用功能，尽量减少人的参与，增加新的有用功能，消除增加有用功能时附带产生的有害功能等。所有这些需求都会先后反映在首先表现出不足的子系统中。随着技术系统的进化，逐步形成了现有的复杂技术系统。当然，技术系统的复杂度不能被无限提高。当技术系统发展到一定阶段时，会出现极限（物理极限、经济极限、生态极限等）。然后，技术系统开始进入裁剪阶段，寻找理想的物质，逐步向理想的技术系统进化，这一趋势也被称为"先复杂后简化原则"。

8.3.3 进化法则的本质和作用

8个生存法则和发展法则可以看作是一个规律的集合，描述了技术系统进化的趋势。利用这些进化法则，可以指导我们在设计过程中沿着正确的方向去寻找问题的解决方案。将S曲线与进化法则结合表达如图8-14所示。

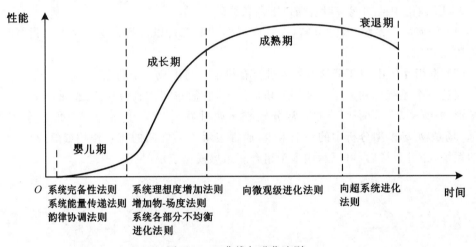

图8-14 S曲线与进化法则

这种对设计活动的指导作用主要表现在两个方面：

（1）在新产品设计过程中，指导我们制定"方向"正确的设计方案。

（2）在对现有产品进行改进的过程中，指导我们在多个解决方案中选择"方向"正确的解决方案。

8.4 发明原理及其应用

从1946年开始，阿奇舒勒研究阅读了20多万份发明专利文献，从中挑选出4万份发明级别为二级、三级和四级的发明专利。通过对这4万份发明专利进行深入的统计和分析，阿奇舒勒发现：虽然各种专利解决的是不同领域内的问题，但是它们所使用的方法（技巧）有很多却是相同的，即一种方法可以解决来自不同工程技术领域的类似问题。于是，通过归纳和总结，从1946年到1971年，阿奇舒勒从这4万份专利中提取出了40种最常用的解决发明问题的方法,这就是 TRIZ 理论的所谓 40 个发明原理(Inventive Principle,IP)。后来,前苏联的 TRIZ 研究者经过进一步的研究,又陆续总结出新的 10 个发明原理。1973 年,这 10 个发明原理被以补充原理的形式发布。

TRIZ 的 40 个发明原理及其所阐明的统一规则如表 8-1 所示。

表 8-1　40 个发明原理及其阐明的统一规则

编号及发明原理	实现属性转换的规则
1. 分割	产生新的属性(包含空间、时间、物质的分割)
2. 抽取	抽取出有用的属性,去除有害的属性
3. 局部质量	局部具有特殊的属性,确保相互作用中产生所需功能
4. 增加不对称性	形状属性最佳化
5. 组合(合并)	运用多种效应、属性组合成创新产品
6. 多功能性(多用性、广泛性)	一物具有多种属性,运用不同的属性产生组合的功能
7. 嵌套	协调运用空间属性资源
8. 重量补偿	施加反向属性力,抵消重力
9. 预先反作用	产生需要的反向属性
10. 预先作用	形成方便操作的属性
11. 预补偿(事先防范)	预防产生不需要的属性
12. 等势	在重力属性场中稳定高度不变
13. 反向作用	运用反向属性实现需要的功能
14. 曲率增加(曲面化)	运用曲面形状的各种属性
15. 动态特性	利用刚性→单铰接→多铰接→柔性→液→粉→气→场等的特有属性实现功能,提高灵活性
16. 未达到或过度的作用	属性量值的选择性最佳化
17. 空间维数变化(一维变多维)	空间属性的协调转换
18. 机械振动	振动属性的运用
19. 周期性作用	时间属性的协调转换
20. 有益(效)作用的连续性	属性在时间维度上的稳定协调作用
21. 减少有害作用的时间(快速通过)	属性在时间维度上的急剧协调作用
22. 变害为利	运用有害的属性实现有用的功能
23. 反馈	信息属性作用的利用,时间属性和时间流的作用
24. 借助中介物	运用中介物的特有属性作用实现功能
25. 自服务	运用物质自身的属性完成补充、修复的功能
26. 复制	运用廉价的复制属性资源替代各种资源

续表

编号及发明原理	实现属性转换的规则
27. 廉价替代品	运用物质特有的廉价的属性,确保一次性执行所需的功能
28. 机械系统替代	运用光、声、电、磁、人的感官等新的替代属性,高效率地执行所需的功能
29. 气动与液压结构	运用液压、气动属性实现力的传递
30. 柔性壳体或薄膜	运用柔性壳体和薄膜的特有属性作用实现功能
31. 多孔材料	运用多孔材料具有比重轻、绝热性等特有属性
32. 颜色改变(改变颜色、拟态)	提高物质颜色属性的运用
33. 同质性(均质性)	运用相同的某个特定的属性
34. 抛弃和再生	使物质随着某一功能完成而消失或者获得再生
35. 物理或化学参数改变	运用变、增、减、稳、测改变物质的各种属性,高效率地执行所需的功能
36. 相变	运用物质相变时形成的某些特征属性的作用实现功能
37. 热膨胀	运用物质的热膨胀属性实现功能
38. 强氧化剂(使用强氧化剂、加速氧化)	运用强氧化的化学属性作用实现功能
39. 惰性环境	运用化学惰性气体的特有属性改变环境
40. 复合材料	组合不同属性的物质,形成具有优良属性的物质以实现功能

下面,我们选择 TRIZ 的 40 个发明原理中的一部分做详细介绍。

8.4.1 原理1:分割

分割原理是指这样一种过程:以虚拟或真实的方式将一个系统分成多个部分,以便分解(分开、分隔、抽取)或合并(结合、集成、联合)一种有益的或有害的系统属性。在多数情况下,会对分割后得到的多个部分进行重组(或集成),以便实现某些新的功能,并(或)消除有害作用。随着分割程度的提高,技术系统逐步向微观级别发展。

指导原则:

(1) 将一个对象分成多个相互独立的部分。例如:

- 将轮船的内部空间分成多个彼此独立的船舱。
- 内燃机的多个汽缸(见图 8-15)。
- 将学生分成不同的年级,不同的班级。

(2) 将对象分成容易组装(或组合)和拆卸的部分。例如:

- 组合家具。
- 暖气上的多个暖气片。
- 将一根根铁轨连接起来,形成铁路。
- 在公司的组织结构上,可以使用模块化的方法来实现公司管理的柔性化。

图 8-15　内燃机的汽缸

（3）增加对象的分割程度。例如：
- 窗帘的演变：一整块布做的窗帘→左右两块布做的窗帘→百叶窗（见图 8-16）。

图 8-16　百叶窗

典型案例：

（1）可调节百叶窗。用可调节百叶窗代替幕布窗帘，只要改变百叶窗叶片的角度，就可以调节外界射入的光线。

（2）军用飞机油箱。当军用飞机的油箱破损时，极易引起燃料大量外泄，继而引发爆炸事故。为此，人们在油箱中装设一种蜂窝状材料，这实际是一种多孔的海绵体，它们将油箱分成无数个小"隔间"。油箱内的填隙材料通常由天然树胶制成，在液态烷烃中会膨胀。当弹头撕裂或穿透油箱后，箱体上的橡胶首先在弹性作用下将破损处尽量封住。之后挥发出的燃料与填隙材料接触，后者的体积会立刻增至原来的数倍，瞬间将破损处完全封住。

运用技巧：

如果系统因重量或体积过大而不易操纵，则将其分割成若干轻便的子系统，使每一部分均易于操纵。在管理学和心理学上，也可以对组织和观念进行分割及组合。

8.4.2　原理 7：嵌套原理

所谓嵌套原理，是指通过递归方式将一个对象放入另一个对象的内部，或让一个对象通过另一个对象的空腔而实现嵌套。嵌套是指彼此吻合、彼此组合、内部配合的性质。嵌套原理的一个典型应用,就是俄罗斯套娃(见图 8-17),因此,嵌套原理也被称为套娃原理。嵌套的本质是彼此吻合、彼此组合、内部配合的性质。

图 8-17　俄罗斯套娃

指导原则:

(1) 把一个物体嵌入另一个物体,然后将这两个物体再嵌入第三个物体,依此类推。例如:

- 由从大到小的多个碗组成的"套碗"。
- 收音机或电视机上的拉杆天线。
- 可伸缩的单筒望远镜。
- 吊车的吊臂。

(2) 使一个对象穿过或处于另一对象的空腔。例如:

- 自动铅笔的空腔中可以放多根备用的铅笔芯。
- 机场廊桥(见图 8-18)。

图 8-18　机场廊桥

- 汽车安全带。
- 飞机起落架,飞机起飞后,起落架被收到飞机的机体内部(见图 8-19)。

使用技巧:

对一个系统进行评价,以确定怎样基于嵌套原理来增加系统的价值。考虑不同方向

图 8-19　飞机起落架

上(如水平、垂直、旋转或包容)的嵌套。在许多情况下,嵌套(包括空间的利用和包容被嵌套对象的重量)用来节省空间,保护对象不受损伤,以及在经过某个过程/系统时变得轻松。通过将具有不同功能的多个对象嵌套在同一个对象内,可以使该对象产生多种独特的功能。

典型案例:

(1) 将匙嵌套于厨具中。

(2) 瑞士军刀是将多种功能嵌套于相同对象内的经典实例(见图 8-20)。

(3) 纸盘、塑料杯、装汉堡包的泡沫聚苯乙烯容器等包装材料在储存时都是相互嵌套的。

(4) 在软件中,表格嵌套于表格内部。事实上,可在软件开发的许多方面发现嵌套的对象。

图 8-20　最多功能的瑞士军刀

(5) 嵌套的滤网用来从液体中除去不同大小的颗粒。

(6) 将一个凳子叠放于另一个之上(外部垂直嵌套),使凳子嵌套存放。

(7) 可将一些桌子相互叠放并使其彼此成 45°角,从而实现嵌套(垂直及旋转)。

(8) "变形金刚"玩具是一种嵌套设计,在其中的一个取向上玩具变成一个汽车,在另一个取向上玩具变成一个机器人。

(9) 特工人员隐藏(嵌套)于恐怖分子巢穴内部。

(10) 电子装置埋置在动物皮革下面以进行跟踪及鉴别。

(11) 广告嵌套(藏身)于电影之内(软性广告)。

(12) 为了节省空间,建筑装修中把推拉门推进墙内的空腔。

8.4.3　原理10:预先作用

预先作用原理是指:在真正需要某种作用之前,预先执行该作用的全部或一部分。

指导原则：

（1）预先对某对象进行所需的改变,这种改变可以是整体的,也可以是部分的。例如：

- 建筑业中大量使用的预制件。
- 大型机械设备总装过程中大量使用的预先装配好的组件。例如,在汽车的总装线上,只需安装一个已经装配好的发动机,而不需要在总装线上临时用零件组装出一个发动机。
- 背面涂有不干胶的邮票。
- 计算机软件中,根据用户当前状态而弹出的菜单列表。

（2）将有用的物体预置,以便使其在必要时能立即在最方便的位置发挥作用。例如：

- 制造业中的流水线。
- 商场内预先安置的灭火器。
- 战争片中,进行阵地战的时候,战士们会预先将手榴弹的后盖打开(指导原则1),放在触手可及的地方(指导原则2)。

应用案例：

（1）预先被打孔的邮票（见图8-21）。早期用户不得不将邮票一张一张剪下来,然后用胶水粘到信封上。

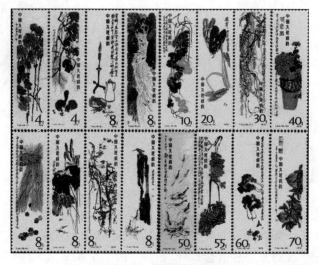

图 8-21　邮票上打孔

（2）新生产出来的棉布在水洗之后通常会"缩水"。如果用没有经过缩水的棉布做成衣服的话,用水洗过一次以后就会变小,影响正常使用。因此,当棉布被纺织出来后,通常要进行预先缩水处理。这样一来,生产出来的衣物被水洗之后就不会再缩水了。

运用技巧：

在某一事件或过程之前采取行动,目的在于增强安全性、简化事情的完成过程、维持正确作用、减轻疼痛、增强智力、产生某种优点及简化使用过程等。

8.4.4 原理13：反向作用

反向作用原理是指：通过在空间上将对象翻转过来（上下、左右、前后、内外翻转），在时间上将顺序颠倒过来，在逻辑关系上将原因与结果反过来，从而利用不同（或相反）的方法来实现相同的目的。

指导原则：

（1）用与原来相反的作用实现相同的目的。例如：
- 利用黑笔和白板的组合代替传统的黑板和白粉笔的组合。
- 老师在教育过程中既可以使用惩罚手段，也可以利用鼓励手段，来达到相同的教育目的。

（2）让物体或环境中可动的部分不动，不动的部分可动。例如：
- 在机加工过程中，既可以让工件旋转而刀具保持静止，也可以让刀具旋转而工件保持静止。
- 除了通过上路驾驶来测试汽车的空气动力特性之外，也可使其进入一个风洞来模拟（见图8-22）。这种方法可以用于任何需要气动或水动测试的系统。

图 8-22 风洞实验

（3）将对象（物体、系统或过程）颠倒（上下颠倒、内外颠倒、前后颠倒、顺序颠倒等）过来。例如将物体从上面向下插入更快，特别是螺栓。

应用案例：

（1）在向房顶上运送建筑材料时，人既可以站在房顶上用绳子往上拽，也可以通过在房顶上部安装一个滑轮，用绳子往下拉。无论采用哪种方式，都可以将建筑材料运送到房顶上。

（2）跑步机（见图8-23）原本是人移动而地面不动，现在变为人不动而"地面"移动。

运用技巧：

尝试让系统以某种方式"反转"或颠倒，看系统是否能由此获得新功能、新特征、新作用及新对象。

图 8-23　跑步机

【实验与思考】　熟悉与应用嵌套（套娃）发明原理

1. 实验目的

本实验与思考的目的是：

(1) 熟悉 TRIZ 发明原理的由来，了解 TRIZ 的 40 个发明原理。

(2) 熟悉几个主要（使用率较高）的发明原理，通过学习提升自己的创新思维能力。

(3) 深入研究嵌套发明原理，熟悉其具体应用方法，从而举一反三，理解发明原理的内涵。

2. 工具/准备工作

在开始本实验之前，请回顾教科书的相关内容。

需要准备一台能够访问因特网的计算机。

3. 实验内容与步骤

(1) 什么是 S 曲线？S 曲线有什么作用？

答：_____
_____
_____
_____

(2) 什么是 TRIZ 技术系统进化法则？

答：_____
_____
_____

3 条生存法则:

① _____法则:
_____

② _____法则:
_____

③ _____法则:
_____

5 条发展法则:

① _____法则:
_____

② _____法则:
_____

③ _____法则:
_____

④ _____法则:
_____

⑤ _____法则:
_____

(3) 嵌套原理应用广泛,请写出至少 10 个你找到的嵌套原理的应用典型案例。

答:

① _____

② _____

③ _____

④ _____

⑤ _____

⑥ _____

⑦ _____

⑧ _____

⑨ _____

⑩ _____

(4) 写下你应用嵌套原理可以做出的创新设计或想法。
答：
① _____

② _____

③ _____

4. 实验总结

_____

_____

_____

5. 实验评价（教师）

_____

_____

第9章 解决矛盾实现创新

【脑洞大开】 看一看小微企业的浙江速度

2016年11月29日,在浙江服务小微企业成长暨2016民企"双对接"活动周开幕式上,浙江省工商局首次对外发布了《浙江省小微企业成长报告(2015—2016)》,并将50家成长性好的小而精、小而新、小而美的小微企业评为成长之星,并对10个创新性、引领性、务实性的优秀项目进行了现场公布及授牌表彰(见图9-1)。

图9-1 小微企业成长

在活动中,对于如何将服务小微企业和民企"双对接"结合,如何打开全球视野,借鉴国际先进经验,开展全要素、多向度、高层次的要素对接,实现持续成长等问题,参会各方都在探索答案。

小微企业要慢跑、精工、标化

随着新一轮科技革命和产业变革,全球步入了互联网+时代、大数据时代和智慧经济时代,给浙江民企带来了转型升级的机遇和空间。那么,对浙江民企来说,有哪些可以学习利用的经验、资源和优势?又该如何走出一条转型升级的成长路径?

参会嘉宾分享了自己的独到见解和成功经验。浙商总会秘书长、浙江省民企发展联合会名誉会长郑宇民就企业成长路径作了主旨演讲。他提到,"双对接"是科技和金融的对接,所有企业要注重对接"新常态"及政策,要对接好社会责任。郑宇民还认为,小微企业应该对接"精微",要把握三个尺度:要慢跑、灵活;要精工、绝活;要标化、细活(见图9-2)。

图 9-2　扶持小微企业

伍尔特直线中国集团首席执行官莱利·斯蒂芬斯在论坛上讲述了伍尔特集团半个多世纪的坚守与创新。莱利·斯蒂芬斯提到伍尔特集团从小做大的奥秘在"6大焦点"。一是从深层次了解客户，当客户有需求时，公司会提供不同的产品给客户；二是争取新客户，激活现有客户，要与客户保持良性关系；三是给客户更多选择，要成为客户最有价值的供应商，为客户解决问题；四是资金回流，提供优质服务给客户，让客户及时回款；五是库存管理，必须及时有效地向客户提供优质的产品，能预见客户需求，同时和供应商保持好的状态；六是注重团队协作。

据悉，这次服务小微企业成长暨2016民企"双对接"活动周除了省级外，全省各市县都结合实际，在一周时间内集中组织对接高端要素的系列活动，帮助企业增强创新能力和发展动力。

小微企业成为经济增长的"压舱石"

《浙江省小微企业成长报告（2015—2016）》指出，2015年，我省信息经济核心产业制造业规上增加值达到1389亿元，较上年增长9.3%，高出全省规上工业平均增速一倍多；其中，新一代信息技术和物联网产业规上企业增加值增速达到15.1%。

所谓"规上"，即规模以上。这是一个统计术语。一般以年产量作为企业规模的标准，国家对不同行业的企业都制订了一个规模要求，达到规模要求的企业就称为规模以上企业，规模以上企业也分若干类，如特大型企业、大型企业、中型企业、小型企业等。国家统计时，一般只对规模以上企业作出统计，达不到规模的企业就不作统计。例如，规模以上工业企业在2010年之前是指年主营业务收入在500万元及以上的法人工业企业，在2011年是指年主营业务收入在2000万元及以上的法人工业企业。

规模以上企业分为规模以上工业企业和规模以上商业企业。规模以上工业企业是指年主营业务收入在2000万元及以上的工业企业。规模以上商业企业是指年商品销售额在2000万元及以上的批发业企业（单位）和年商品销售额在500万元及以上的零售业企业（单位）。

浙江省小微企业呈现出发展加快、质量提升、实力增强、创业创新活力迸发的良好态势。小微企业成为浙江省经济增长的"压舱石"。

未来，小微企业应当注重精细化生产、管理和服务，注重持续投入、持续创新，拥有自主知识产权。通过技术、工艺、管理、服务的创新不断占据市场先机。要利用自身特色和比较优势，为大企业、大项目和产业链提供优质零部件、元器件、配套产品和配套服务，弘扬"工匠精神"。要走特色化发展之路，采用独特的工艺、技术、配方或特殊原料进行研制生产，形成具有独特性、独有性、独家生产特点，具有较强影响力和品牌知名度的特色产品、特色服务。要走绿色化发展之路，采用先进适用技术实施清洁生产，降低能耗和污染排放。要坚持走国际化发展之路，主动开展国际合作，引进和吸收国外高新技术企业、科研机构、高层次海外华人到浙江落户。

阅读上文，请思考、分析并简单记录：

(1) 综合以上内容，请简述什么是小微企业。

答：_____

_____

_____

_____

_____

(2) 文中，莱利·斯蒂芬斯先生提出的小微企业从小做大奥秘的"6大焦点"是什么？

答：_____

_____

_____

_____

_____

(3) 结合本文，请谈谈你对小微企业未来发展的看法。

答：_____

_____

_____

_____

_____

(4) 请简单记述你所知道的上一周发生的国际、国内或者身边的大事。

答：_____

_____

_____

_____

9.1 矛盾是 TRIZ 的基石

通常,对于包含矛盾的工程问题来说,人们最爱使用的解决方法就是折中(妥协),之所以出现这种情况,是由我们的思维特性所决定的。在人们的潜意识中,奉行的简单逻辑就是:避免出现矛盾的情况。其结果是矛盾的双方都无法得到满足,系统的巨大发展潜力被矛盾牢牢地禁锢了。面对包含矛盾的问题,常规的逻辑思维往往无能为力。我们需要利用其他的逻辑思维过程来解决矛盾。TRIZ 就是我们所需要的思维方法,TRIZ 建议我们不要回避矛盾,相反地,是要找出矛盾,激化矛盾,并最终从根本上解决矛盾。

矛盾是 TRIZ 的基石。矛盾可以帮助我们更快、更好地理解隐藏在问题背后的根本原因,找到解决问题的方法。

但是,如何将隐藏在问题中的矛盾抽取出来,是一项复杂而困难却又无法回避的问题。经验丰富的 TRIZ 专家与一般 TRIZ 使用者之间最大的差别之一,就是抽取和定义矛盾的能力。在实践过程中,经过不断的练习和总结,可以使这种能力得到提升。

9.2 技术矛盾与矛盾矩阵

从矛盾的观点来看,A 和 B 之间之所以存在这样一种类似于"跷跷板"的关系,是因为 A 和 B 之间既对立(具体表现为 A 和 B 之间类似于反比的关系)又统一(具体表现为 A 和 B 位于同一个系统中,A 与 B 相互联系,互为依存)。

例 9-1 坦克装甲的改进。

在第一次世界大战中,英军为了突破敌方由机枪火力点、堑壕、铁丝网组成的防御阵地,迫切需要一种将火力、机动、防护三个方面结合起来的新型进攻性武器。1915 年,英国利用已有的内燃机技术、履带技术、武器技术和装甲技术,制造出了世界上第一辆坦克——"小游民"坦克(见图 9-3)。1916 年 9 月 15 日,英军在索姆河战役中首次使用坦克来配合步兵进攻,使久攻不动的德军阵地一片混乱,而英军士气得到极大的鼓舞。这场战役使各个国家认识到了坦克在战场上的价值,于是纷纷开始研发并装备坦克作为阵地突破的重型器械。同时,各国也开始寻求能够有效摧毁这种新式武器的方法,并开发出了相应的反制武器。在以后的战争中,随着坦克与反坦克武器之间较量的不断升级,坦克的装甲越做越厚。到第二次世界大战末期,坦克装甲的厚度已经由第一次世界大战时的十几毫米变为一百多毫米,其中德国"虎Ⅱ"式重型坦克重点防护部位的装甲厚度达到了 180mm(见图 9-4)。

随着坦克装甲厚度的不断增加,坦克的战斗全重也由最初的 7 吨多迅速增加到将近 70 吨。重量的增加直接导致了速度、机动性和耗油量等一系列问题的出现。在本例中,装甲的厚度与坦克的战斗全重这两个参数就构成了一对技术矛盾。

图 9-3　第一次世界大战中的世界上第一辆坦克——"小游民"坦克

图 9-4　第二次世界大战中的德国"虎Ⅱ"式重型坦克

9.2.1　定义技术矛盾

技术矛盾是两个参数之间的矛盾,指在改善对象的某个参数(A)时导致另一个参数(B)的恶化。此时,我们称参数 A 和参数 B 构成了一对技术矛盾。例如,改善了某个对象的强度,却导致其重量的恶化;改善了某个对象的生产率,却导致了其复杂性的恶化;改善了某个对象的温度,却导致了其可靠性的恶化,等等。

改善并不一定是指参数值的增加,也可能是指参数值的降低。例如,改善飞机发动机的重量特性,就是指如何在保持发动机主要技术性能不变的前提下降低发动机的重量。所以,这里所说的改善是指"功能"的提升,而不是"数值"的增加。

9.2.2　通用工程参数

大多数针对技术矛盾的启发式方法都是由阿奇舒勒在 1940 年到 1970 年期间验证和确认的,如今它们依然可以用来指导我们所遇到的许多发明问题。从大量来自前苏联、美国、德国和其他国家的专利中,阿奇舒勒选择了大约 4 万多个属于第二级、第三级和第四级的专利,从中抽取出适用于工程领域的 40 个发明原理和 39 个通用工程参数。这些工程参数如表 9-1 所示。

在 39 个通用工程参数中,任意两个不同的参数就可以表示一对技术矛盾。通过组合,一共可以表示 1482 种最常见的、最典型的技术矛盾,足以描述工程领域中出现的绝大多数技术矛盾。可以说,39 个通用工程参数是连接具体问题与 TRIZ 的桥梁。借助于39 个通用技术参数,可以将一个具体问题转化并表达为标准的 TRIZ 问题。

准确地理解每个参数的含义,有助于我们从问题中正确地抽取矛盾。由于这 39 个参数具有高度的概括性,所以很难将其定义得非常精确。从另一个角度来说,也不能将它们定义得过于死板,否则就失去了其应有的灵活性。

表 9-1　39 个通用工程参数

编号	名称	编号	名称	编号	名称
1	运动对象的重量	14	强度	27	可靠性
2	静止对象的重量	15	运动对象的作用时间	28	测量的精确性
3	运动对象的长度	16	静止对象的作用时间	29	制造精度
4	静止对象的长度	17	温度	30	作用于对象的外部有害因素
5	运动对象的面积	18	照度（光强度）	31	对象产生的有害因素
6	静止对象的面积	19	运动对象所需要的能量	32	可制造性
7	运动对象的体积	20	静止对象所需要的能量	33	可操作性
8	静止对象的体积	21	功率	34	可维修性
9	速度	22	能量的无效损耗	35	适应性
10	力	23	物质的无效损耗	36	系统的复杂性
11	应力或压力	24	信息的损失	37	检测的难度
12	形状	25	时间的无效损耗	38	自动化程度
13	对象的稳定性	26	物质的量	39	生产率

9.2.3　矛盾矩阵

通过对大量专利的研究,阿奇舒勒发现了一种现象,即针对某一对由两个通用工程参数所确定的技术矛盾来说,40 个发明原理中的某一个或某几个发明原理被使用的次数要明显比其他的发明原理多,换句话说,一个发明原理对于不同的技术矛盾的有效性是不同的。如果能够将发明原理与技术矛盾之间的这种对应关系描述出来,技术人员就可以直接使用那些对解决自己所遇到的技术矛盾最有效的发明原理,而不用将 40 个发明原理进行逐一试用了。于是,阿奇舒勒将 40 个发明原理与 39 个通用工程参数相结合,建立了矛盾矩阵（又称 39×39 矛盾矩阵,见表 9-2,详细请见本书附录 C）。

表 9-2　矛盾矩阵（局部）

改善的参数	恶化的参数					
	运动对象的重量	静止对象的重量	运动对象的长度	静止对象的长度	运动对象的面积	静止对象的面积
运动对象的重量	—	—	15,8,29,34	—	29,17,38,34	—
静止对象的重量	—	—	—	10,1,29,35	—	35,30,13,2
运动对象的长度	8,15,29,34	—	—	—	15,17,4	—
静止对象的长度	—	35,28,40,29	—	—	—	17,7,10,40
运动对象的面积	2,17,29,4	—	14,15,18,4	—	—	—
静止对象的面积	—	30,2,14,18	—	26,7,9,30	—	—

在矛盾矩阵表中,左边第一列是技术人员希望改善的 1～39 个通用工程参数,上面第一行表示被恶化的 1～39 个通用工程参数,即由于改善了第一列中的某个参数而导致第一行中某个参数的恶化。位于矛盾矩阵中对角线上的单元格(以灰色填充的单元格),它们所对应的矛盾是物理矛盾,即改善的参数和恶化的参数相同。

矛盾矩阵中间单元格中的数字是发明原理的序号,每个序号对应一个发明原理。这些序号是按照统计结果进行排列的,即排在第一位的那个序号所对应的发明原理在解决该单元格所对应的这对技术矛盾时被使用的次数最多,依此类推。当然,在大量被分析的专利当中,用于解决某个单元格所对应的技术矛盾的发明原理不仅是该单元格中所列出的那几个。只是从统计的角度来说,单元格中所列出来的那些发明原理的使用次数明显比其他发明原理的使用次数多而已。

使用矛盾矩阵的具体步骤是:
(1) 从问题中找出改善的参数 A。
(2) 从问题中找出被恶化的参数 B。
(3) 在矛盾矩阵左起第一列中,找到要改善的参数 A;在矛盾矩阵的上起第一行中,找到被恶化的参数 B。从改善的参数 A 所在的位置向右作水平线,从恶化的参数 B 所在的位置向下作垂直线,位于这两条线交叉点处的单元格中的数字就是矛盾矩阵推荐给我们的,用来解决由 A 和 B 这两个通用工程参数所构成的这对技术矛盾的最常用的发明原理的序号。

需要注意的是:
(1) 对于某一对确定的技术矛盾来说,矛盾矩阵所推荐的发明原理只是指出了最有希望解决这种技术矛盾的思考方向,而这些思考方向是基于对大量高级别专利进行概率统计分析的结果。因此,对于实际工作中所遇到的某对具体的技术矛盾来说,并不是每一个被推荐的发明原理都一定能解决该技术矛盾。
(2) 对于复杂问题来说,如果我们使用了某个发明原理,而该发明原理又引起了另一个新问题的时候(副作用),不要马上放弃这个发明原理。可以先解决现有问题,然后将这种副作用作为一个新问题,想办法加以解决。
(3) 矛盾矩阵是不对称的。

9.3 利用矛盾矩阵解决技术矛盾

利用矛盾矩阵解决技术矛盾的过程大致可以分为以下 3 个步骤,即分析技术系统,定义技术矛盾和解决技术矛盾。

9.3.1 分析技术系统

这里包含 3 个步骤。
步骤 1:确定技术系统的所有组成元素。
首先,通过对技术系统中各个组成元素的分析,可以使我们对每个组成元素的参数、特性和功能有一个全面的认识。其次,通过对各个组成元素之间的相互作用关系的分析,从整体上把握整个系统的作用机制,即不同元素之间存在什么样的相互作用以及它们对于系统整体性能、功能的实现分别起到了什么样的作用。最后,通过上述分析,为找出问题的根源奠定基础。

另外,通过对技术系统进行深入分析,可以确定技术系统中所包含的各个子系统、技术系统所属的超系统,以便帮助我们更好地理解技术问题,为找出问题的根源做准备。只有这样,才可能从整体上系统地了解现有技术系统的情况,即子系统、系统和超系统的过去、现在和未来。

实例:在例9-1中,作为一个技术系统,坦克由以下几部分组成:武器系统、推进系统、防护系统、通信系统、电气设备、特种设备和装置。

步骤2:找出问题的根源,即问题的根本原因,这是彻底解决问题的基础。

问题的背后总是隐藏着原因。通常,消除引起问题的原因要比消除问题更容易,也更有效。理清技术系统在过去和未来的功能有助于理解技术系统的工作条件,对技术系统未来应具备的功能的理解还可以帮助我们发现新的、未预见到的、不会出现当前问题的工作条件,从而使问题自动得到解决(见图9-5)。

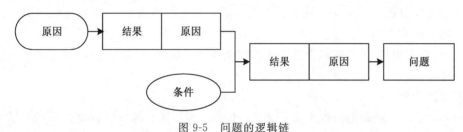

图9-5 问题的逻辑链

从图9-5中,可以清楚地看到当前问题是如何产生的,各个相关参数是如何被串起来成为一个链状结构的。对技术系统的过去进行考察,看看是否可以在先前步骤中将问题解决。在某些情况下,这种分析可以帮助我们找到问题的解决方案,甚至可以帮助我们消除问题。

实例:在例9-1中,为了增加坦克的抗打击能力,最直接的方法就是增加坦克的装甲厚度,这导致了坦克重量的增加,从而导致了坦克机动性的降低和耗油量的增加等一系列问题。

步骤3:定义需要改善的参数。

可以从以下两个方向来改善技术系统:

(1) 改善已有的正面参数。

(2) 消除(或弱化)负面参数。

通过步骤2的分析,可以找到需要改善的参数。

实例:在例9-1中,可以清楚地看出当前问题是如何产生的,各个相关参数是如何被串起来成为一个链状结构的(见图9-6)。

用自然语言可以描述为:为了改善(提高)坦克的抗打击能力,就改善(增加)坦克的装甲厚度,这直接导致了坦克战斗全重的恶化(增加),间接导致了坦克机动性的恶化(降低)和坦克耗油量的恶化(增加)。

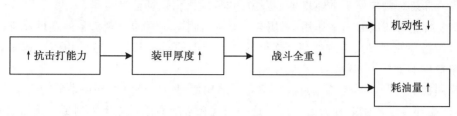

图 9-6 例 9-1 的逻辑链

从上述逻辑推导可以看出：要改善的参数是坦克的抗打击能力。对应到 39 个通用工程参数中,最合适的是强度。所以,在例 9-1 中,要改善的参数就是强度。

9.3.2 定义技术矛盾

技术矛盾是发生在技术系统中的冲突。如果对技术系统中某一参数的改善会导致系统中其他参数的恶化,就表明技术系统中存在冲突。前面,已经确定了需要改善的参数。在这里,需要将技术矛盾明确地定义出来。

实例：在例 9-1 中,可以清楚地看出：由于改善了强度这个参数,直接导致了装甲厚度的增加,从而引起了坦克战斗全重的增加。所以,恶化的参数就是坦克的战斗全重,对应到 39 个通用工程参数中,最合适的是运动对象的重量。

可以定义出技术矛盾：当我们改善技术系统的参数"强度"的时候,导致了技术系统另一个参数"运动对象的重量"的恶化,表示为

$$\uparrow 强度 \to 运动对象的重量 \downarrow$$

当然,也可以将装甲厚度、机动性或耗油量作为恶化的参数。在本例中,只是选择了坦克的重量这个参数而已。选择不同的恶化参数,会得到不同的技术矛盾。

9.3.3 解决技术矛盾

定义了技术矛盾以后,就可以使用矛盾矩阵来寻找解决问题的思考方向了。在矛盾矩阵左起第一列中找到改善的参数：强度;在矩阵上起第一行中,找到被恶化的参数：运动对象的重量。从强度向左,从运动对象的重量向下分别作两条射线,在这两条射线的交叉点所在的单元格中,我们得到 4 个序号：1、8、40、15(见本书附录 C)。

下面,我们看看从矛盾矩阵中得到的每个发明原理以及每个发明原理中的指导原则。

原理 1"分割"的指导原则如下：

(1) 将一个对象分成多个相互独立的部分。

(2) 将对象分成容易组装(或组合)和拆卸的部分。

(3) 增加对象的分割程度。

应用指导原则(1),考虑将装甲分为多个不同的相互独立的部分。

应用指导原则(2),考虑将装甲分割为多个容易组装和拆卸的部分。

应用指导原则(3),考虑增加装甲的可分性,将装甲分割为更多的相互独立的部分,可以是成千上万,甚至上百万份。

原理 8"重量补偿"的指导原则如下：

(1) 将某对象与另一个能提供上升力的对象组合,以补偿其重量。

(2) 通过与环境的相互作用(利用空气动力、流体动力等)实现对象的重量补偿。

应用指导原则(1),考虑将某种能够提供上升力的对象与坦克或装甲组合起来,利用该对象提供的上升力来补偿坦克装甲的重量。

应用指导原则(2),考虑通过改变坦克的结构使坦克能够利用环境中的物质来获得上升力,即能够自己产生上升力的坦克。这一原理在水陆两用坦克上得到了广泛的应用。

原理40"复合材料"指导原则是:用复合材料代替均质材料。

应用该原理意味着用复合材料代替先前的均质材料。我们知道,不同的复合材料可以具有不同的特性,很多复合材料可以同时满足高强度和低密度的要求。

原理15"动态特性"的指导原则如下:

(1) 调整对象或对象所处的环境,使对象在各动作、各阶段的性能达到最佳状态。

(2) 将对象分割为多个部分,使其各部分可以改变相对位置。

(3) 使不动的对象可动或可自动适应。

应用指导原则(1),考虑调整坦克、装甲或作战环境的性能,使坦克在工作的各个阶段达到最优的状态。

应用指导原则(2),考虑将装甲分割为多个可以改变相对位置的部分。

应用指导原则(3),考虑让原本"静止"的装甲变得"可动"或可以根据环境的变化自动调整自己的状态。

结论:将原理1的指导原则(2)、原理40和原理15的指导原则(2)结合起来,可以得到一个解决方案:用复合材料制造一块一块容易组装和拆卸、可以动态配置的装甲板,按照需要动态地配置于坦克车体的各个部位(见图9-7)。

图9-7 复合装甲在坦克车体上的配置

在利用发明原理和矛盾矩阵解决技术矛盾的时候,还应该注意以下几点:

首先,要认真阅读推荐的发明原理,体会每个指导原则的含义,不拒绝任何想法,并尝试将其应用于技术系统。

其次,对于对应单元格中给出的这些发明原理,既可以单独使用,也可以考虑将两个或多个发明原理或指导原则合并起来使用。

最后,如果所有给出的发明原理或指导原则都无法解决该问题,则需重新分析问题,重新定义技术矛盾,直到找出可用的概念解决方案为止。

9.4 物理矛盾与分离方法

阿奇舒勒定义物理矛盾(Physical Contradiction,PC)这个概念来描述以下情况:对同一个对象的某个特性提出了互斥的要求。例如,某个对象既要大又要小,既要长又要短,既要快又要慢,既要高又要低,既要有又要无,既要导电又要绝缘,等等。物理矛盾是对技术系统的同一参数提出相互排斥的需求这样一种物理状态。无论对于技术系统的宏观参数,如长度、电导率及摩擦系数等,还是对于描述微观量的参数,如粒子浓度、离子电荷及电子速度等,都可以对其中存在的物理矛盾进行描述。

物理矛盾反映的是唯物辩证法中的对立统一规律,矛盾双方存在两种关系:对立的关系及统一的关系。一方面,物理矛盾讲的是相互排斥,即同一性质相互对立的状态,假定非此即彼;另一方面,物理矛盾又要求所有相互排斥和对立状态的统一,即矛盾的双方存在于同一客体中。

对于包含物理矛盾的对象来说,承载物理矛盾的那个特性可能只依附于一个具体的参数(例如长度、温度等),也可能是几个具体参数(例如摩擦力、成本等)的综合表现。常见的物理矛盾既可以是针对几何参数、物理参数的,也可以是针对功能参数的(见表9-3)。

表 9-3　常见的物理矛盾

类别	物理矛盾							
几何类	长与短	对称与非对称	平行与交叉	厚与薄	圆与非圆	锋利与钝	窄与宽	水平与垂直
材料及能量类	多与少	密度大与小	导热率高与低	温度高与低	时间长与短	黏度高与低	功率大与小	摩擦力大与小
功能类	喷射与堵塞	推与拉	冷与热	快与慢	运动与静止	强与弱	软与硬	成本高与低

例 9-2　飞机机翼的改进。

在飞机的改型设计中,为了提高飞机的飞行速度,设计人员希望用一种推力更大的新型发动机来代替原有的发动机。但是,新型发动机的重量要比老式发动机大很多,这使得飞机的总重量大大增加。因此,在起飞时,原有机翼所提供的升力将无法满足要求。

为了解决这个问题,可以增加机翼的面积。这样就能够在起飞的过程中产生更大的升力。但是,当飞机高速飞行时,增大了面积的机翼将产生更大的阻力,这又会降低飞机的飞行速度。

在这个例子中,针对"机翼面积"这个参数出现了相反的(互斥的、矛盾的)需求。

一方面,为了提高飞行速度,需要推力更大的新型发动机。为容纳新型发动机比原有发动机更大的重量,需要在起飞的时候提供更大的升力,为此,需要增大机翼面积。

另一方面,为了提高飞机的飞行速度,需要较小的飞行阻力,而机翼是产生飞行阻力的主要部位之一,增大机翼的面积会增大机翼的阻力。因此,需要减小机翼面积。

9.4.1 定义物理矛盾

物理矛盾也是一种常见的矛盾,当对一个系统的某个参数提出具有相反的要求时,就出现了物理矛盾。通常,我们在解决问题的时候,目标之所以无法实现,就是因为没有解决最重要的矛盾。一个好的解决方案应该是这样的:在使一个特性(在本例中,是重量、机翼面积)保持不变或得到改善的基础上,使目标特性得到改善(在本例中,希望得到改善的特性是速度)。解决问题的方法往往并不是显而易见的,需要解决问题的人具有一定的创造性。

在常规设计中,对于这样的问题往往会采用折中或妥协的方法,或者仅仅满足两个矛盾的特性中"比较重要的"那个特性,而对于另一个"不重要的"特性则可以用其他辅助性手段来进行处理。但是,对于TRIZ来说,追求的就是解决矛盾,建立一个"完美的"系统,即在不使其他特性恶化的前提下,改善那个"重要的"特性。

例 9-3 飞机的载油量。

增加飞机的巡航半径,飞机需要携带更多的燃油。但是,多携带燃油会增加飞机的重量,导致其单位航程耗油量的增加,从而缩短其巡航半径。这个问题以前是通过给飞机携带副油箱的方式得以解决的。此时,副油箱被看作是飞机的一个子系统。随着技术系统的进化,副油箱逐步从飞机这个技术系统中脱离出来,转移至超系统,并最终演变为现代的空中加油机。其结果是,飞机"携带"的燃油既多(飞机"携带"了空中加油机,空中加油机可以"携带"很多燃油)又少(飞机自身所"携带"的燃油少),满足了互斥的需求。

采用这种方式,一方面,由于飞机不需要携带副油箱,使得飞机的飞行重量降低,系统得以简化;另一方面,加油机可以"携带"比副油箱多得多的燃油,大大提高了为飞机补充燃油的效率。

综上所述,物理矛盾可以精确地表达为:对象应该具有特性"P",以便满足需求 A;同时,对象应该具有特性"非 P",以便满足需求 B(A+,A-)。

读者可以参考以下的两种模板来定义物理矛盾(模板中下画线的部分应填入相应的具体内容)。

模板 1:

<u>技术系统的名称</u>中<u>对象的名称</u>应该是(具有)<u>特性</u>,以便对<u>系统的第一种需求</u>;同时,又不应该是(具有)<u>特性</u>,以便对<u>系统的第二种需求</u>。

例如:<u>飞机</u>中<u>机翼</u>应该是(具有)<u>大</u>,以便<u>在起飞时提供更大的升力</u>;同时,又不应该是(具有)<u>大</u>,以便<u>在高速飞行时具有较小的阻力</u>。

模板 2:

<u>技术系统的名称</u>中<u>对象的名称</u>的<u>关键参数</u>应该为<u>关键参数的第一个值</u>,以便<u>技术系统的第一种功能或特性</u>;同时,<u>关键参数</u>又应该为<u>关键参数的第二个值</u>,以便<u>技术系统的第二种功能或特性</u>。

例如:<u>飞机</u>中<u>机翼</u>的<u>面积</u>应该<u>大</u>,以便<u>在起飞时提供更大的升力</u>;同时,<u>面积</u>又应该<u>小</u>,以便<u>在高速飞行时具有较小的阻力</u>。

在定义物理矛盾时,到底使用哪个模板,要具体问题具体分析。当然,这两个模板只是参考,读者完全可以在此基础上灵活应用,以更加适合的方式来表达问题中所蕴含的物理矛盾。

9.4.2 物理矛盾的定义步骤

定义物理矛盾的步骤,可以分为以下 4 步:
(1) 进行技术系统的因果分析。
(2) 从因果分析中定义出技术矛盾。
(3) 提取物理矛盾。在这对技术矛盾中找到一个参数及其相反的两个要求。
(4) 定义理想状态。提取技术系统在每个参数状态的优点,提出技术系统的理想状态。

工程系统中常常遇到各种问题,如何将一个问题转换成物理矛盾是非常重要的。针对某种实际的问题情境,一般可以通过以上步骤逐步完成对其中物理矛盾的准确描述。

以制造汽车过程中的一个问题为例:

在制造汽车的时候,特别是制造重型卡车的时候,需要汽车非常坚固,并且能承载更多的货物。所以一般大型汽车、重型卡车需要运用大量的钢材来制造更大更厚实的车厢。但是这样会使汽车重量非常重,导致在行驶过程中需要耗费更多的燃油。

针对这样的实际问题,将它转换成物理矛盾的时候,需要找到某一个有对立要求的参数,我们就按照以上步骤找到这个对立的参数。

对于卡车车身这一实例中存在的技术矛盾是:强度 vs. 运动物体的重量。

物理矛盾则可以简单表述为:卡车车身的材料密度既要是高的,同时又要是低的。

9.4.3 4 种分离方法

物理矛盾解决方法的核心思想是实现矛盾双方的分离。为此,阿奇舒勒总结出了 11 个分离原理,告诉我们如何改变系统才能消除物理矛盾。但是,在实际工作中我们很难将 11 个分离原理一一记住。为了让使用者能更方便地利用分离的思想进行思考,现代 TRIZ 在总结解决物理矛盾的各种方法的基础上,将阿奇舒勒 11 个分离原理概括为 4 种分离方法,即时间分离、空间分离、条件分离、系统级别上的分离。这 4 种方法的核心思想就是为了将针对同一个对象(系统、参数、特性、功能等)的相互矛盾的需求分离开,从而使矛盾的双方都得到完全的满足。它们之间不同之处在于,不同的分离方法选择了不同的方向来分离矛盾的双方。例如,时间分离所选择的求解方向就是在时间上将矛盾双方互斥的需求分离开。

1. 时间分离

时间分离是指在时间上将矛盾双方互斥的需求分离开,即通过在不同的时刻满足不同的需求以解决物理矛盾。

当系统中存在互斥需求(P 和 −P)的时候,如果其中的一个需求(P)只存在于某个时间段内,而在其他时间段内并没有这种需求,就可以使用时间分离的方法将这种互斥的需求分离开。

例如：

(1) 在十字路口，去往不同方向的汽车都要通过相同的区域。但是，它们又不能同时通过相同的区域，否则就会造成交通事故。利用红绿灯就可以使去往不同方向的汽车在不同的时间通过相同的区域。

(2) 在下雨的时候，我们希望伞能够尽量大一些，以便更好地遮挡风雨；在不下雨的时候，我们希望伞能够尽量小一些，以便随身携带。折叠伞就很好地解决了这个矛盾。

例 9-4 舰载机（见图 9-8）。

为了增强航空母舰的战斗力，航空母舰上需要搭载尽可能多的舰载机。由于长度的限制，航空母舰上供飞机起飞的跑道是非常短的。为了在这么短的跑道上起飞，飞机机翼应该大一些，以便在相对较低的速度下获得较大的升力，使飞机顺利起飞；另一方面，为了在空间有限的航空母舰上搭载尽可能多的舰载机，飞机机翼应该尽可能小一些。

图 9-8　舰载机

(1) 分析。在这个问题中，对于机翼互斥的需求是：既要大，又要小。

(2) 物理矛盾。机翼既应该是大的，又应该是小的，这显然是违反物理规律的。

(3) 详细的矛盾。当舰载机从航空母舰的飞行甲板上起飞的时候，需要较大的升力，因此希望机翼大；当舰载机停放在航空母舰的飞行甲板上或机库里的时候，为了减小其所占用的空间，希望机翼小。可以看出，对舰载机机翼的互斥需求在时间轴上是不重叠的。因此，可以考虑用时间分离的方法来解决这个物理矛盾。

(4) 简化的问题。当飞机从飞行甲板上起飞的时候，如何使机翼保持在"大"的状态；当飞机停放在机库里的时候，如何使机翼保持在"小"的状态？有没有一种方法可以使机翼在需要大的时候变大，在需要小的时候变小呢？

解决方案： 将飞机的机翼设计成可折叠的，当飞机起飞的时候，机翼打开，就处于"大"的状态；当飞机处于停放状态时，将机翼折叠起来，就处于"小"的状态了（见图 9-9）。

2. 空间分离

空间分离是指在空间上将矛盾双方互斥的需求分离开，即系统在不同的空间位置满足不同的需求，或在系统的不同部位满足不同的需求，从而解决物理矛盾。当系统

图 9-9　舰载机的可折叠机翼

中存在互斥需求（P 和 -P）的时候，如果其中的一个需求（P）只存在于某个空间位置，而在其他空间位置并没有这种需求，就可以使用空间分离的方法将这种互斥的需求分离开。

例如：

（1）在十字路口，去往不同方向的汽车都要通过相同的区域。但是，它们又不能同时通过相同的区域，否则就会造成交通事故。利用立交桥可以使去往不同方向的汽车在同一时间利用不同的空间位置通过该区域。

（2）在利用声呐（见图 9-10）对海底进行测量的过程中，如果将声呐探测器安装在船上，那么轮船发出的噪声会影响测量的精度。解决这个问题的方法之一就是用一根很长的电缆将声呐探测器拖在船后很远的地方。从而在空间上将声呐探测器与产生噪声的船分离开。

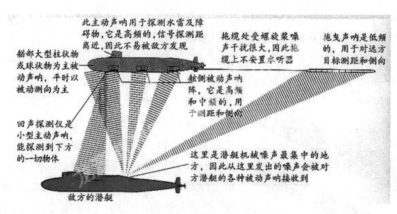

图 9-10　声呐示意图

（3）烧菜的时候，锅应该是热的，以便加热食物；同时，锅又应该是不热的，以便厨师用手"抓"住锅进行操作。因此，在锅上安装了用耐高温塑料或木头制成的柄，使锅的不同部位满足不同的需求。

3. 条件分离

条件分离是指根据条件的不同将矛盾双方互斥的需求分离开，即通过在不同的条件下满足不同的需求,从而解决物理矛盾。

当系统中存在互斥需求(P和-P)的时候,如果其中的一个需求(P)只在某一种条件下存在,而在其他条件下不存在,就可以使用条件分离的方法将这种互斥的需求分离开。

例如:

(1) 在十字路口,去往不同方向的汽车都要通过相同的区域。但是,它们又不能同时通过相同的区域,否则就会造成交通事故。利用"环岛"使去往不同方向的汽车在同一时间通过相同的区域,就是条件分离(汽车从各个入口进入环岛,再按照不同的目的地,选择不同的出口从环岛出来)。

(2) 水是"软"的,鱼儿在水中可以自由遨游;水又是"硬"的,利用高压水可以切割很厚的金属板。可以说,水是软还是硬取决于水的速度这个条件。

例9-5 可变色的眼镜。

对于近视的人来说,当太阳光很强的时候,希望镜片的颜色深一些;当太阳光弱的时候,希望镜片的颜色浅一些,甚至是无色。即,物理矛盾是:镜片的颜色既应该是深的,又应该是浅的。

解决方案: 在镜片中加入少量氯化银和明胶。其中,氯化银是一种见光能够分解的物质,分解出来的金属银的颗粒很细,但可使镜片的颜色变暗变黑,降低镜片的透明度。在没有太阳光直射的情况下,明胶能使已经分解出来的银和氯重新结合,转变为氯化银。利用这种镜片制成的眼镜可以根据光线强度的不同,呈现不同深浅的颜色。

4. 系统级别上的分离

系统级别上的分离是指在系统级别上将矛盾双方互斥的需求分离开,即通过在不同的系统级别上满足不同的需求,从而解决物理矛盾。

当系统中存在互斥需求(P和-P)的时候,如果其中的一个需求(P)只存在于某个系统级别上(例如,只存在于系统级别上),而不存在于另一个系统级别上(例如,不存在于子系统或超系统级别上)时,就可以使用系统级别分离的方法将这种互斥的需求分离开。

例如,自行车链条应该是柔软的,以便精确地环绕在传动链轮上,它又应该是刚性的,以便在链轮之间传递相当大的作用力。因此,系统的各个部分(链条上的每一个链节)是刚性的,但是系统在整体上(链条)是柔性的(见图9-11)。

例9-6 近视眼镜和远视眼镜的集成。

有些人同时具有两种视力问题:近视和远视。我们知道,近视和远视可以分别通过不同的眼镜来进行视力矫正。但是,对于既近视又远视的情况,该怎么办呢?

这里,找到的物理矛盾是:人到中年,由于晶体调节能力的减弱,解决既要看远处,又

图9-11 套筒滚子链在不同的系统级别上表现出不同的特性

要看近处的问题成为当务之急。

解决方案：

（1）空间分离。1784年，富兰克林将两种不同度数的镜片装入一个眼镜框中，以解决既要看远又要看近的问题，成为眼镜发展史上的一个里程碑。随后人们相继发明了许多种双光眼镜，给工作与生活带来极大的便利。这一成就在人们不断的改进和发展中持续了将近200年。直到1959年，一种新产品——渐进多焦点的问世，给人们带来了新的喜悦。渐进多焦点眼镜片在国外一些先进国家已经得到广泛的认可。

（2）时间分离。两副眼镜，根据需要换着戴。

（3）条件分离。像照相机镜头那样的自聚焦透镜。

（4）系统级别上的分离。可以改变曲率和焦距的塑料透镜。

解决物理矛盾的核心思想是这样的：利用分离方法，将对同一个对象的某个特性的互斥要求分离开，并分别予以满足。

9.5　技术矛盾与物理矛盾的关系

物理矛盾和技术矛盾是相互联系的（见图9-12）。例如，为了提高子系统Y的效率，需要对子系统Y加热，但是加热会导致其邻近子系统X的降解，这是一对技术矛盾。同样，这样的问题可以用物理矛盾来描述，即温度要高又要低。高的温度提高Y的效率，但是恶化X的质量；而低的温度不会提高Y的效率，也不会恶化X的质量。所以技术矛盾与物理矛盾之间是可以转化的。在很多时候，技术矛盾是更显而易见的矛盾，而物理矛盾是隐藏得更深入的、更尖锐的矛盾。

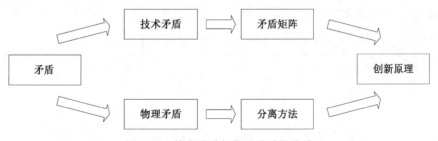

图9-12　技术矛盾与物理矛盾的关系

技术矛盾和物理矛盾两者的区别是：

（1）技术矛盾是存在于两个参数（特性、功能）之间的矛盾，物理矛盾是针对一个参数（特性、功能）的矛盾。

（2）技术矛盾涉及的是整个技术系统的特性，物理矛盾涉及的是系统中某个元素的某个特征的物理特性。

（3）物理矛盾比技术矛盾更能体现问题的本质。

对于同一个技术问题来说，技术矛盾和物理矛盾是从不同的角度，在不同的深度上对同一个问题的不同表述。

9.5.1 将技术矛盾转化为物理矛盾

在一个工程问题中,可能会同时包含多个矛盾。对于其中的某一个矛盾来说,它既可以被定义为技术矛盾,也可以被定义为物理矛盾。技术矛盾与物理矛盾之间是可以相互转化的,利用这种转化机制,可以将一个冲突程度较低的技术矛盾转化为一个冲突程度较高的物理矛盾。

在一个技术矛盾中,两个参数之所以形成了类似于"跷跷板"的这种技术矛盾关系,就是因为这两个参数之间是相关的,即可以通过逻辑推导建立一条连接两个参数的逻辑链。

从逻辑上来说,当两个互斥的需求分别被这条链上的两个不同结点所承载的时候,这两个结点就构成一个技术矛盾。同理,当互斥的要求汇聚于链上的某一个结点的时候,就表现为一个物理矛盾。因此,将技术矛盾转化为物理矛盾的过程,就是将两个分别位于不同结点上的互斥的需求汇聚到一个结点上的过程(见图 9-13)。

$$A \longrightarrow C \longrightarrow D \longrightarrow E \longrightarrow F \longrightarrow B$$

构成技术矛盾的两个参数(A 和 B)之间存在联系

$$A \longrightarrow C \longrightarrow D \longleftarrow E \longleftarrow F \longleftarrow B$$

当互斥的需求汇聚到一个结点(D)上时,就表现为物理矛盾

图 9-13 技术矛盾转化为物理矛盾

9.5.2 分离方法与发明原理的对应关系

研究表明,解决物理矛盾的 4 种分离方法与解决技术矛盾的 40 个发明原理之间存在一定的关系。对于每种分离方法,可以有多个发明原理与之对应(见表 9-4)。

表 9-4 分离方法与发明原理之间的对应关系

分离方法	发明原理
空间分离	1. 分割原理
	2. 抽取原理
	3. 局部质量原理
	17. 空间维数变化(一维变多维)原理
	13. 反向作用原理
	14. 曲率增加(曲面化)原理
	7. 嵌套原理
	30. 柔性壳体或薄膜原理
	4. 增加不对称性原理
	24. 借助中介物原理
	26. 复制原理

续表

分离方法		发明原理
时间分离		15. 动态特性原理
		11. 预先作用原理
		19. 周期性作用原理
		16. 未达到或过度的作用原理
		21. 减少有害作用的时间(快速通过)原理
		26. 复制原理
		18. 机械振动原理
		37. 热膨胀原理
		34. 抛弃和再生原理
		9. 预先反作用原理
		20. 有益作用的连续性原理
条件分离		35. 物理或化学参数改变原理
		32. 颜色改变(改变颜色、拟态)原理
		36. 相变原理
		31. 多孔材料原理
		38. 强氧化剂(使用强氧化剂、加速氧化)原理
		39. 惰性环境原理
		28. 机械系统替代原理
		29. 气动与液压结构原理
系统级别上的分离	转换到子系统	1. 分割原理
		25. 自服务原理
		40. 复合材料原理
		33. 同质性(均质性)原理
		12. 等势原理
	转换到超系统	5. 组合(合并)原理
		6. 多功能性(多用性、广泛性)原理
		23. 反馈原理
		22. 变害为利原理
	转换到竞争性系统	27. 廉价替代品原理
	转换到相反系统	13. 反向作用原理
		8. 重量补偿原理

【实验与思考】 应用矛盾方法获取问题解决方案

1. 实验目的

本实验与思考的目的是:

(1) 理解技术矛盾和物理矛盾以及它们在 TRIZ 理论体系中的意义。

(2) 了解 39 个通用工程参数及其含义,了解通用工程参数所具有的高度概括性和应用的灵活性。

(3) 熟悉 4 种分离方法。

(4) 通过对飞机发动机整流罩改进的案例来熟悉技术矛盾的定义和矛盾矩阵的作用。

(5) 通过实践,掌握定义物理矛盾和用分离方法解决物理矛盾的基本方法。

2. 工具/准备工作

在开始本实验之前,请回顾教科书的相关内容。

需要准备一台能够访问因特网的计算机。

3. 实验内容与步骤

(1) 概念理解。

① 什么是技术矛盾?

答:_____

_____

试列举生活中你所遇到的技术矛盾的实例。

实例 1:_____

实例 2:_____

实例 3:_____

② 什么是物理矛盾?

答:_____

_____

试列举生活中你所遇到的物理矛盾的实例。

实例 1:_____

实例 2：_____

实例 3：_____

③ 定义 39 个通用工程参数有什么意义？
答：_____
_____
_____
_____

④ 有哪 4 种分离方法？定义这 4 种分离方法有什么意义？
_____分离：_____
_____

_____分离：_____
_____

_____分离：_____
_____

_____分离：_____
_____

定义的意义：_____
_____
_____

⑤ 请举例说明技术矛盾的解题步骤。
第一步：_____
_____
_____

第二步：_____
_____
_____

第三步：_____
_____
_____

(2) 应用技术矛盾和矛盾矩阵解决飞机发动机整流罩改进问题。

问题：为加大航程，在改进波音 737 的设计中加大了发动机功率，但随之出现的问题是，飞机的发动机也必须做相应的改进。而由于在加大功率的情况下发动机需要进更多的空气,发动机的改进又使发动机整流罩的截面积尺寸加大,整流罩与地面的距离将会缩小,而起落架的高度是无法调整的,这样,飞机起降的安全性受到影响。摆在设计者面前的关键问题,就是如何改进发动机的整流罩,而不降低飞机的安全性(见图9-14)。

图9-14 飞机发动机

显然,在上面这个实例中,存在着亟待解决的技术问题。请你从这些实际问题中提取典型的技术矛盾,并考虑利用矛盾矩阵获得问题的解决方案。

请记录:

你选取的技术问题是:_____

_____

步骤1:确定技术系统的所有组成元素:_____

_____

步骤2:请画出问题的逻辑链:

问题描述:_____

_____

_____

_____

步骤3:定义技术矛盾,定义需要改善的参数和被恶化的参数。

改善的参数:_____

被恶化的参数:_____

步骤4:解决技术矛盾。在矛盾矩阵的交叉点单元格中得到的发明原理序号是:

_____

通过查阅,写下对应的发明原理及其指导原则。

原理（　）：_____
　指导原则1：_____
　_____
　指导原则2：_____
　指导原则3：_____
　_____

原理（　）：_____
　指导原则1：_____
　_____
　指导原则2：_____
　_____
　指导原则3：_____

原理（　）：_____
　指导原则1：_____
　指导原则2：_____
　_____
　指导原则3：_____
　指导原则4：_____
　指导原则5：_____
　_____

原理（　）：_____
　指导原则1：_____
　_____
　指导原则2：_____
　_____

步骤5：结论。写下你所获得的创新问题解决方案。
_____
_____
_____
_____

（3）应用物理矛盾和分离方法解决黏胶问题。

问题：标准的胶是一种黏稠的液体。胶必须是有黏性的,这样可使需粘连的表面可以粘连。但是,当把胶涂在某表面时,胶也常常将手指粘连。这种情况是我们不希望的。

对上述材料进行分析,试找出其中的物理矛盾,并运用分离方法加以解决。

请记录：

你所定义的物理矛盾是：_____

_____

你所选择的分离方法是：_____

你所给出的解决方案是：

_____

_____

_____

_____

4. 实验总结

_____

_____

_____

5. 实验评价（教师）

_____

_____

科学效应及其运用

【脑洞大开】 浙江发布小微企业成长报告

2016年11月29日,浙江服务小微企业成长暨2016民企"双对接"活动周拉开帷幕,会上浙江省工商局首次对外发布《浙江省小微企业成长报告(2015—2016)》。报告显示,2016年前三季度,浙江省新增小微企业18.14万家,新成立的小微企业中,创业者平均年龄36岁,其中近六成新创客为80后(36周岁及以下),90后(26周岁及以下)创客也在不断增加;超六成为第三产业,高科技、新兴产业成为增长热点;浙江省拥有特色小镇79个,市级以上众创空间数量172个,与北京、上海等一线城市相当;浙江农村电商发展迅猛,截至目前共有506个淘宝村和51个淘宝镇,均位居全国第一。

80后、90后创客渐成主力军

浙江是小微企业大省,也是小微企业最为活跃的省份之一。近两年,浙江省新增小微企业数量连续攀升。2016年前三季度,全省新增内资私营企业22.68万家,其中注册资本在500万元以下的小微企业18.14万家,占80%。

小微企业新设数量持续攀升的同时,经济贡献也逐年增强。根据省统计局的数据,2016年前三季度,全省规模以上小微企业实现工业增加值4130.6亿元,同比增长6.7%。

2016年前两季度的调查发现,80后、90后和大学生逐步成为创新创业主力军。浙大系、浙商系、阿里系、海归系等创业"新四军"成为浙江省小微创业的新生力量。

数据显示,全省新创企业法定代表人平均年龄为36岁,其中40岁以下占比超过65%。新成立的小微企业法人代表是80后(36周岁以下)的,在第一季度和第二季度分别占了54.24%和62.05%,占了上半年增量的58.8%。

90后(26周岁及以下)创客也在不断增加。数据显示,新成立的小微企业法人代表是90后的从第一季度的12.65%升至第二季度的15.5%,占2016年上半年增量的14.3%,这相当于7个新"创客"中至少有1个是90后。

全国1/3的淘宝村、淘宝镇出自浙江

"电子商务"这个词汇,对于不少农民来说已变得再熟悉不过。在刚刚过去的"双11"购物狂欢节,遂昌县的6000多个农村电商人通宵奋战,一根光纤、一台电脑,借助电子商务,他们把遂昌的农特产品卖往全国各地。

遂昌县网店协会成立于2010年,专注农村电子商务公共服务平台建设,搭建网上技术服务平台+线下公共服务平台;2011年成立了浙江遂网电子商务有限公司;2012年,淘宝网与遂昌县政府签订中国首个淘宝与县级政府战略合作协议,浙江遂网承接淘宝网"特色中国遂昌馆"运营。据不完全统计,今年1月至今,遂昌农特产品的网上销售额已经突破7.5亿元,同比去年增长了30%。

近年来,浙江农村电商业态不断推陈出新,形成了以"电子商务综合服务商+网商+特色产业"为核心的"遂昌模式",依托中心城市发展县域电商经济的"临安、桐庐模式",以品种繁多的商品供应对接互联网需求补充线下专业市场短板的"义乌模式"等一系列新型三农小微孵化模式。

目前全省共有506个淘宝村,占全国数量的38.6%,位居全国第一;共有51个淘宝镇,占全国数量的37.8%,位居全国第一。其中,义乌、温岭、瑞安在全国仅有的38个淘宝村集群中位列前十,义乌、余杭位列全国淘宝村企业网店最多的前五大县区。

政府扶持创业便利,浙江拥有众创空间172个

如果把创业者比作"种子",众创空间就是创新"土壤"。受限于自身实力和规模,不少小微企业在市场中会遇到种种困难,高昂的房租就是他们面临的首要问题。

重庆人韩先生来杭州不到一年时间,目前是一家互联网公司的公关经理。他表示,公司所在的梦想小镇为初创型企业提供了不少政策优惠。"占地3000平方米的办公楼,5年免租金,办公设备一应俱全,拿着电脑就可以来办公,水电、物业等费用的60%也由小镇支付。"

众创空间为创业者提供了低成本、便利化、开放式的创业服务。例如梦想小镇,目前集聚了4000多名创业人才的350余个创业项目,除了租金、水电费用上的减免,小镇周边提供远低于市场价格的人才公寓配套,创业者根据学历每月可享受300元至500元的住房补贴。工商部门还设立了专门针对创业者的服务点,包括工商注册、材料申报、税费减免、资金项目配对等,政府提供配套服务,企业足不出户即可实现网上申报、网上办理。此外,政府大力扶持创业创新,为人才创业、企业创新提供了雄厚的资金后盾。

据统计,目前浙江省拥有79个特色小镇,涵盖了10个地级市,覆盖了全省七大万亿重点产业的所有行业类型,并在浙江传统文化、历史经典产业上也进行布局。一大批从事信息、旅游、高端装备制造以及互联网+的新兴产业的小微企业入驻特色小镇。

全省市级以上众创空间数量达172个,其中杭州市有75个。众创空间面积累计168.5万平方米,入驻企业累计1143家,一共发放创新券4.15万亿元。此外,市级以上科技孵化器数量为88个,入驻企业达8481家。

七大产业新增4万多家,科技型小微企业十分抢眼

浙江省小微企业中,第三产业占比逐步提高,从2014年末的58.3%增加到今年三季度末的61.67%。目前全省小微企业一、二、三次产业的比例为2:34:64。

高科技、新兴产业成为新设小微企业增长热点。科学研究和技术服务业、信息行业和文娱行业的比重分别达到9.29%、7.79%和3.77%,新兴产业与高成长行业的比重持续上升。

信息产业、节能环保产业、大健康产业、旅游产业、时尚产业、金融产业与高端装备制造业等七大万亿重点产业的小微企业快速增长。今年1~9月,全省新增七大万亿产业小微企业4.3万家,占新增小微企业总量的22.2%,其中信息经济产业、金融产业和时尚产业的新增量最多,分别占33.97%、21.54%和21.05%,加快形成了以信息经济、现代服务业和高端制造业为主体的产业结构,进一步夯实了全省经济转型升级的基础。

阅读上文,请思考、分析并简单记录:

(1) 李克强总理为什么要积极倡导"大众创业,万众创新"?请简述之。

答:_____

(2) 你怎么看待"大学生创业"和"大学毕业生创业"?你身边有在校大学生创业的成功案例吗?

答:_____

(3) 参考本文的叙述,你认为小微企业的发展关键点在哪里?

答:_____

(4) 请简单记述你所知道的上一周发生的国际、国内或者身边的大事。

答:_____

10.1 效应与社会效应

所谓效应(effect),是指在有限环境下,一些因素和一些结果构成的一种因果现象,多用于对一种自然现象和社会现象的描述。效应一词使用的范围较广,并不一定指严格的科学定理、定律中的因果关系,例如温室效应、蝴蝶效应、毛毛虫效应、音叉效应、木桶效应、完形崩溃效应等。

社会效应是指在人们日常生活中比较常见的现象与规律,是某一个人或事物的行为或作用引起其他人或事物产生相应变化的因果反应或连锁反应,即对社会产生的效果、反应和影响。

10.1.1 蝴蝶效应

紊乱学(science of disorder)是研究紊乱现象及其规律的综合性学科。对紊乱现象的研究始于20世纪60年代。科学家爱德华·洛伦茨发现,初始的细微差别经过无数的中介,最后会变得面目全非,这种现象在自然界和社会生活中比比皆是。洛伦茨称之为"对初始条件的敏感依赖"。美国康奈尔大学物理学家菲根鲍姆在20世纪70年代中期对紊乱学进行系统的研究,取得了突破性的进展。菲根鲍姆发现的第一个常数是,一个系统在趋向紊乱时周期倍增的精确速度是4.669 201 609。1978年,法国的流体实验证实了这一理论,紊乱学的意义因此向科学界显示出来。美国政府不惜巨资资助这项研究,洛斯阿拉莫斯国家实验室还建立了一个专门的研究中心。1984年,瑞典哥德堡举行的诺贝尔学术讨论会曾讨论了这一学科的研究。

蝴蝶效应(见图10-1)是气象学家洛伦兹1963年提出来的。"紊乱学"研究者称,南半球某地的一只蝴蝶偶尔扇动一下翅膀所引起的微弱气流,几星期后可变成席卷北半球某地的一场龙卷风。他们将这种由一个极小起因,经过一定的时间,在其他因素的参与作用下,发展成极为巨大和复杂后果的现象称为"蝴蝶效应"。此效应说明,事物发展的结果对初始条件具有极为敏感的依赖性,初始条件的极小偏差将会引起结果的极大差异。

图 10-1 蝴蝶效应

"蝴蝶效应"在社会学界用来说明:一个坏的微小的机制,如果不加以及时地引导、调节,会给社会带来非常大的危害,戏称为"龙卷风"或"风暴";一个好的微小的机制,只要正确指引,经过一段时间的努力,将会产生轰动效应,或称为"革命"。

10.1.2 青蛙效应

水煮青蛙(见图10-2)的寓言说:如果把一只青蛙放在沸水中,它会纵身而出;如果把青蛙放进温水中,它会感到很舒服。然后再慢慢升温,即使升至80℃,青蛙也仍然会若无其事地待在水里。随着温度继续上升至90~100℃时,青蛙就会变得越来越虚弱,这时,青蛙已经失去了自我脱险的能力,直至被煮熟为止。在第二种情况下,青蛙为什么不能自我摆脱险境呢?这是因为青蛙内部用来感应自下而上威胁的器官只能感应出激烈的环境变化,而对缓慢、渐进的环境变化却不能及时做出感应。这就是"青蛙效应"。

图 10-2 青蛙效应

"青蛙效应"告诉我们一个道理:"生于忧患,死于安乐。"

10.1.3 木桶效应

在管理学上有一个著名的"木桶理论",是指用一个木桶来装水,如果组成木桶的木板参差不齐,那么它能盛下的水的容量不是由这个木桶中最长的木板来决定的,而是由这个木桶中最短的木板决定的(见图 10-3),所以它又被称为"短板效应"。

在事物的发展过程中,"短板"的长度决定其整体发展程度。正如一件产品质量的高低取决于那个品质最次的零部件,而不是取决于那个品质最好的零部件一样,一个组织的整体素质高低,不是取决于这个组织的最优秀分子的素质,而是取决于这个组织中最差的分子的素质一样。……此种现象在管理学中通常被称为"木桶效应"。

图 10-3 木桶效应

图 10-4 蘑菇管理

10.1.4 蘑菇管理

蘑菇管理(见图 10-4)是许多组织对待初出茅庐者的一种管理方法,初学者被置于阴暗的角落(不受重视的部门,或打杂跑腿的工作),浇上一头大粪(无端的批评、指责、代人受过),任其自生自灭(得不到必要的指导和提携)。相信很多人都有过这样一段"蘑菇"的经历,这不一定是什么坏事,尤其是当一切刚刚开始的时候,当几天"蘑菇",能够消除我们很多不切实际的幻想,让我们更加接近现实,看问题也更加实际。

一个组织,一般对新进的人员都是一视同仁,从起薪到工作都不会有大的差别。无论你是多么优秀的人才,在刚开始的时候,都只能从最简单的事情做起,"蘑菇"的经历,对于成长中的年轻人来说,就像蚕茧一样,是破茧而出前必须经历的一步。所以,如何高效率地走过生命的这一段,从中尽可能汲取经验,成熟起来,并树立良好的值得信赖的个人形象,是每个刚入社会的年轻人必须面对的课题。

10.1.5 80/20效率法则

80/20效率法则(又称为帕累托法则),是指20%的事态成因可以导致80%的事态结果。比如一个公司80%的利润、收入往往来自20%的好客户、20%的好卖产品、20%的卖命员工。

80/20法则对于企业管理者的一个重要启示便是:避免将时间花在琐碎的多数问题上,因为就算你花了80%的时间,你也只能取得20%的成效;你应该将时间花于重要的少数问题上,因为掌握了这些重要的少数问题,你只花20%的时间,即可取得80%的成效。

80/20效率法则表明,少的投入可以得到多的产出,小的努力可以获得大的成绩,关键的少数往往是决定整个组织的效率、产出、盈亏和成败的主要因素。把这一法则运用于人力资本管理中,有可能提高人力资本的使用效率。建议采取5项措施:精挑细选,发现"关键少数"成员;千锤百炼,打造核心成员团队;锻炼培训,提高"关键少数"成员的竞争力;有效激励,强化"关键少数"成员的工作动力;优胜劣汰,动态管理"关键少数"成员团队。

凡事情应该讲求效果,既注重效率,又注重效能。集中火力,处事分先后轻重,远离"无价值",看清问题实质,这就是80/20原则的精髓。

10.2 科学效应及其作用

人类现有的工程技术产品和方法都是在漫长的文明发展过程中,以一定的科学原理为基础,一点一滴地积累起来的。可以毫不夸张地说,人类社会的发展历史就是一部人类发现并利用蕴含在自然界中的科学原理和知识的历史。

由某种动因或原因所产生的一种特定的科学现象称为"科学效应",例如,由物理的或化学的作用所产生的效果,如光电效应、热效应、化学效应等。许多科学效应都以其发现者的名字来命名,如法拉第效应。科学效应和现象是TRIZ中的一种基于知识的解决问题工具。迄今为止,研究人员已经总结出了近万个效应,其中4000多个得到了有效应用。

例如,有一种弹簧,其尺寸和组成材料都是无法改变的。如何在不添加任何辅助结构(不向它添加任何补充弹簧等)的条件下提高弹簧的刚性?其实,方法很简单。如果使每圈弹簧磁化,让同极性挨着,这样在弹簧压缩时就会产生附加的推力。这就是一个典型的利用物理效应来解决技术问题的例子。

如果从时间轴上对两个对象之间的作用进行分析,也可以将存在于两个对象之间的这种作用看作是两个技术过程之间的"纽带",例如压电打火机的点火过程(见图10-5)。

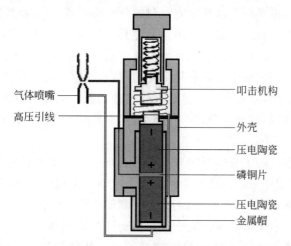

图10-5　打火机压电陶瓷点火器结构

压电打火机是利用压电陶瓷的压电效应制成的。只要用大拇指压一下打火机上的按钮,将压力施加到压电陶瓷上,压电陶瓷即产生高电压,形成火花放电,从而点燃可燃气体。

如果将手指压按钮的动作看成是一个技术过程,将气体燃烧看成是另一个技术过程。那么,将这两个技术过程连接起来的纽带就是压电效应。在这个技术系统中,压电陶瓷的功能就是利用压电效应将机械能转换成电能。

通常,我们可以将效应看作是两个技术过程之间的功能关系。就是说,如果将一个技术过程A中的变化看作是原因的话,那么,技术过程A的变化所导致的另一个技术过程B中的变化就是结果。将技术过程A和技术过程B连接到一起的这种功能关系被称为效应。

随着技术过程的实施,技术系统的某些参数(例如压力、温度、速度、加速度等)会发生改变,即参数在数值上的变化就是技术过程得以实施的具体体现。因此,可以用这些参数来描述技术系统的变化。

随着人类社会的发展,现代科技的分工越来越细,从大学阶段开始,工程师们就分别接受不同专业领域的训练(如机械、电机、化工、土木、信息等)。一个领域的工程师通常不会运用其他领域中解决问题的技巧或方法;同时,随着现代工程系统复杂程度的增加,一个技术领域中的产品往往包含了多个不同专业的知识。要想设计一个新产品或改进一个已有产品,就必须整合不同专业领域的知识才能解决问题。但是,绝大部分工程师都缺乏系统整合的训练。他们往往不知道,在其所面对的问题中,百分之九十已经在其所不了解的其他领域被解决了。知识领域的限制使他们无法运用其他技术领域的解题技巧和知识。因此,可以说,工程师狭窄的知识领域是创新的一大障碍。

10.3　TRIZ理论中的科学效应

TRIZ理论中,按照"从技术目标到实现方法"的方式来组织效应库,发明者可根据TRIZ的分析工具决定需要实现的"技术目标",然后选择需要的"实现方法",即相应的科学效应。TRIZ的效应库的组织结构便于发明者对效应应用。

通过对250万份世界级高水平发明专利的分析研究,阿奇舒勒发现了这样一个现象:那些不同凡响的发明专利通常都是利用了某种科学效应,或者是出人意料地将已知的效应(或几个效应的综合)应用到以前没有使用过该效应的技术领域中。阿奇舒勒指出:在工业和自然科学中的问题和解决方案是重复的,技术进化模式是重复的,只有百分之一的解决方案是真正的发明,而其余部分只是以一种新的方式来应用以前已存在的知识或概念。因此,对于一个新的技术问题,绝大多数情况下都能从已经存在的原理和方法中找到该问题的解决方案。

基于对世界专利库的大量专利的分析,TRIZ理论总结了大量的物理、化学和几何效应,每一个效应都可能用来解决某一类问题。为了帮助工程师们利用这些科学原理和效应来解决工程技术问题,在阿奇舒勒的提议下,TRIZ研究者共同开发了效应数据库,其目的就是为了将那些在工程技术领域中常常用到的功能和特性,与人类已经发现的科学原理或效应所能够提供的功能和特性对应起来,以方便工程师们进行检索。解决高难度问题常见的30种功能见表10-1。

表10-1 解决高难度问题常见的30种功能

序号	实现的功能	功能代码	序号	实现的功能	功能代码
1	测量温度	F1	16	传递能量	F16
2	降低温度	F2	17	建立移动物体和固定物体之间的交互作用	F17
3	提高温度	F3	18	测量物体的尺寸	F18
4	稳定温度	F4	19	改变物体尺寸	F19
5	探测物体的位移和运动	F5	20	检查表面状态和性质	F20
6	控制物体位移	F6	21	改变表面性质	F21
7	控制液体及气体的运动	F7	22	检查物体容量的状态和特征	F22
8	控制浮质(气体中的悬浮微粒,如烟、雾等)的流动	F8	23	改变物体的空间性质	F23
9	搅拌混合物,形成溶液	F9	24	形成要求的结构,稳定物体结构	F24
10	分离混合物	F10	25	探测电场和磁场	F25
11	稳定物体位置	F11	26	探测辐射	F26
12	产生控制力,形成高的压力	F12	27	产生辐射	F27
13	控制摩擦力	F13	28	控制电磁场	F28
14	解体物体	F14	29	控制光	F29
15	积蓄机械能与热能	F15	30	产生及加强化学变化	F30

依据表10-1提供的功能代码,可以在表10-2中查找TRIZ所推荐的此功能下的各种可用科学效应和现象。表10-2列举出了技术创新中的30种功能对应的科学效应和现

象,有兴趣的读者可以通过网络搜索等方法做进一步的深入了解。

表 10-2　技术创新中的 30 种功能对应的科学效应和现象

功能代码	实现的功能	TRIZ 推荐的科学效应和现象	
F1	测量温度	热膨胀 热双金属片 珀耳帖效应 汤姆孙效应 热电现象 热电子发射 热辐射 电阻 热敏性物质 居里效应(居里点) 巴克豪森效应 霍普金森效应	
F2	降低温度	一级相变 二级相变 焦耳-汤姆孙效应 珀耳帖效应 汤姆孙效应 热电现象 热电子发射	
F3	提高温度	电磁感应 电介质 焦耳-楞次定律 放电 电弧 吸收 发射聚焦 热辐射 珀耳帖效应 热电子发射 汤姆孙效应 热电现象	
F4	稳定温度	一级相变 二级相变 居里效应	
F5	探测物体的位移和运动	引入易探测的标识	标记物 发光 发光体 磁性材料 永久磁铁

续表

功能代码	实现的功能	TRIZ 推荐的科学效应和现象	
F5	探测物体的位移和运动	反射和反射线	反射 发光体 感光材料 光谱 放射现象
		形变	弹性变形 塑性变形
		改变电场和磁场	电场 磁场
		放电	电晕放电 电弧 火花放电
F6	控制物体位移	磁力	
		电子力	安培力 洛伦兹力
		压强	液体或气体的压力 液体或气体的压强
		浮力 液体动力 振动 惯性力 热膨胀 热双金属片	
F7	控制液体及气体的运动	毛细现象 渗透 电泳现象 汤姆孙效应 伯努利定律 惯性力 韦森堡效应	
F8	控制浮质(气体中的悬浮微粒,如烟、雾等)的流动	起电 电场 磁场	
F9	搅拌混合物,形成溶液	弹性波 共振 驻波 振动 气穴现象 扩散 电场 磁场 电泳现象	

续表

功能代码	实现的功能	TRIZ 推荐的科学效应和现象	
F10	分离混合物	在电场或磁场中分离	电场 磁场 磁性液体 惯性力 吸附作用 扩散 渗透 电泳现象
F11	稳定物体位置	电场 磁场 磁性液体	
F12	产生控制力,形成高的压力	磁力 一级相变 二级相变 热膨胀 惯性力 磁性液体 爆炸 电液压冲压,电水压振扰 渗透	
F13	控制摩擦力	约翰逊-拉别克效应 振动 低摩阻 金属覆层滑润剂	
F14	解体物体	放电	火花放电 电晕放电 电弧
		电液压冲压,电水压振扰 弹性波 共振 驻波 振动 气穴现象	
F15	积蓄机械能与热能	弹性变形 惯性力 一级相变 二级相变	
F16	传递能量	对于机械能	形变 弹性波 共振 驻波

续表

功能代码	实现的功能	TRIZ推荐的科学效应和现象	
F16	传递能量	对于机械能	振动 爆炸 电液压冲压,电水压振扰
		对于热能	热电子发射 对流 热传导
		对于辐射	反射
		对于电能	电磁感应 超导性
F17	建立移动和固定物体之间的交互作用	电磁场 电磁感应	
F18	测量物体的尺寸	标记	起电 发光 发光体
		磁性材料 永久磁铁 共振	
F19	改变物体尺寸	热膨胀 形状记忆合金 形变 压电效应 磁弹性 压磁效应	
F20	检查表面状态和性质	放电	电晕放电 电弧 火花放电
		反射 发光体 感光材料 光谱 放射现象	
F21	改变表面性质	摩擦力 吸附作用 扩散 包辛格效应	
		放电	电晕放电 电弧 火花放电
		弹性波 共振	

续表

功能代码	实现的功能	TRIZ 推荐的科学效应和现象	
F21	改变表面性质	驻波 振动 光谱	
F22	检查物体容量的状态和特征	引入容易探测的标志	标记物 发光 发光体 磁性材料 永久磁铁
		测量电阻值	电阻
		反射和放射线	反射 折射 发光体 感光材料 光谱 放射现象 X 射线
		电-磁-光现象	电-光和磁-光现象 固体(的场致、电致)发光 热磁效应(居里点) 巴克豪森效应 霍普金森效应 共振 霍尔效应
F23	改变物体的空间性质	磁性液体 磁性材料 永久磁铁 冷却 加热 一级相变 二级相变 电离 光谱 放射现象 X 射线 形变 扩散 电场 磁场 珀耳帖效应 热电现象 包辛格效应 汤姆孙效应 热电子发射 热磁效应(居里点)	

续表

功能代码	实现的功能	TRIZ 推荐的科学效应和现象	
F23	改变物体的空间性质	固体(的场致、电致)发光 电-光和磁-光现象 气穴现象 光生伏打效应	
F24	形成要求的结构、稳定物体结构	弹性波 共振 驻波 振动 磁场 一级相变 二级相变 气穴现象	
F25	探测电场和磁场	渗透	
		带电放电	电晕放电 电弧 火花放电
		压电效应 磁弹性 压磁效应 驻极体,电介体 固体(的场致、电致)发光 电-光和磁-光现象 巴克豪森效应 霍普金森效应 霍尔效应	
F26	探测辐射	热膨胀 热双金属片 发光体 感光材料 光谱 放射现象 反射 光生伏打效应	
F27	产生辐射	放电	电晕放电 电弧 火花放电
		发光 发光体 固体(的场致、电致)发光 电-光和磁-光现象 耿氏效应	

续表

功能代码	实现的功能	TRIZ 推荐的科学效应和现象
F28	控制电磁场	电阻 磁性材料 反射 形状 表面 表面粗糙度
F29	控制光	反射 折射 吸收 发射聚焦 固体(的场致、电致)发光 电-光和磁-光现象 法拉第效应 克尔现象 耿氏效应
F30	产生及加强化学变化	弹性波 共振 驻波 振动 气穴现象 光谱 放射现象 X射线 放电 电晕放电 电弧 火花放电 爆炸 电液压冲压、电水压振扰

10.4 应用科学效应解决创新问题

在设计一个新技术系统时,为了将两个技术过程连接在一起,就需要找到一个"纽带"。虽然我们清楚地知道这个"纽带"应该具备什么样的功能,但是却不知道这个"纽带"到底应该是什么。此时,就可以到科学效应库中,利用"纽带"所应该具备的功能来查找相应的科学效应。

在对现有技术系统进行改造时,往往会希望将那些不能满足要求的组件替换掉。此时,由于该组件的功能是明确的,所以可以将该组件所承担的功能作为目标,到科学效应库中查找相应的科学效应。

应用科学效应解决问题的一般步骤是:

(1) 根据问题的实际情况,定义出解决此问题所需要的功能。
(2) 根据功能从表 10-1 中确定与此功能相对应的代码,即 F1～F30 中的一个。
(3) 从表 10-2 中查找此功能代码,得到 TRIZ 所推荐的科学效应。
(4) 对 TRIZ 推荐的多个科学效应逐一进行筛选,找到适合本问题的科学效应。
(5) 查找该科学效应的详细解释,并应用于问题的解决,形成解决方案。

例 10-1　灯泡质量问题。

电灯泡厂的厂长将厂里的工程师召集起来开了个会,他让工程师们看一叠顾客的批评信,顾客对灯泡质量非常不满意。

(1) 问题分析:经过分析,工程师们觉得灯泡里的压力有些问题。压力有时比正常的高,有时比正常的低。

(2) 确定功能:准确测量灯泡内部气体的压力。

(3) TRIZ 推荐的可以测量压力的物理效应和现象有机械振动、压电效应、驻极体、电晕放电、韦森堡效应等。

(4) 效应取舍:通过对以上效应逐一分析,只有"电晕"的出现依赖于气体成分和导体周围的气压,所以电晕放电能够适合测量灯泡内部气体的压力。

(5) 方案验证:如果灯泡口加上额定高电压,气体达到额定压力就会产生电晕放电。

(6) 最终解决方案:用电晕放电效应测量灯泡内部气体的压力。

【实验与思考】　科学效应应用实践

1. 实验目的

本实验与思考的目的是:
(1) 理解和熟悉效应和科学效应的相关知识,了解科学效应的作用。
(2) 了解 TRIZ 理论体系中的科学效应。
(3) 通过实践,掌握应用 TRIZ 科学效应解决创新问题的基本方法。

2. 工具/准备工作

在开始本实验之前,请回顾教科书的相关内容。
需要准备一台能够访问因特网的计算机。

3. 实验内容与步骤

(1) 为什么需要建立 TRIZ 科学效应库?
答:_____

（2）应用科学效应解决问题的一般步骤是什么？

答：_____

_____

_____

_____

（3）传统的洗衣机工作原理是应用机械搅水的方式，通过水流的冲刷带走衣服中的污物，有搅拌式、滚筒式及离心式等。请采用其他科学原理对洗衣机的工作原理进行创新分析。

答：_____

_____

_____

_____

_____

① 问题分析：_____

_____

_____

_____

② 确定功能：_____

_____

_____

_____

③ 通过查阅表 10-1、表 10-2，得到 TRIZ 推荐的效应和现象：_____

_____

_____

_____

④ 效应取舍：_____

_____

⑤ 方案验证：_____

_____

⑥ 最终解决方案：_____

(4) 效应知识的拓展。

效应一词使用的范围较广，并不一定指严格的科学定理、定律中的因果关系。所谓效应，也指在有限环境下，一些因素和一些结果构成的一种因果现象，多用于对一种自然现象和社会现象的描述，例如蝴蝶效应、毛毛虫效应、音叉效应、木桶效应等。

请通过网络搜索，了解并记录以下几个效应。

黑天鹅效应：

毛毛虫效应：

_____效应：

4. 实验总结

5. 实验评价（教师）

第11章 创新驱动创业

【脑洞大开】 伟大的人生故事只与选择有关，
　　　　　　与天赋、贫富无关

亚马逊创始人兼CEO贝索斯（见图11-1）2010年在其母校普林斯顿大学的演讲（见图11-2、图11-3）被视为经典之作，被列为商界100篇经典演讲，激励了无数人。

图11-1　贝索斯

图11-2　贝索斯在普林斯顿大学演讲

图11-3　2010年贝索斯在母校普林斯顿大学

以下是演讲全文。

善良比聪明更难

在我还是一个孩子的时候，我的夏天总是在德州祖父母的农场中度过。我帮忙修理风车，为牛接种疫苗，也做其他家务。每天下午，我们都会看肥皂剧，尤其是《我们的岁月》。我的祖父母参加了一个房车俱乐部，那是一群驾驶 Airstream 拖挂型房车的人们，他们结伴遍游美国和加拿大。每隔几个夏天，我也会加入他们。我们把房车挂在祖父的小汽车后面，然后加入 300 余名 Airstream 探险者们组成的浩荡队伍。

我爱我的祖父母，我崇敬他们，也真心期盼这些旅程。那是一次我大概十岁时的旅行，我照例坐在后座的长椅上，祖父开着车，祖母坐在他旁边，吸着烟。我讨厌烟味。

在那样的年纪，我会找任何借口做些估测或者小算术。我会计算油耗还有杂货花销等鸡毛蒜皮的小事。我听过一个有关吸烟的广告。我记不得细节了，但是广告大意是说，每吸一口香烟会减少几分钟的寿命，大概是两分钟。无论如何，我决定为祖母做个算术。我估测了祖母每天要吸几支香烟，每支香烟要吸几口等等，然后心满意足地得出了一个合理的数字。接着，我捅了捅坐在前面的祖母的头，又拍了拍她的肩膀，然后骄傲地宣称，"每吸两分钟的烟，你就少活九年！"

我清晰地记得接下来发生了什么，而那是我意料之外的。我本期待着小聪明和算术技巧能赢得掌声，但那并没有发生。相反，我的祖母哭泣起来。我的祖父之前一直在默默开车，此刻他把车停在了路边，走下车来，打开了我的车门，等着我跟他下车。我惹麻烦了吗？我的祖父是一个智慧而安静的人。他从来没有对我说过严厉的话，难道这会是第一次？还是他会让我回到车上跟祖母道歉？我以前从未遇到过这种状况，因而也无从知晓会有什么后果发生。我们在房车旁停下来。祖父注视着我，沉默片刻，然后轻轻地、平静地说："杰夫，有一天你会明白，善良比聪明更难。"

选择比天赋更重要

今天我想对你们说的是，天赋和选择不同。聪明是一种天赋，而善良是一种选择。天赋得来很容易——毕竟它们与生俱来。而选择则颇为不易。如果一不小心，你可能被天赋所诱惑，这可能会损害到你做出的选择。

在座各位都拥有许多天赋。我确信你们的天赋之一就是拥有精明能干的头脑。之所以如此确信，是因为入学竞争十分激烈，如果你们不能表现出聪明智慧，便没有资格进入这所学校。

你们的聪明才智必定会派上用场，因为你们将在一片充满奇迹的土地上行进。我们人类，尽管跬步前行，却终将令自己大吃一惊。我们能够想方设法制造清洁能源，也能够一个原子一个原子地组装微型机械，使之穿过细胞壁，然后修复细胞。这个月，有一个异常而不可避免的事情发生了——人类终于合成了生命。在未来几年，我们不仅会合成生命，还会按说明书驱动它们。我相信你们甚至会看到我们理解人类的大脑，儒勒·凡尔纳，马克·吐温，伽利略，牛顿——所有那些充满好奇心的人都希望能够活到现在。作为文明人，我们会拥有如此之多的天赋，就像是坐在我面前的你们，每一个生命个体都拥有许多独特的天赋。

第11章 创新驱动创业

你们要如何运用这些天赋呢？你们会为自己的天赋感到骄傲,还是会为自己的选择感到骄傲？

追随自己内心的热情

16年前,我萌生了创办亚马逊的想法。彼时我面对的现实是互联网使用量以每年2300％的速度增长,我从未看到或听说过任何增长如此快速的东西。创建涵盖几百万种书籍的网上书店的想法令我兴奋异常,因为这个东西在物理世界里根本无法存在。那时我刚刚30岁,结婚才一年。

我告诉我的妻子MacKenzie,我想辞去工作,然后去做这件疯狂的事情,很可能会失败,因为大部分创业公司都是如此,而且我不确定那之后会发生什么。MacKenzie告诉我,我应该放手一搏。在我还是一个男孩儿的时候,我是车库发明家。我曾用水泥填充的轮胎、雨伞和锡箔制作的不太好用的太阳灶和用来对付兄弟姐妹的烤盘报警器制作了一个自动关门器。我一直想做一个发明家,而她希望我追随内心的热情。

我当时在纽约一家金融公司工作,同事是一群非常聪明的人,我的老板也很有智慧,我很羡慕他。我告诉我的老板,我想开办一家在网上卖书的公司。他带我在中央公园漫步良久,认真地听我讲完,最后说:"听起来真是一个很好的主意,但是对那些目前没有谋到一份好工作的人来说,这个主意会更好。"

这一逻辑对我而言颇有道理,他说服我在最终做出决定之前再考虑48小时。那样想来,这个决定确实很艰难,但是最终我决定拼一次。我认为自己不会为尝试过后的失败而遗憾,倒是有所决定但完全不付诸行动会一直煎熬着我。在深思熟虑之后,我选择了那条不安全的道路,去追随我内心的热情。我为那个决定感到骄傲。

明天,非常现实地说,你们从零塑造自己人生的时代即将开启。

你们会如何运用自己的天赋？你们又会做出怎样的抉择？

你们是被惯性所引导,还是追随自己内心的热情？

你们会墨守成规,还是勇于创新？

你们会选择安逸的生活,还是选择一个奉献与冒险的人生？

你们会屈从于批评,还是会坚守信念？

你们会掩饰错误,还是会坦诚道歉？

你们会因害怕拒绝而掩饰内心,还是会在面对爱情时勇往直前？

你们想要波澜不惊,还是想要搏击风浪？

你们会在严峻的现实之下选择放弃,还是会义无反顾地前行？

你们要做愤世嫉俗者,还是踏实的建设者？

你们要不计一切代价地展示聪明,还是选择善良？

我要做一个预测:在你们80岁时某个追忆往昔的时刻,只有你一个人静静对内心诉说着你的人生故事,其中最为充实、最有意义的那段讲述,会被你们做出的一系列决定所填满。最后,是选择塑造了我们的人生。为你自己塑造一个伟大的人生故事。

谢谢,祝你们好运!

阅读上文,请思考、分析并简单记录:

(1) 你怎么理解"善良比聪明更难"？请简述之。

答：_____

_____

_____

_____

(2) 为什么说"选择比天赋更重要"？请说说你的看法。

答：_____

_____

_____

_____

(3) "不忘初心"，你将如何保持"自己内心的热情"？

答：_____

_____

_____

_____

_____

(4) 请简单描述你所知道的上一周内发生的国际、国内或者身边的大事。

答：_____

_____

_____

_____

_____

11.1 创业的基础是创新

创业是指发现、创造和利用适当的机会,借助有效的商业模式组合生产要素,创立新的事业,以获得新的商业成功的过程或活动。所谓创业教育,就是要使受教育者能够在社会经济、文化、政治领域内进行行为创新,开辟或拓展新的发展空间,并为他人和社会提供机遇的探索性行为的教育活动。

初创型企业,大多是小企业,团队是新的,管理是新的,市场与渠道又相对陌生,与那些成熟企业相比,创业型企业的竞争力就只有源于创新力。因此,创新不单是技术创新,更包括体制机制创新、管理创新、模式创新。

中国地大物博,人口众多,蕴藏着无穷的创造力。万千"草根"是创业的主体,而大学生、研究生创业更是"草根创新"的重要力量(见图11-4)。然而,以创新为基础的创业不应该是摆地摊、开咖啡店的方式,要引导创业者走"需求拉动、创新驱动"之路,开展科技成果研发和转化。要在创新教育的基础上,鼓励大学毕业生和青年投身于创业的大潮。

图11-4　大学毕业生创业

11.1.1　创新能力发展的三要素

如今,当高校被日益壮大的创业大军推着涌入创业潮流之时,高校对创业教育的开展还处在探索阶段。美国普渡大学(见图11-5)副校长迪巴·杜塔就提出疑问:创业教育到底应该如何做？15年前,当第一波美国高校创业大潮掀起时,杜塔负责了一个全新项目的筹备,考虑将工科与商科结合,把在校的科研人才培养成商人。新项目进展得较为顺利,杜塔发现,通过给工程学院学生教授商学院知识,学生的确掌握了如何将研发的新产品投入市场。但是,他同时发现高校创业教育存在一个重大的疏漏——只关注创业,却忽略了创新。

图11-5　普渡大学

事实上，创新应该是创业的基础，没有创新何来创业？用杜塔的话解释，创新是创造新的价值，创业则是实现这个价值。但是，高校现有的创业教育几乎都在教授学生创业，比如学些商业理论、客户心理或者销售技巧，而创新教育却是盲区。没有创新的基础，创业的发展必然难以为继。

创新能力不像数学或者写作那样上几门课就能掌握，现有的高校创业教育更是无法有效地培养学生的创新能力。研究表明，技能、阅历和环境是左右个人创新能力发展的三大要素。

（1）技能。创新者通常具有创造性、好奇心、对某一领域的专业知识、灵活运用知识的能力以及发散性思维的能力。同时，他们还极为"胆大"，喜欢接受挑战并愿意承受失败。此外，他们还具有良好的口才，能够对客户和投资人清楚地阐述自己的产品理念，并且在团队内部与同事进行有效沟通。杜塔表示，创新同时也是团队协作的过程，为此沟通交流能力不容小觑。

（2）阅历。创新者在学校或者初入职场时往往都有"榜样"指导和领路，同时他们在成长的过程中一般不被条条框框所拘束，那些"天马行空"的想法不会遭到冷遇，而是被鼓励去进一步探索。创新者还表示，他们在校外的实际工作中学到的解决问题的思维方式及团队合作经验都对自己的创新能力有着积极的影响。另外还有一点极为重要，那就是与其他领域的同事合作时学到另一领域的新知识，这些更能激发他们的创造力和想象力。

（3）环境。这是创新者技能与阅历的培育土壤。参与调查的创新者纷纷指出，开放型办公室更有利于同事间交流沟通，他们时常在讨论中擦出创意的火花。高校的实验室、创客空间或者创业中心都可以借鉴企业中开放空间的做法，避免将学生封锁在独立的空间中。调查还发现，创新者极为看中所处环境的价值，他们认为创业环境对个人创新的影响等同于儿童成长环境对其成才的影响，甚至可以进一步说，环境直接决定着创新的成败。

11.1.2　规避红海，探索蓝海

有研究认为，现在的市场由两种海洋所组成：即红海和蓝海。红海代表现今存在的所有产业，也就是我们已知的市场空间；蓝海则代表当今还不存在的产业，这就是未知的市场空间。

在红海中，每个产业的界限和竞争规则为人们所知。在这里，随着市场空间越来越拥挤，利润和增长的前途也就越来越黯淡。残酷的竞争也让红海变得越发鲜血淋漓。与之相对的是，蓝海代表着亟待开发的市场空间，代表着创造新需求，代表着高利润增长的机会。尽管有些蓝海完全是在已有产业边界以外创建的，但大多数蓝海则是通过在红海内部扩展已有产业边界而开拓出来的。

通常认为，在蓝海中，由于游戏规则还未制定，竞争无从谈起，而制定游戏规则恰恰是创新企业在变革环境中能否脱颖而出的关键。今天在越来越多的产业中，供给都超过了需求，在日益萎缩的市场中为份额而战，虽说是必要的，却不足以维持企业的上乘表现。企业需要超越竞争这一境界。它们必须开创蓝海，以抓住新的利润和增长的契机。

身陷红海的企业一般采用的都是常规方法,也就是在已有的产业秩序中树立自己的防御地位,竞相去击败对手。而蓝海的开创者根本就不以竞争对手为标杆,而是采用完全不同的战略逻辑,也就是所谓的价值创新。价值创新是蓝海战略的基石。把它称作价值创新,是因为,在这种战略逻辑的指导下,你不是把精力放在打败竞争对手上,而是放在全力为买方和企业自身创造价值飞跃上,并由此开创新的无人争抢的市场空间,彻底甩脱竞争。

价值创新对"价值"和"创新"同样重要。只重价值,轻视甚至忽视创新,就容易使企业把精力放在小步递增的"价值创造"上。这种做法也能改善价值,却不足以使你在市场中出类拔萃;只重创新,不重价值,则易使创新仅为技术突破所驱动,或只注重市场先行,或一味追求新奇怪诞,结果常常会超过买方的心理接受能力和购买力。

研究显示,开创蓝海的成功者和失败者之间的分水岭,不在于尖端技术,也不在于"进入市场的时机",这些因素在更多时候并不存在。只有当企业把创新与效用、价格、成本整合于一体时,才有价值创新。如果创新不能如此植根于价值之中,那么技术创新者和市场先驱者往往会落到为他人做嫁衣的下场。常规看法认为,一家企业要么以较高成本为顾客创造更高的价值,要么用较低的成本创造还算不错的价值。这样,战略也就被看作在"差异化"和"低成本"间做出选择。志在开创蓝海者会同时追求"差异化"和"低成本"。

创业者在创业之初,面对看似纷繁芜杂、不知从何下手的市场,用心做好市场细分的研究,从某个细分市场切入,就有可能规避红海市场,从而进入一个蓝海空间。其实,我们现在听到的关于创业时要力争"小而美"的观点,从某种程度上来说,就是一种细分市场的思维。当市场细分到一定程度时,你会发现在这个相对狭小而精准的市场里自己具备巨大的竞争优势。于是,你就在市场中创造了一种相对优势,开拓出了属于自己的蓝海空间。

一般来说,创业者在探索蓝海空间时可以参考以下步骤:

第一步,进行初步的市场判断。明确定位,将会使你的产品成为新的细分市场里的顾客的首选。此外,还可以看现有的销售渠道能否突破。刘强东以前主要靠线下进行销售,后来经过尝试,发现线上销售有着更具竞争力的优势,因而转型做了电商。其实,那些成功的创业者在市场方面的研究和判断是非常值得我们学习的。

第二步,进行详细的细分市场研究。在进行市场判断后,接下来就辅以足够的市场细分研究,从逻辑上探究细分市场的可行性。

第三步,进行周密的市场调查。创业者在正式实施之前,切勿忽略实地调查,这将进一步验证前期的市场研究是否正确与可行。

总之,创业者面对市场,一定要研究市场,从中梳理出能够具备相对优势的细分市场,开拓出蓝海空间来。由此可见,创业不仅需要艰苦奋斗,还要学会找准突破口,实现"四两拨千斤",用对巧劲儿。

11.1.3 结合产业生态环境的创新

每个企业都处于社会分工的不同环节,从宏观来看,任何企业都处于相应的产业链中。例如,一个手机制造厂需要采购芯片、外壳、摄像头以及其他零部件。在手机生产出来后,需要对手机进行包装,将手机推向市场销售等。手机的整个运营环节包括了研发设计、原材料采购、生产制造、质量检查、营销策划、产品销售等环节。在日益推崇合作的今天,可以说,没有哪一家企业能够包揽每一个环节,每一个企业都在某一产业链中发挥着自己相应的职能。

因此,创新通常是为了改善和优化某一个环节,甚至是某一个环节中的一个动作。

可见,创新要结合整个产业链才能更加有效。所以,创业者要结合整个产业链,研究产业链中的不同环节,从改善产业链中的具体环节入手。事实证明,有些企业在竞争中之所以胜出,就是因为优化了某些环节,提升了用户的体验满意度,从而获得了市场。

11.1.4 创新要重视客户体验

商业中有句亘古不变的真理:客户就是上帝。既然客户(用户)能直接影响到企业的命运,那么企业就应该想方设法地改进客户的体验。实际上,我们在商业中进行的任何创新都是围绕改善客户体验来进行的。

我们知道,无论是产品还是服务,都是为了提供给客户使用。可以说,客户永远都会选择那些好用的产品,并愿意为之付费。为什么有些企业崛起,有些企业衰落?一个重要的原因就是,前者做出了不同的客户体验,让客户体验得好的,客户甚至愿意去彻夜排队购买;让客户体验不好的,就会被客户轻易地抛在脑后。这便是真实的商业环境。

其实,改进客户的体验往往通过一个细节就可以实现。有人说"创新之美,在于点点的优雅",的确如此。在客户体验方面,乔布斯的做法很值得我们学习。在乔布斯推出iTunes和iPod时,市场上已经是满大街的MP3和MP4了。这时,三星是该领域当之无愧的"王者",从技术方面来看,乔布斯已经很难超越。然而,乔布斯却从更为细腻的产品外观设计入手,对产品细节几乎达到了极致的追求,以至于当iTunes和iPod出现在用户面前时,用户会由衷地说:"这正是我想要的!"很长时间以来,乔布斯在多媒体播放器方面的设计风格成为行业内多个厂商跟风的目标。

可以说,站在用户的角度,都希望使用更好的产品以提升自己的生活品质,这便是很多企业创新的方向。对于创业者而言,最重要、最有价值的地盘就是让用户喜欢你的产品和服务。只有这样,才有可能获得市场。

11.1.5 企业商战,竞争的是创新力

商战中,企业竞争的是什么?有人说,企业竞争的是价格,谁的价格越低,谁就越能赢得顾客、获得市场;还有人说,企业竞争的是品牌,谁的品牌打得响,谁就有更多的市场机会;也有人说,企业竞争的是产品,谁的产品做得好,顾客就会选择谁。诚然,这些观点都有一定的道理,顾客总会喜欢物美价廉、品牌响的产品。

然而,纯粹的价格竞争一定不是长久之计。例如在工程机械领域,由于行业竞争激烈,以至于发动机厂商之间掀起价格战,大家拼命地降价让利,为的就是增加客户。后来发展到发动机厂商每销售一台发动机都要赔钱的地步,结果,谁的用户越多,谁就赔得越厉害。就这样,几轮竞争后,那些纯粹依靠价格竞争的厂商一个个地倒了下去。一般来说,凡是竞争,往往会有胜负,那些一味依靠"价格战"的做法,或许在某个特殊阶段可以

用,但一定不可以长用,否则,企业必将难以为继。可见,企业在竞争中,一定不是纯粹比拼价格的。

一般来说,品牌在某个阶段是企业有力的竞争工具。可是市场是动态变化的,昨日的品牌,明日可能就会"雨打风吹去",不再是品牌;另外,品牌是相对的,没有哪个品牌在自由的市场竞争中能够独霸市场。可见,没有哪个品牌能够确保企业百战百胜。

再来看产品。其实,产品本身在市场上的接受度就是易于变化的。比如,当年诺基亚手机风靡全球,在很多人看来,诺基亚手机已经做得"足够好";然而紧接着,三星手机崛起,苹果手机崛起,小米手机崛起,在风云变幻的市场中,诺基亚手机几乎快要失去"踪影"。用户对美好产品的向往是动态发展的,企业的产品要想不被淘汰,就要时刻跟上时代的步伐。由此可见,"做得好"的产品,往往是在某一个阶段"做得好",并不意味着可以就此高枕无忧。

那么,企业商战,究竟斗的是什么呢?答案是"创新力"。事实一再证明,哪个企业的创新力旺盛,它在应对市场时就会有更多的办法,即便是在市场的"夹缝"里,那些创新力强的企业也能生存下去。对于广大创业者来说,很多人出身于"草根",在有形的资源方面,比如资金、场地、人脉等,往往不占优势,那么能拿什么参与市场竞争呢?那就是创新力。

11.1.6 创新面前机会平等

在创新面前,即便是曾经非常辉煌的企业,也没有理由忽视潜在需要的创新。事实上,忽视持续创新,等待他的就是被超越甚至没落。在这一点上,没有哪个企业与个人可以例外。

例如,苹果公司迄今为止发布的几款手机可以说"创意十足",在极高的水平上做到了创新,但苹果手机仍然需要在多个方面做出创新和改进。比如,手机用户若身处信号较弱的地区,由于手机需要不断搜索信号,因而电池消耗速度会加快,这就有可能需要在一天里给手机充电好几次,或者不得不随身携带移动电源,才能够保证每天的正常使用。为此,假如苹果手机能够提高电池容量,让用户不再有电量焦虑,将会更好地满足用户需求,改进用户使用体验。

一种产品之所以代替另一种产品,往往是由于它能够解决另一种产品所不能解决或者解决不好的问题。苹果手机当年风靡全球时,是因为乔布斯以苹果手机为媒介,为用户提供了一整套手机使用解决方案,所以用户选择了苹果手机。未来,苹果手机所存在的一系列需要改进的问题假如被其他公司成功解决,那么,苹果手机的辉煌还能持续多久就是一个值得商榷的问题了。

可见,从长远的眼光来看,市场不会讲究"论资排辈",只有具备足够的创造力,能够满足客户当下与潜在需求的企业,才能长久地站在市场的潮头。任何企业,或许在某个阶段已经让创意发挥得"无与伦比",但这还只是某个阶段。时代的发展,市场的发展,客户需求的演进,都需要企业不断地创新来应付这种变化。

在互联网大潮中,先是新浪、搜狐等门户网如日中天,然而很快出现了博客,接着又出现了QQ、微博,接下来是微信等社交APP,很快又有大数据等概念——互联网领域发展日新月异,其他很多领域又何尝不是如此?

再比如腾讯。关于腾讯,曾经有人说过这样一句话:"一直在模仿,从未被超越。"腾讯从第一款产品 QQ,到游戏、邮箱、浏览器、输入法、搜索引擎、电子商务网站等,都在不同程度上模仿过他人的产品,当然,如果仅仅靠模仿是难以取得成功的。腾讯在自己模仿过的所有产品上都进行了本土化的创新,从而使得这些产品更加适应中国市场的需求。相对来说,当年和腾讯几乎同时起步的不少互联网企业已经由于本土化创新不足而渐渐在大众视野中消失。

创新需要树立一个远大的目标,积极地培育创新的思想,在这个过程中不断努力,那收获创新的成果将是水到渠成的事。企业要鼓励创新,创新是经过不断的努力、不断的尝试,又经过不断的失败才会有成果的。

11.2 创业与创业者

创业有广义和狭义之分。狭义的创业是指创业者的生产经营活动,主要是开创个体和家庭的小业。广义的创业是指创业者的各项创业实践活动。

创业的基本步骤如下:

(1) 进行咨询。
(2) 选择行业、方向。
(3) 撰写创业企划书。
(4) 学习经营技术。
(5) 筹措创业资金。
(6) 准备办公、经营场地。
(7) 申请营业证照。
(8) 准备生产器具及设备。

创业的关键之处在于:

- 及时发现或创造适于创业的商业机会。
- 有效组织创业团队。
- 借助适当的商业模式有效组合生产要素。
- 有效利用商业机会。
- 敢于并善于跨过创业中的"沟沟坎坎"。

做到了上述这些关键点,才有可能获得商业上的成功。

11.2.1 创业的基本要素

创业包括独立创业和内部创业两种类型。

独立创业是指创业者抓住新的商业机会,创办新的企业,谋求商业利润,同时谋求新创企业的生存、成长与发展。

内部创业是指现存企业以相对独立的组织单元开创新的事业,以谋求企业的持续成长与发展。

人才、技术、资本与市场是构成创业的四大核心要素,其中又以人才最为重要。一个成功的创业家需要熟悉各种人才、市场、财务和法律,并通过获得人才成功地经营所创立的事业。

(1) 人才。这在创业的过程和今后的发展中都极为重要。认识、发现并利用人才是创业者进行创业的关键环节。现代风险资本的奠基人乔治·多里奥认为:"宁可考虑向有二流主意的一流人物投资,绝不向有一流主意的二流人物投资。"确实,不是一个拥有技术的科学家或工程师就能够创业成功。创业不仅需要好的技术,更需要其他素质与能力。因此,创业者及合作伙伴们的素质与能力是创业成功的第一要素。

(2) 技术。这是将知识运用到实践中的手段、途径、工具或方法。企业之所以存在,是因为社会的需要,社会需要的技术既有建立在科学基础上的技术,又必须是能够满足社会实际需要的技术,并不完全等同于科学家眼中的科学技术。因此,仅有技术水平上的高技术,并不一定能够创业成功。如果选择的技术虽然符合实际,在创业之初显得非常火爆,但这样的技术已趋于普适的技术,那么它仍然很快就会度过技术的生命周期。所以,技术应考虑是否有独特性、创新性,是否有竞争力,是否能带来高利润,他人是否难以仿效等。

(3) 资本。从创业的角度,创业资本是创业的关键要素。中国台湾地区一家企业咨询公司总结了近千家企业创业失败的原因,创业资金的匮乏是重要的原因。俗话说,"钱不是万能的",但是,没钱什么事也做不成。无论多么好的技术或多么好的创意,没有钱都只能是空想。

(4) 市场。企业的存在是因为能够满足市场的需要,如果没有市场需求,那么,新创的企业就没有生存的价值,自然也就不能生存。要在创业之前就明确认定并充分论证市场的容量、相同产品之间的竞争力、潜在的市场生长力、市场的持续发展力。

11.2.2　什么是创业者

创业者是指创业活动的推动者,或者是活跃在企业创立和新创企业成长阶段的企业经营者。创业者并不等于企业家,因为多数创业者并不完全具备企业家必备的个人品格。创业者只有不断完善个人素质,带领企业获得商业上的成功,才可能逐步转变为真正的企业家。

从创业的背景和动机上看,创业者可划分为以下类型:

(1) 生存型创业者。例如自主创业的下岗工人、失去土地或不愿困守乡村的农民及毕业找不到工作的大学生。

(2) 变现型创业者。指过去在党政机关掌握一定权力或者在国有企业、民营企业当经理人期间积累了大量市场关系并在适当时机自己开办企业,从而将过去的权力和市场关系等无形资源变现为有形财富的创业者。但是,这种做法有可能造成市场竞争环境公平性的人为破坏。

(3) 主动型创业者。可以分为两类:一类是盲动型创业者,另一类是冷静型创业者。盲动型创业者大多极为自信,做事冲动。这样的创业者容易失败,可一旦成功也往往是一番大事业。

从在创业过程中所处的角色和所发挥的作用上看,创业者可划分为以下类型:

(1) 独立创业者。指自己出资、自己管理的创业者。其创业动机和实践受很多因素影响,如发现很好的商业机会,失去工作或找不到工作,对目前的工作缺乏兴趣,对循规蹈矩的工作模式和个人前途感到无望,受他人创业成功的影响等。独立创业充满挑战和机遇:可以自由发挥创业者的想象力、创造力,充分发挥主观能动性、聪明才智和创新能力;可以主宰自己的工作和生活,按照个人意愿追求自身价值,实现创业的理想和抱负。但是,独立创业的难度和风险较大:可能缺乏管理经验,缺少资金、技术资源、社会资源、客户资源等,生存压力大。

(2) 主导创业者与跟随创业者。主导创业者与跟随创业者是相对的。在一个创业团队中,带领大家创业的人就是团队的领导者,即主导创业者,其他成员就是跟随创业者,也叫参与创业者。

11.2.3　创业者的基本素质要求

根据我国的创业环境,创业者的基本素质包括创业意识、心理品质、创业能力和知识结构等要素。这些要素中,每一项均有其独特的地位与功能,任何一个要素发生变化或残缺不全,都会影响其他要素的形成和发展,影响其他要素的功能和作用的发挥,乃至影响创业的成功。因此,一个未来的创业者,不仅要注意在环境和教育的双重影响下培养自己的创业素质,而且要重视其整体结构的优化,在创业实践中不断提高自己的创业素质。

(1) 文化知识丰富。在竞争日益激烈的今天,单凭热情、勇气、经验或只有单一专业知识,要想成功创业是很困难的。创业者要进行创造性思维,要做出正确决策,必须掌握广博的知识,具有一专多能的知识结构。具体来说,创业者应该充分了解、掌握国家的有关政策、法规,做到用足、用活政策,依法行事,用法律维护自己的合法权益;了解科学的经营管理知识和方法,提高管理水平;掌握与本行业、本企业相关的科学技术知识,依靠科技进步增强竞争能力;具备市场经济方面的知识,如财务会计、市场营销、国际贸易、国际金融知识等;具备一些有关世界历史、世界地理、社会生活、文学、艺术等方面的知识。

(2) 心理素质好。所谓心理素质是指创业者的心理条件,包括自我意识、性格、气质、情感等心理构成的要素。作为创业者,其自我意识特征应为自信和自主;其性格应刚强、坚忍、果断和开朗;其情感应更富有理性色彩。成功的创业者大多是不以物喜,不以己悲的,成功时不沾沾自喜,得意忘形;在碰到困难、挫折和失败时不灰心丧气,消极悲观。

(3) 身体健康。创业是一项繁重和复杂的工作,创业者对健康风险要有充分的准备。创业者工作繁忙,时间长,压力大,如果身体不好,必然力不从心,难以承受创业重任。因此,创业者无论在什么情况下,都要培养一种积极乐观的心态、宽广坦荡的胸怀,要力争做到身体健康,体力充沛,精力旺盛,思路敏捷。

(4) 坚持不懈。爱迪生强调指出,创造力依据的是99%的努力和1%的灵感。他认为,一连串的失败乃是不断尝试错误的探索性实验,是成功的创新所必需的。经历一次又一次的失败而决不放弃是创业者的主要行为特征。在创业领域没有任何捷径可走,只有专心致志和坚持不懈的人,才能克服在通往目标的道路上所遇到的危机和障碍。

(5) 敢冒风险。在市场经济大潮中,机会与风险共存。只要从事创业活动,就必然会有某种风险伴随;且事业的范围和规模越大,取得的成就越大,伴随的风险也越大,需要承受风险的心理负担也就越大。成功的创业者总是事先对成功的可能性和失败的风险进行分析比较,选择那些成功的可能性大而失败的可能性小的目标。创业者还要具备评估风险程度的能力,具有驾驭风险的有效方法和策略。

(6) 善于交流。在创业道路上,必须摒弃"同行是冤家"的狭隘观念,学会合作与交往。创业者要通过语言、文字等多种形式与周围的人们进行有效的交流与沟通,提高办事效率,增加成功的机会。在创业过程中,需要与客户打交道,与公众媒体打交道,与外界销售商打交道,与企业内部员工打交道,这些交往、沟通可以排除障碍,化解矛盾,降低工作难度,增加信任度,有助于创业的成功。

(7) 克服盲目冲动和私利欲望。创业过程中,创业者要善于克制,防止冲动。克制是一种积极、有益的心理品质,它可使人积极有效地控制和调节自己的情绪,使自己的活动始终在正确的轨道上进行,不会因一时的冲动而引起缺乏理智的行为。创业者在创业过程中要自觉接受法律的约束,合法创业,合法经营,依法行事;自觉接受社会公德和职业道德的约束,文明经商,诚实经营,互助互利。当个人利益与法律和社会公德相冲突时,要能克制个人欲望,约束自己的行为。

(8) 树立危机意识。常言道:人无远虑必有近忧。一个企业如果没有危机意识,迟早会垮掉;一个人如果没有危机意识,难免有一天会遭受挫折。未来是不可预测的,而人也不是天天都走好运的,因此,创业者要有危机意识,在心理上及行动上有所准备,以应付突如其来的变化。在创业实践中对所有的事都要有"万一……怎么办"的危机意识,居安思危,未雨绸缪,预做准备。创业者本身的经验、学识、能力,尤其是对要涉足行业的了解情况,将对创业成功起重要的作用。在熟悉的行业中创业,市场熟,产品熟,人际关系也熟,就能"驾轻就熟"。因此,创业者要注意自身知识的积累以及对自身创业能力的培养。

11.2.4 创业者应具备的能力

创业的专业技术能力是创业者与开展创业密切相关的主要岗位或岗位群所要求的能力,它包括创业的专业技术知识与专业方法能力。

创业者在创业初期,应该从自己熟悉的行业中选择项目。虽然也可借助他人,特别是雇员的知识技能来办好自己的企业,但如果能从自己熟知的领域入手,就能避免"外行领导内行"的尴尬,大大提高创业的成功率。

1. 专业技术能力

专业技术能力包括专业知识和专业技能。专业知识是指从事某一专业工作所必须具备的知识,一般具有较为系统的内容体系和知识范围。掌握专业知识是培养专业技术能力的基础。专业技能包括智力技能和操作技能。智力技能是在大脑内部借助于内部语言,以缩简的方式对事物的映像进行加工改造而形成的。操作技能是由一系列外部动作构成的,是经过反复训练形成和巩固起来的一种合乎法则的行动方式。

创业者应具备的专业技术知识主要体现在以下3方面:

(1) 创办企业中主要职业岗位的必备从业知识。

(2) 接受和理解与所办企业经营方向有关的新技术的知识。

(3) 把环保、能源、质量、安全、经济、劳动等知识和法律、法规运用于本行业实际的能力。

创业的方法能力是指创业者在创业过程中所需要的工作方法,是创业的基础能力。创业者应具备的方法能力主要体现在以下9个方面:

(1) 信息的接受和处理能力。搜集信息、加工信息、运用信息的能力是创业者不可缺少的能力。创业者不但应具备从一般媒体中搜集信息的能力,随着科技进步和网络技术的普及,还应该具备从网络中获取信息的能力。

(2) 捕捉市场机遇的能力。发现机会,把握机会,利用机会,创造机会,是成功的企业家的主要特征。

(3) 分析与决策能力。通过消费者需求分析、市场定位分析、自我实力分析等过程,根据自己的财力、关系网、业务范围,依据"最适合自己的市场机会是最好的市场机会"的原则,做出正确决策,才能实现自己的创业目标。

(4) 联想、迁移和创造能力。从别人的企业中得到启发,通过联想、迁移和创造,使自己的企业别具特色。并通过这种特色使自己的企业在同业市场中占有理想的份额。

(5) 申办企业的能力。创办一个企业,知道需要做好哪些物质准备,需要提供什么证明材料,到哪些部门办哪些手续,怎样办等,均为创业者应具备的能力。

(6) 确定企业布局的能力。怎样选择企业地理位置,怎样安排企业内部布局,怎样考虑企业性质等,都是创业过程中不可回避的问题。

(7) 发现和使用人才的能力。一个成功的创业者肯定是一个会用人的企业家,他不但能对雇员进行选择、使用和优化组合,而且能运用群体目标建立群体规范和价值观,形成群体的内聚力。

(8) 理财能力。这不仅包括创业实践中的奖金筹措、分配、使用、流动、增值等环节,还涉及采购能力、推销能力等。

(9) 控制和调节能力。成功的创业者要对规划、决策、实施、管理、评估、反馈所组成的企业管理的全过程具有控制和运筹能力。

2. 经营管理能力

在现代社会中,经营管理能力为人的生存和发展提供了较好的主体条件,同时,也能形成人、财、物、时间、空间的合理组合。管理能力直接关系到创业活动的效率和成败,因此管理也是生产力。

(1) 善于经营。成功的创业者,不仅要有果敢的开拓精神,还必须精通经营之道,熟悉市场行情,了解和掌握生产经营活动的内容、策略和手段。掌握信息要及时准确,对比选优要多设方案,不同意见要兼收并蓄;要懂得市场经营策略、销售策略、定价策略,熟悉生产经营的组织和管理等。

(2) 善于管理。所谓管理就是根据企业的内在活动规律,综合运用企业中的人力资源及其他资源,从而有效地实现企业目标的过程。善于管理,必须了解生产环节,掌握管理的窍门,精通经营核算,做好生产过程的组织、生产计划的编制、生产的调度、产品的质量控制等。

（3）善于用人。在生产力的诸要素中，人是最活跃的、起决定作用的因素，也是企业能否发展的决定性因素。善于用人，就能调动人的积极性，使人尽其能，人尽其才，使个人的长处得到充分的发挥。要做到善于用人，必须统一指挥，权责相配，建立规章，民主管理，还必须论功晋级，按劳取酬。

（4）善于理财。创业者从事生产经营，要获得利润，就必须善于理财。理财是对资金运动过程进行正确的组织、指挥和调节，保证生产活动顺利进行，从而减少劳动和物质资源的耗损，降低产品成本，提高资金利润率的重要环节。不言而喻，善于理财能使资金增值，提高经济效益，这是创业成功的重要保证和标志。

3. 综合能力

（1）学习能力。包括逻辑思维能力、综合应用能力、分析比较能力、归纳总结能力、阅读理解能力和口头表达能力等。

（2）驾驭信息能力。即对信息的获取、分析、加工、处理、传递的能力，是理解和活用信息的能力。

（3）激励员工能力。包括目标激励、评判激励、榜样激励、荣誉激励、逆反激励、许诺激励、物质激励。

（4）应变能力。就是灵活机动，锐意创新，能根据社会的变化和市场上新的需求，迅速采取相应对策的能力。

（5）独立工作能力。包括独立思考能力、组织决策能力、自我控制能力、经营管理能力、承受挫折能力、人际交往能力以及在市场经济条件下的竞争能力等。

（6）开拓创新能力。创新意识主要由好奇心、求知、竞争、冒险、怀疑、灵感、个人求发展的动力等心理因素和创造性思维、独立性思维等因素组成。

（7）社交能力。指学会认识人际关系，正确理解人际关系，培养良好人际关系的能力。

11.3 什么是创业教育

联合国教科文组织是这样定义的："创业教育，从广义上来说是指培养具有开创性的个人，它对于拿薪水的人同样重要，因为用人机构或个人除了要求受雇者在事业上有所成就外，正在越来越重视受雇者的首创、冒险精神，创业和独立工作能力以及技术、社交、管理技能。"

创业教育是使受教育者能够在社会经济、文化、政治领域内进行行为创新，开辟或拓展新的发展空间，并为他人和社会提供机遇的探索性行为的教育活动。

11.3.1 创业教育的类型

实施创业教育的形式可视不同类型的学校、不同的专业、不同的学生进行个性化的设计。一般来说，可采取 4 种形式：

（1）渗透性教育。创业的校园文化，创业理念在各学科、各专业在教育活动中的渗透与介入。

（2）普及性教育。创业精神、创业知识与创业实务普及性、讲座性的教育方式。

（3）重点性教育。在各专业中开设"创业经济学""创业管理"课程。

（4）专业性教育。创建创业学专业，开设包括创业精神学、创业知识论、创业实践论三大板块，体系化的创业学课程。

11.3.2　创业教育的内容

创业是一种探索性的行为，是人的本质力量的展示与主体性的实现。创业教育作为培养创业者的教育活动，其内核必然关注人的本质力量的培育和主体性的塑造。将人的自由与全面发展作为其核心的价值观，是创业教育的义理所在。

创业教育的内容包括：

（1）创业精神学。感性的创业冲动、知性的创业认知、理性的创业理念的逻辑演进与多维建构；创业哲理、创业伦理、创业心理的释说与体系，三者之间的关联性与互补性。

（2）创业知识论。创业经济学、创业管理学、创业环境学、创业人才学、创业法学的学术性、伦理性、实用性与协调性。

（3）创业实践论。创业主体的行为规律与创业实务。

创业精神是创业主体进行创业实践的灵魂和支柱。通过对创业哲理、创业伦理与创业心理知识整合，培养出创业者应具有的辩证思维方式，自信、自主、自立、自强的企业家精神与良好的道德情操。

创业知识是创业主体必要的知识准备与创业的理论工具。通过经济理论、创业管理、创业环境、创业人才与创业法规等知识的协调与整合，使创业者掌握创立企业、合法经营、规划企业的创业文化和应对社会环境与市场需求变化的基本知识。

创业实践论是创业者由理论到实践的中间环节，通过创业设计、案例教学与企业运营的计算机仿真（例如创业沙盘模拟）等手段来培养创业者解决具体问题的能力。

11.4　大学生创业教育

大学生创业教育广义上是指通过相关的课程体系提高大学生的素质，使其具有首创、冒险精神、创业能力、独立工作能力。狭义上，大学生创业教育是指培养大学生创办企业所需素质的教育。

开展大学生创业教育，有利于增加社会上创业队伍的数量和提高其整体素质，可以改变大学生的就业观念，增加大学生的创业信心，帮助大学生学习更多的创办企业的相关知识，促进大学生尤其是大学毕业生创业成功。

11.4.1　大学生创业教育的特征

大学生创业教育具有以下特征：

（1）教育结果的滞后性。创业因素的复杂性导致创业教育结果的滞后性。大学里完成创业教育要求学生毕业即创业是不可能的。从创业意识、创业能力到创业实践是一个复杂的过程。仅仅具备创业意识、创业知识、创业心理素质和创业技能是不够的。创业还需要机遇和经验的积累。因此创业的效果往往具有滞后性。

(2) 教育效果的隐蔽性。大学生创业教育效果具有隐蔽性,因为作为创业教育成果一部分的创业意识和创业心理品质通常以内化的形式存在,一般情况下不易判断和测量。例如,不能简单地判断某个学生是否具有创业意识,意识的强弱程度。同样,无法简单测量意识究竟要强到怎样的程度才足以对创业实践产生影响。进一步说,创业实践也不是检验创业意识存在与强弱的唯一标准,因为创业意识与创业行为之间并非绝对的正相关。因此,大学生创业教育的效果具有一定的隐蔽性。

(3) 教育体系的独立性。大学生创业教育独立性有两层含义。

一是相对其他层次的创业教育,大学生创业教育目标和内容更全面、深入,其本身构成一个完整的创业教育体系。同时,高校创业教育是学校创业教育的终端,绝大多数毕业生毕业将直接走向社会,面向市场。他们需要的不仅是创业教育理念的熏陶和基本技能的形成,而且是更为专业系统的创业知识和丰富的实践机会。

二是在高等学校系统内部,不同类型和层次的大学生创业教育也具有相对独立性,应当体现各自的特色。

(4) 教育评价的多样性。创业教育课程具有综合性、实践主导性及考核方式的多样性与复杂性。高等学校的创业教育是由学科课程、活动课程、实践课程和环境课程4种类型的课程组合、构建而成的综合体系。实践贯穿于各种不同类型的课程之中,而且各种类型课程相互渗透。学科课程着重于使学生掌握涵盖创业实践所有环节的基础理论知识和社会知识。活动课程通过小组讨论、企业见习、头脑风暴、案例分析等各种方法使学生逐渐形成创业意识与情感,并掌握创业的基本技能。

实践课程则是创业实践的模拟,不同类型的创业教育课程最终将落实到实践课程之中。实践课程是创业教育课程实践主导性的集中体现。活动课程的考核应主要采取的形式是制定包括创业团队组织、项目选择、融资策略、生产经营的管理等创业过程的创业计划书。实践课程的考核主要以实践中企业的创立、运营状况和经济、社会效益为衡量标准。

11.4.2 大学生创业思想教育

开展大学生创业教育包括课程设置、实践活动、教学体制改革、教育评价模式的改革等,但不外乎两方面:一方面是创业思想教育,另一方面是创业能力教育。创业思想教育是创业能力教育的基础,应着重抓好以下环节:

(1) 教师转变教育观念。

要加强对教师创业教育观念的培养,使之在教学中自觉地融入创业意识的教育。在探索创业教育的规律上,要突破原有的框框,要有一种"敢为人先"的观念。由于创业教育是针对大学生毕业、就业改革的教育,是一种新型的教育改革,就要有一种尝试的勇气,要有一种敢为人先的观念,才能取得创业教育的成功。

要贯彻大学生自主学习的个性化原则和多元化的教育质量观。创业能力的培养依赖于创造能力的培养,而创造的源泉和基础是人才的个性化,自由个性的培养则需要确立多元化的质量观。多元化质量观要求用一种开放式的、灵活的教育教学体系保护和发展大学生的差异和个性,对于大学生的不同能力给予同样的重视,允许大学生在某些能力上有特殊的发展,只有这样,才能使大学生成为具有特色、特长的创造型人才。

要树立全面的创业教育观。创业教育不是单纯地进行创业知识的传授和创业技能的训练,也是一个素质教育的过程,要从观念上改变仅仅为创业而进行创业教育的思想,而要将创业教育的思想渗透到高校的各方面教育中,贯穿到教书育人、管理育人、服务育人的全过程中。

(2) 教育大学生树立一种与市场经济相适应的现代就业观。

主动就业,不是被动就业。在校学习期间,就要有意识地教育大学生培养一种"不是让岗位选择我,而是我能主动选择工作岗位"的现代就业意识,大力倡导探索式学习、研究式学习,掌握过硬的本领和专业知识。有了真才实学,才能在就业市场上掌握主动选择权。

不能靠岗位维持,要靠岗位创新。许多大学毕业生即使找到了工作岗位,但是因为缺乏创新意识和能力,仅仅是简单地在岗维持,不能为单位创出更好的局面和工作业绩而有可能丢失岗位,因此,要教育大学生放弃找到工作就意味着一劳永逸的念头。而要树立找到工作仅是创新的开始的职业意识。

不能仅靠岗位就业,根本出路在自主创业。大学生是生产力主体性要素中属于最具发展潜力和后劲的一部分,应该是社会未来先进生产力的物质承担的主体力量,关键在于大学生毕业后能否成为创新创业型人才。

(3) 培养大学生树立敢闯敢试的创业意识。

要加强大学生的心理素质教育,既能看到自身的优劣,扬长补短,更能毫不畏惧地迎接任何困难与挑战;既要有卓越的胆识,又要有坚强的意志、豁达的胸襟。

要介绍成功创业者的典型事迹,激励大学生敢于创业。

(4) 培养学生艰苦创业的意识。要引导大学生处理好勤俭节约与提高生活水平的关系。

11.4.3 大学生创业能力教育

大学生的创业能力的强弱虽有先天因素,但主要是后天形成的。现行的教学内容、课程设置过分偏重知识的系统性和完整性,忽视了应用性。为此,在创业人才培养中应注重以下几个方面:

(1) 改革现有教学体制,培养大学生的创新能力。学校在培养目标、人才规格的制定上应贯彻加强基础、拓宽专业、注重素质、强化实践教学、注重创新能力培养的思想,加强通识教育,使大学生构建能够适应社会发展变化需要,不断学习和更新知识的能力,同时,应加强综合性教育,做到文理交叉,拓宽大学生的知识面。

(2) 开设活动课程,培养大学生综合运用知识的能力。为大学生提供同时运用多种学科知识,展示多方面才能的机会,从而培养大学生综合运用知识的能力。

(3) 建立良好创业氛围,提高学生创业能力。创业氛围的形成对师生的影响是整体的、潜移默化的。学校为大学生的创业努力提供多方面的支持,创造条件设立创业基金和创业促进会、联谊会等组织机构,在资金和咨询辅导上为大学生提供一定的帮助。开展创业设计、竞赛活动,并创造条件,尽可能将竞赛中选拔出来的成果向应用端延伸,使学生的成果走向产业化。

(4) 使大学生创业教育规范化、系统化。有条件的高校要将课程、讲座、活动结合起来形成一个立体的教育网络。

11.4.4 大学生创业教育的意义

在"大众创业,万众创新"的当前形势下积极开展大学生创业教育,主要具有以下积极意义:

(1) 有利于创建高新技术产业,发展知识经济,从而提高综合国力。当今世界范围内的经济竞争,一方面表现为科学技术的竞争,另一方面表现为人才的竞争。培养大学生的创业意识、创新能力,有利于推动科技创新、文化创新,大力营造创新的社会环境,促进高新技术产业的发展,带动国民经济快速增长,辐射、拉动其他产业,进一步提升综合国力。

(2) 有利于顺利实现高等教育大众化。随着高等教育的发展,大学生就业出现了前所未有的困难,大学生就业难不仅影响经济发展,而且危及社会稳定。因此,以创业教育作支持,促进大学生充分就业,不仅利于经济发展,更有利于高等教育大众化的顺利实施。

(3) 有利于大学素质教育、创新教育深入和具体化。创业需要综合素质,特别需要具有创新精神和创业能力的高素质人才,因此,创业教育是建立在素质教育基础上的新型人才培养模式。它为素质教育明确了新的发展方向。我国现阶段开展创业教育的目标是:为适应世界教育发展和改革的趋势,结合我国国情,培养具有创新能力和创新思维的新一代复合型经济与管理人才。

(4) 有利于大学生生涯规划,成人成才。创业教育是职业生涯设计中贯穿于职业定位过程的主线,其主要内容是引导学生在了解社会、了解自己的基础上学会选择,能在自己的职业生涯设计中处理好个人志愿与社会需要、个人特征与职业特征的匹配问题。通过创业教育,促使大学生自觉地完善、提高自身素质,挖掘潜能,主动适应社会及其职业的发展变化,努力使自己得到全面发展,凭借自己的实力在人生设计中达到预定目标。

(5) 有利于学习型社会的形成,养成终身学习的习惯。在基础教育阶段,实施创业教育的主要着眼点是培养全体受教育者的就业意识、创业精神和社会责任感,努力提供使受教育者终身受益的教育培训。

11.5 国外高校的创业教育

在"大众创业,万众创新"的形势下,高校该如何实施创新创业教育?学生创新能力的培养又该如何加强?在这方面,国外高校所积累的经验可以作为参考,给我们带来启迪(见图 11-6)。

图 11-6　国外创新教育

1. 哈佛大学：一切从实践出发

哈佛大学的创业教育课程主要突出一个特点，就是注重实际应用，课程内容和教学方法都强调从实践出发。

在课程内容上，不仅包含创业必需的基础知识类课程，如财务、营销、商务谈判等方面的课程，还包括领导力、有效领导等行为科学方面的课程，这些课程都紧密联系商业实践，重视解决创新创业中的实际问题。

例如，在"开创新企业"这门课中，着重探讨设立新公司时所需要的技能、技巧以及新企业发展的知识。学生们组成小组，从创意概念展开，进而完成一个设立新公司所需要的完整经营计划，并对计划付诸实施。通过这一完整过程的学习，学生可以学到创业理论，也能学习到具体的创业技能技巧，并能实施具体的创业行动规划。

"案例教学法"是哈佛大学创新创业教育教学方法上的特色之一。"案例教学法"要求学生站在实际创业者的立场上，学习什么是创业和如何创业，对创新创业中遇到的实际问题进行分析。比如"问题产生的原因是什么？""可能采取的对策是什么"等等，以培养学生解决实际问题的能力。丰富的案例训练也让学生对创业过程中可能遇到的问题有了深刻的认识，有效地提高了学生们创业成功的几率。

2. 斯坦福大学：不仅是知识，更重要的是精神

斯坦福大学的很多师生都具有浓厚的创新精神和创业欲望。20世纪70年代，美国硅谷（见图11-7）大批企业的创立和师生成功的创业有力地刺激和推动了美国经济的发展，创新创业教育自此受到了前所未有的关注。

据斯坦福大学相关人士估计，1988—1996年硅谷总收入中至少有一半是由斯坦福大学师生创办的企业创造的。在斯坦福大学，约有90%的学生至少选修一门创新创业课程。

除了注重对学生创新创业知识方面的培养外，斯坦福大学更重视的是学生创新创业精神的培养。创新创业精神的树立，首先体现在教师带头，师生共同融入社会，建立创新

创业的学校传统。背靠硅谷的地理优势,使得斯坦福大学的大部分教师都有过在企业实习的经历甚至是创业的经历,也让这些教师有足够的经验对学生创新创业过程中遇到的问题进行指导。

斯坦福大学鼓励教授到硅谷的公司兼职或从事公司的科研项目,学生也可以参与到这些项目中去,教授和学生的研究成果很容易在硅谷迅速转化为产品。斯坦福大学与硅谷之间形成了良好的创新创业互动效应。

另外,斯坦福大学也会用实际的规章制度鼓励创业创新精神。"停下"校规,让学生们可以随时休学一年,然后再继续复学,也为学校的创新创业教育发展提供了相对自由的环境,使学生不再为实现自己的创业梦想而失去学习机会担心。

此外,学校还设立了专门的孵化资金,为创业者提供资金支持。在这些方面的共同作用下,斯坦福大学的创新创业氛围更加浓厚,从教授到学生都愿意积极地投入到创新创业活动中去。

图 11-7　硅谷

3. 日本工业大学:产业界合作,参与大学创新创业教育

日本高校在实施创新创业教育的过程中注重与学校所在地区的产业相结合,依托本地区的特色产业优势开展创新创业教育。

日本工业大学(见图 11-8)于 1998 年创设了产学合作中心,2006 年改编为产学合作创业教育中心,注重利用大学的科研优势,为企业开展项目咨询,帮助企业解决具体的技术难题。在此过程中,反馈学校的创业创新教育。

日本工业大学也注重创新成果转化为商品,甚至建立中小型新兴企业。例如,以柳泽章教授开发的金属纤维制造技术为基础,于 1997 年成立了日本 Tekuno 股份公司,在校园内的工场制造产品,向国内外销售。

日本高校在创新创业教育开展过程中重视与产业界、社会紧密结合,真正体现了大学创新创业教育的社会参与。一方面,许多大企业为学校学生提供实习基地,为有潜力的创新创业计划提供"风险资金"等;另一方面,学校也利用自身的科研优势,加强与地区产业界的合作,为企业解决具体的技术难题,实现大学与地域经济的共同发展。

通过对上述 3 所大学创新创业教育的介绍,我们可以看到,国外大学在创新创业教育开展中主要有以下特点:

图 11-8 日本工业大学

（1）在课程开设方面，拥有完善丰富的创新创业课程体系。国外大学的创新创业课程涉及创业过程中的方方面面，涵盖创业意识、融资、管理等内容。

（2）师资力量强，拥有大量的有实际创新创业经验的教师。国外高校注重对教师进行专门的创新创业教育方面的培养，鼓励教师从事创业实践，组织教师参加创新创业教育教学研讨会，交流创新创业教育经验，从而有效提高教师创新创业教育水平。

（3）在规章制度上为学生进行创新创业活动提供便利条件。国外高校鼓励教师、学生进行创新创业活动，也为创新创业活动的开展提供必要的政策措施支持，消除他们的后顾之忧。

（4）鼓励学生积极参与创新创业实践活动。国外高校注重在实践活动中培养学生的创新创业能力，通过创业计划大赛等方式使学生亲身参与到创新创业中去，也有助于学生毕业后实际进行创业。

（5）加强与产业界合作，校企合作共同开展创新创业活动。国外高校在实施创新创业教育的过程中，注重与学校所在地区的产业相结合，充分发挥学校的科研优势和地方企业的资金优势，校企合作共同开展创新创业活动，也促进了地方经济的发展。

（6）关注学生创业精神的培养。对于学生创新创业教育，不仅仅限于相关知识、能力的培养，同样需要关注的是对于学生创新精神的培养。创新精神很难用单一的某门课程或活动进行培养，更要融汇于整体的培养过程之中。

【实验与思考】 用最终理想解启迪创造性思维

1. 实验目的

本实验与思考的目的是：
(1) 熟悉创新驱动创业的基本概念。
(2) 熟悉创业的基本要求和创业者的基本素质。
(3) 运用最终理想解方法分析创新问题。

2. 工具/准备工作

在开始本实验之前,请回顾教科书的相关内容。
需要准备一台能够访问因特网的计算机。

3. 实验内容与步骤

(1) 熟悉"创新驱动创业"的基本理念。
① 请阅读课文,简述创业的四大核心要素。
答:
要素一:_____

要素二:_____

要素三:_____

要素四:_____

② 请简述:根据我国的创业环境,对创业者的基本素质要求有哪些?
答:
要求一:_____

要求二:_____

要求三:_____

要求四:_____

要求五:_____

要求六:_____

要求七:_____

要求八:_____

(3) 应用最终理想解解决创新问题。
问题 1　养兔子。

农场主有一大片农场,放养大量的兔子。兔子需要吃到新鲜的青草,农场主不希望兔子走得太远而照看不到,也不愿意花费大量的劳动割草运回来喂兔子。

这难题如何解决?

请分析并记录:

① 设计的最终目的是什么?

答:_____

② 问题的最终理想解是什么?

答:_____

③ 达到最终理想解的障碍是什么?

答:_____

④ 出现这种障碍的结果是什么?

答:_____

⑤ 不出现这种障碍的条件是什么?

答:_____

⑥ 创造这些条件时可用的资源是什么?

答:_____

解决方案:_____

_____

_____

问题2 直立的熨斗。

平时衣服起了褶皱需要用熨斗来熨烫平整。但是使用熨斗一直有这样一个问题:假如在你熨衣服的时候突然来了电话,或者有人敲门等事情打扰,可能你会离开了熨衣板去处理这些事情,结果回来时发现熨斗就放在衣服上,衣服上已经被熨斗烧了一个大洞。

在这种情况下,你一定会想,如果熨斗能自行站立起来该有多好啊!——这显然是熨斗设计的一个最终理想解(见图11-9)。

图11-9 直立的熨斗

请分析并记录：
① 设计的最终目的是什么？
答：_____
② 最终理想解是什么？
答：_____
③ 达到最终理想解的障碍是什么？
答：_____
④ 出现这种障碍的结果是什么？
答：_____

⑤ 不出现这种障碍的条件是什么？
答：_____
⑥ 创造无障碍条件的可用资源是什么？
答：_____
解决方案：_____
_____

问题 3　聪明草种的诞生。

为了保持草坪平整漂亮，人们通常都使用割草机。割草机在割草时会发出噪声，消耗能源，产生污染，高速飞出的草或地面上的杂物有时会伤害到劳动者……如何克服上述的诸多缺陷？

在传统的产品改进思路中，设计者首先想到的就是要改进已有的割草机，解决噪声问题。为了达到降低噪声的目的，设计者一般都要为系统增加减振器、消声器等子系统，这不仅增加子系统的复杂性，而且增加的子系统也降低了系统的可靠性。显然，这不符合最终理想解的 4 个特点中的后两个。

如果用最终理想解来分析，会得到截然不同的创新设计方案。

请分析并记录：
① 设计的最终目的是什么？
答：_____
② 最终理想解是什么？
答：_____
③ 达到最终理想解的障碍是什么？
答：_____
④ 出现这种障碍的结果是什么？
答：_____

⑤ 不出现这种障碍的条件是什么？
答：_____
⑥ 创造无障碍条件的可用资源是什么？
答：_____
解决方案：_____
_____
_____

4. 实验总结

_____
_____
_____
_____

5. 实验评价（教师）

_____
_____

创业模式与创业计划

【脑洞大开】 美国最大无人机公司是怎么败给中国大疆的

《福布斯》发表文章介绍了美国无人机公司 3D Robotics 失败的前因后果。不到两年之前,这家公司的前景还一片光明,但现在它已经彻底退出了无人机制造领域,在与中国无人机厂商大疆的创新竞争中败下阵来,沦为一家挣扎求生的软件公司。

2015 年 3 月晴朗的一天,克里斯·安德森(Chris Anderson,见图 12-1)带着美国记者赴加州伯克利 3D Robotics 总部的户外场地,谈论飞行机器人的未来。

图 12-1 3D Robotics 首席执行官克里斯·安德森在
加州试飞自己公司的虹膜无人机

3D Robotics 当时是北美最大的消费级无人机制造商,而安德森是《连线》杂志的前主编,也是《纽约时报》畅销书《长尾理论》的作者。

他自信地对记者说,无人机市场的规模可达数十亿美元,3D Robotics 已经做好了抓住这个机会的准备。

如今,无人机或许仍然是一种极富价值的消费级技术,就像个人计算机或智能手机,但 3D Robotics 的前景却已经变得混浊而黯淡。过去 12 个月里,该公司已经从美国无人机初创领域的领军者沦落到挣扎求生的地步。3D Robotics 已经裁员 150 余人,烧钱烧掉差不多 1 亿美元,还彻底转变了经营策略,这一切都是不良的管理、失败的策略和莽撞的预测造成的。

硅谷狂妄自大症

《福布斯》采访了 10 名 3D Robotics 前员工,希望了解该公司陷入困境的始末。很多人说,直到今年年初,他们才发现公司遇到了困难。圣诞购物季期间销售状况不佳,而竞争对手却在迅速崛起(见图 12-2),这让安德森和他的管理团队不得不撤离消费级无人机领域。还有人说,差不多去年这个时候,他们就觉得 3D Robotics 注定会失败,当时公司的第一款大众市场无人机在生产环节中问题重重。

图 12-2 中国大疆公司生产的无人机

"这就是典型的硅谷狂妄自大症。由于无能,公司犯下了价值 1 亿美元的错误。"一位前雇员说。他仍然在无人机行业工作,因此不愿具名。

在鼎盛时期,3D Robotics 曾在湾区、奥斯汀、圣地亚哥和蒂华纳设有办事处,共有员工 350 余人;高通风投、理查德·布兰森和 True Ventures 等投资者给该公司的估值是 3.6 亿美元。安德森认为消费级无人机空间竞争较少,希望开发能够吸引普通消费者以及公司的飞行机器人。他离开《连线》杂志,全力投入到 3D Robotics 公司的时候,勾勒了这样一幅图画:孩子们在公园里玩飞行机器人,农民使用它们来巡视玉米田,建筑工人使用它们查看施工现场。

3D Robotics 打算研发的 Solo 就是这样的无人机。它是一架黑色的四轴飞行器,其开源软件平台可供外部开发者开发应用。但 2015 年 4 月首次亮相的 Solo 最终却成了失败者。它失败的原因包括生产延期、组件问题较多,以及来自中国无人机公司大疆的竞争。大疆公司不仅产品价格更低,而且开发新产品的速度也更快。

失败的策略

"我们意识到,一家位于硅谷、以软件为中心的公司,要和一家位于中国、垂直整合的强大制造公司竞争,这本身就很困难。"3D Robotics 的前首席营收官科林·格温(Colin Guinn,见图 12-3)说。他在 2016 年 9 月离开了该公司。

而安德森意识到了这一点的时候可能已经太迟了。3D Robotics 为了研制 Solo,几乎已经花光了所有资金,虽然它现在已经转型,在为 Autodesk 这样的合作伙伴开发软件和服务应用。目前还不清楚 3D Robotics 还剩下多少钱。在上个月接受采访时,安德森拒绝讨论公司的财务状况,但他表示,3D Robotics 现在已经完全把精力放在了企业软件上。

图 12-3　2014 年，大疆前北美负责人科林·格温成为 3D Robotics 首席营收官

安德森现年 55 岁，之前经常在行业会议上发表关于无人机的主题演讲。

"我们退出了硬件市场，不再把消费者作为目标客户，部分原因是这个市场太难啃，"他说。"大疆是一个了不起的公司，很多人都栽在了它手上。"（见图 12-4）。

图 12-4　中国大疆公司生产的无人机

公司的创办

3D Robotics 是安德森和霍尔迪·穆尼奥斯一起创办的。穆尼奥斯是一个年轻的墨西哥移民，从小在加州他家的车库里鼓捣遥控直升机。安德森在 2007 年创办了网上无人机爱好者社区 DIY Drones，他和穆尼奥斯就是在这个社区里结识的。当时安德森在《连线》杂志当编辑，他很喜欢穆尼奥斯的自动驾驶系统，还寄去了 500 美元资助他。

两人在 2009 年创立了 3D Robotics。穆尼奥斯经营着公司的业务，出售自制无人机套件和自动驾驶仪的电路板，而这对安德森则只是个副业，他继续在《连线》做全职编辑，并管理热闹的 DIY Drone 论坛。到了 2012 年，安德森把精力转移到了 3D Robotics 上，他写了一篇文章，讲述他如何看好无人机技术。

"正如个人电脑在 20 世纪 70 年代诞生和兴起，个人无人机也将在这十年里崛起，"他在《连线》的一个封面故事中写道，"我们正在进入无人机时代。"

当年 11 月，安德森已经获得了一轮 500 万美元的风险投资，而且也辞去了编辑工作。3D Robotics 扩大了业务范围，安德森担任公司 CEO，在伯克利经营业务，而穆尼奥斯在圣地亚哥和蒂华纳开设了办事处。第二年，该公司又筹集到 3000 万美元资金。

来自大疆的竞争

3D Robotics 开始行动的时候,总部位于深圳的大疆公司已成为了早期消费级无人机的领军者。大疆公司成立于 2006 年,靠做飞行控制系统起家(见图 12-5)。

图 12-5 中国大疆公司生产的无人机

2012 年,该公司推出了"精灵"(Phantom)无人机,这是一款非常成熟的设备,后来成为消费级无人机的标杆。而且和中国其他高科技公司不同的是,大疆公司一早就把目光投向了全球市场,在无人机爱好者和前电视真人秀明星科林·格温的帮助下,大疆公司在美国设立一个办事处。

格温成为了大疆公司的营销形象担当,他带着精灵无人机参加各种交易会,并把它销售给零售商。

到 2013 年年末,格温与大疆的关系恶化,他被迫离开该公司,大疆也关闭了奥斯汀的办事处。随后,格温起诉了大疆,并在 2014 年 2 月加盟 3D Robotics(大疆和格温后来达成庭外和解)。格温带来了大疆的前美国员工,成为了公司的首席营收官,并在奥斯汀成立了 3D Robotics 办公室,处理公司的营销和销售事务。

"在会议上,格温总是说,'我要弄死大疆',"一名前 3D Robotics 员工说。

总之,在格温和安德森的构想中,Solo 会挑战精灵的霸主地位。在配色上,Solo 弃白色而用黑色,它还具备一些大疆无人机当时没有的高大上功能,比如可以编写飞行路线,为开发人员提供开放代码,提供响应式客户服务。尽管公司的 DIY 部件业务相对稳定,每年能带来 1000 万美元的营收,3D Robotics 还是把全部资源集中到了新的无人机上。它收购了 Sifteo,一家没有无人机经验的消费级电子游戏制造商。Sifteo 带来的员工构成了 Solo 的核心工程团队。

2015 年 4 月,3D Robotics 在拉斯维加斯的 National Association of Broadcasters 大会上推出 Solo,科技媒体 The Verge 说它"可能是有史以来最聪明的无人机",对该设备的自动驾驶功能赞不绝口(其中猫腻请看后文)。无人机爱好者也对精灵替代品的出现大声欢呼,这不禁让 3D Robotics 的主要竞争对手大疆感到担忧。

那年春天,大疆创始人兼 CEO 汪滔和安德森会面。当时的一个与会者说,汪滔表示愿意买断该公司。安德森拒绝了这个提议。当时 Solo 即将开始出货,3D Robotics 要做的是一番大事业。

问题爆发

前员工告诉记者,他们注意到 Solo 的问题是 2015 年 6 月它在百思买上架销售的时候,"Solo 推出之后,事情就脱离了轨道,"一个员工说。

Solo 无人机的 GPS 系统有时会出现连接问题,会影响到飞行的稳定性,所以无人机有时会飞走或坠毁。摄像头稳定装置万向节也面临生产延误,所以第一批上架的 Solo 没有安装万向节,不适合拍摄照片和视频,而拍摄恰恰是大多数消费级无人机的主要用途。"制造万向节比制造无人机还难,"格温表示。万向节在 Solo 上架整整两个月之后才出货,那时已经到了 8 月。

不过,3D Robotics 的高管仍然看好 Solo 的潜力,预计它会在假日购物期间销售一空。据一名员工说,首席财务官约翰·雷克斯(John Rex)和安德森本来已经和代工厂 PCH 国际公司签订了制造 6 万架 Solo 的合同,而到了 6 月中旬,他们又以不足一个月的销售数据为依据,决定追加 4 万架的订单。这是一个重大的决定,一名前员工说,因为每架无人机及其万向节的生产成本加上配送到零售商的费用总共超过了 750 美元。知情人士告诉《福布斯》说,虽然该公司在 2015 年筹集了 6400 万美元的资金,但大部分都花在了制造成本上。

不少人指责 3D Robotics 的莽撞预测导致了 Solo 的失败,比如一名前雇员说,领导层的致命错误是用"在卖"而不是"卖出"的数字为依据来进行预测。运送到零售渠道(如百思买)的库存并不能显示消费者的需求,因为零售商如果没有把产品销售出去,还可以退回给公司。然而公司进行预测的依据是零售商那里的库存,而不是顾客实际购买的数量。

除了大疆,大家都是输家

3D Robotics 营销团队的一名前员工,也对公司在媒体公关上的一些做法表示了质疑。例如,2015 年春天公司向科技媒体 The Verge 提供的演示中,有一架无人机是"精心改装过的",和你在商店里买到的 Solo 并不一样。"我们知道用来演示的那架无人机表现会很好,"他说,那架无人机使用的增强 GPS 组件在普通 Solo 上是没有的。

但是,媒体的好评并没有能够拯救 Solo 的命运。到 2015 年底,3D Robotics 总共只卖出了约 2.2 万架,是最初预测数字的一半。剩下的库存积压在工厂车间和海运集装箱里。而大疆也开始行动起来。拥有万向节和 GoPro 摄像头的 Solo 价格超过 1700 美元,而垂直整合的大疆公司拥有自己的工厂,其精灵 3 专业版套装可以和 Solo 媲美,而价格仅为 1300 美元。到 2016 年,配备了万向节和摄像头的精灵无人机价格降到了 1000 美元。

"我从来没有见过有哪个市场出现过这样的降价,"安德森说。"除了大疆,大家都是输家。"

一落千丈

大疆的行动让安德森和他的高管没有了喘息的余地。2015 年底,他们取消了一个名为 Nemo 的小型竞速机计划,翌年 1 月,在前往拉斯维加斯参加 CES 消费电子展之后,他们意识到,曾经空旷的消费级无人机领域很快就会挤满几十个来自中国的竞争对手。从 CES 展会一回来,3D Robotics 的领导层就改弦易辙,取消了 Blackbird 工业无人机计划,开始规划如何退出硬件制造领域。

由于资源过度集中在 Solo 上,在不到一年的时间里,3D Robotics 已经元气大伤。2016 年 2 月,公司有 6 万多架无人机尚未售出,资金却已经枯竭。他们不得不关闭了圣地亚哥的办公室和蒂华纳的工厂,默默地把联合创始人穆尼奥斯送出了门(穆尼奥斯如今仍然在无人机行业工作,他拒绝对此事置评)。3D Robotics 欠代工厂 PCH 的货款也无法偿还,只好与它签订了一个协议。安德森拒绝透露该协议的细节,但两名知情员工表示,3D Robotics 把剩余的 Solo 库存都交给了 PCH,同时需要为这批无人机提供营销和销售帮助。销售 Solo 的大多数收入都直接交给 PCH。而且 PCH 还获得了 3D Robotics 的部分股份,以及公司董事会的一个观察员席位。

PCH 的发言人拒绝对此事置评。

2016 年 3 月,3D Robotics 裁员大约 30 人,其中包括 CFO 雷克斯。不久后格温也被裁掉。当初通过 Sifteo 收购案进入该公司的工程师也纷纷离去。格温在接受采访时说,今年年初他就知道自己会离开,奥斯汀办事处会关闭了。

经验教训

安德森说,3D Robotics 消费级项目的员工大多数都离开了,虽然蒂华纳还有一些 Solo 客户支持人员。现在 3D Robotics 正在转型为一家为企业服务的软件公司。他估计大约有 80 人留了下来,现在大多数员工都属于 Site Scan 软件团队,这个项目旨在帮助企业捕捉和分析航空数据。

3D Robotics 的新项目或许可以开花结果,但它也面临着一批硅谷初创公司的竞争,比如 Kespry、DroneDeploy 等等,其中一些公司为开发企业软件解决方案筹集了数以百万美元计的资金。3D Robotics 现在要想迎头赶上,可能已经没有足够的资源来支撑。

"我们不再制造 Solo 了,我们也不打算再制造无人机了,"安德森说。他表示 3D Robotics 将开始为其他无人机制造商开发软件。"其他公司在做硬件,所以我们不必做硬件了,我们可以专注在提供软件和服务方面。我喜欢这个思路。我们是一家硅谷公司,我们应该做的就是软件,那些中国公司应该做硬件。"

与此同时,消费者仍然可以购买 Solo 无人机。一套 Solo 和万向节的制造和运输成本超过 750 美元,零售价曾经高达 1400 美元。而现在,它在百思买的售价仅仅才 500 美元。

阅读上文,请思考、分析并简单记录:

(1) 请通过网络搜索,了解中国大疆公司,并做简单介绍。

答:

(2) 仔细阅读本文并分析,你认为 3D Robotics 为什么会败给中国大疆?

答:

(3) 结合网络搜索,请仔细了解无人机的发展现状,你个人是否看好这个产品、行业和市场的未来发展?

答:_____

(4) 请简单记述你所知道的上一周发生的国际、国内或者身边的大事。

答:_____

12.1 互联网+商业模式创新

商业模式是一个企业满足消费者需求的系统,这个系统组织和管理着企业的各种资源(资金、原材料、人力资源、作业方式、销售方式、信息、品牌和知识产权、企业所处的环境、创新力),形成能够提供消费者无法自制而必须购买的产品或服务,因而具有自己能复制但不被别人复制的特性。

12.1.1 互联网思维及其影响

互联网思维,就是在互联网+、大数据、云计算等科技不断发展的背景下,对市场、用户、产品、企业价值链乃至对整个商业生态进行重新审视的思考方式。互联网思维分为三个层次:第一层次为数字化工具。互联网是工具,能提高效率,降低成本。第二层次为互联网化。利用互联网改变运营流程,如电子商务、网络直销。第三层次为互联网思维。用互联网改造传统行业,改变商业模式和价值观。

一般来说,互联网思维有5个显著特点:一是便捷性,互联网的信息传递和获取比传统方式快捷很多也更加丰富。这也是为什么PC取代了传统的报纸、杂志,而手机也呈现替代PC的趋势,这都体现了信息获取更便捷。二是表达和参与性,互联网让人们表达、表现自己成为可能。每个人都有表达自己的意愿,都有参与一件事情的创建过程的愿望。三是免费性,从来没有哪个时代让我们享受如此之多的免费服务,今天我们可以更多地享受互联网带给我们的视觉、听觉以及出行等免费服务。四是数据思维性,互联网让数据的搜集和获取更加便捷,并且随着大数据时代的到来,数据分析预测对于提升用户体验有非常重要的价值。五是用户体验性,用户可以在使用产品过程中享受更多的实际感受和满意度。

12.1.2 互联网＋商业模式

在传统生态里,商业模式是固定的,而管理模式、生产模式、营销模式是变化的。如今,在互联网＋企业里,最核心的就是商业模式的互联网化,即利用互联网精神(平等、开放、协作、分享)来颠覆和重构整个商业价值链。

1. 工具＋社群＋商业模式

互联网的发展使信息交流越来越便捷,志同道合的人更容易聚在一起,形成社群。同时互联网将散落在各地的星星点点的分散需求聚拢在一个平台上,形成新的共同需求,并形成了规模,解决了重聚的价值。社群和平台。

如今互联网正在催熟新的商业模式,即"工具＋社群＋超级 APP"的混合模式。比如微信最开始只是一个社交工具,先是通过各自工具属性、社交属性、价值内容的核心功能过滤到海量的目标用户,加入了朋友圈点赞与评论等社区功能,继而添加了微信支付、精选商品、电影票、手机话费充值等商业功能。

2. 长尾型商业模式

长尾概念由克里斯·安德森提出,这个概念描述了媒体行业从面向大量用户销售少数拳头产品到销售庞大数量的利基产品①的转变,虽然每种利基产品相对而言只产生小额销售量,但利基产品销售总额可以与传统面向大量用户销售少数拳头产品的销售模式媲美。通过 C2B 实现大规模个性化定制,核心是"多款少量"。在长尾型商业模式里,绝不是传统的购买关键字模式。在互联网金融领域,传统金融搜索模式是违背长尾模式的,将多如牛毛的金融产品呈现给消费者是一种不负责任的行为。长远来看,从信息撮合到交易撮合是趋势,互联网＋下,一定是"用户需要什么就生产什么"而不是"生产什么就卖什么"。

3. 跨界商业模式

互联网专家凯文·凯利说过:"不管你们是做哪个行业的,真正对你们构成最大威胁的对手一定不是现在行业内的对手,而是那些行业之外你看不到的竞争对手。"跨界这种模式,是在给看得见的对手造成压力,给看不见的对手提高门槛。小米做了手机,做了电视,做了农业,还要做汽车、智能家居。

互联网实质上就是利用高效率来整合低效率,对传统产业核心要素的再分配,也是生产关系的重构,并以此来提升整体系统效率。例如,其他行业都讲颠覆,在互联网金融领域,是通过减少中间环节来减少所有渠道不必要的损耗。如小米砍掉了分销商,解决了抵

---

① 所谓"利基",是指"有获取利益的基础"。通过对市场的细分,企业集中力量于某个特定的目标市场,或严格针对一个细分市场,或重点经营一个产品和服务,创造出产品和服务优势。

达用户最后一公里问题。传统的想法是大鱼吃小鱼,在互联网下只有快鱼吃掉慢鱼。互联网公司站在服务实体经济上,才能走得很远。

4. 免费商业模式

互联网+时代是一个"信息过剩"的时代,也是一个"注意力稀缺"的时代,怎样在"无限的信息中"获取"有限的注意力",便成为互联网+时代的核心命题。注意力稀缺导致众多互联网创业者们开始想尽办法去争夺注意力资源,而互联网产品最重要的就是流量,有了流量才能够以此为基础构建自己的商业模式,所以说互联网经济就是以吸引大众注意力为基础,去创造价值,然后转化成赢利。如果有一种商业模式既可以统摄未来的市场,也可以挤垮当前的市场,那就是免费的模式。

5. O2O 商业模式

O2O 是 Online To Offline 的英文简称。O2O 狭义来理解就是线上交易、线下体验消费的商务模式,主要包括两种场景:一是线上到线下,用户在线上购买或预订服务,再到线下商户实地享受服务,目前这种类型比较多;二是线下到线上,用户通过线下实体店体验并选好商品,然后通过线上下单来购买商品。

互联网的世界,平台制胜。平台型商业模式的核心是打造足够大的平台,产品更为多元化和多样化,更加重视用户体验和产品的闭环设计。利用互联网平台,企业可以放大,原因有:第一,这个平台是开放的,可以整合全球的各种资源;第二,这个平台可以让所有的用户参与进来,使企业和用户之间实现零距离。在互联网时代,用户的需求变化越来越快,越来越难以捉摸,单靠企业自身所拥有的资源、人才和能力很难快速满足用户的个性化需求,这就要求打开企业的边界,建立一个更大的商业生态网络来满足用户的个性化需求。通过平台以最快的速度汇聚资源,满足用户多元化的个性化需求。所以平台模式的精髓,在于打造一个多方共赢互利的生态圈。

12.2 知识产权、技术评估和产业化

知识产权(intellectual property)是指"权利人对其所创作的智力劳动成果所享有的财产权利",一般只在有限时间期内有效。各种智力创造,比如发明、文学和艺术作品,以及在商业中使用的标志、名称、图像以及外观设计,都可被认为是某一个人或组织所拥有的知识产权。

知识产权按保护目的不同可分为工业产权和著作权,按保护对象不同可分为创造性知识成果和经营标识两大类。知识产权具有专有性、地域性、时间性、无形性等特征。专利、专有技术的评价方法有收益法和成本法两类。商业秘密具有新颖性、价值性、保密性等特点。

12.2.1 知识产权的概念

知识产权是关于人们就其在社会实践中创造的智力劳动成果所依法享有的专有权

利。通常是国家赋予创造者对其智力成果在一定时期内享有的专有权或独占权。随着科技的发展,为了更好保护产权人的利益,知识产权制度应运而生并不断完善。

通常认为,知识产权是一种无形财产权。从广义上说,知识产权是指以"创作性知识成果"和"经营标识"为核心而产生的财产权的总称。国内外著作普遍表述知识产权概念的方式是列举知识产权的主要内容,如知识产权传统上包括专利、商标和版权3个法律领域,或者说"专利权、商标权与著作权等一般结合在一起称之为知识产权"。然而,这种方法不能揭示概念的全部外延,只包括了专利权、商标权和著作权,而不涉及除商标之外的其他商业标记权、集成电路布图设计权、反不正当竞争等内容。

关于知识产权的两个重要的国际公约则采用完全列举知识产权对象的方法表述知识产权概念。1967年7月14日在斯德哥尔摩签订的《成立世界知识产权组织公约》第2条第8款规定,"知识产权"包括以下有关项目的权利:文学艺术和科学作品;表演艺术家的演出、录音制品和广播节目;在人类一切活动领域内的发明;科学发现;工业品外观设计;商标、服务标记、商号名称和标记;禁止不正当竞争,以及在工业、科学、文学或艺术领域内其他一切来自知识活动的权利。1994年4月15日签署,1995年1月1日生效的《与贸易有关的知识产权协议》第1条第2款规定:对于本协议,"知识产权"系指第二部分第1至第7节中所包括的所有类别的知识产权:著作权及其相关权利;商标权;地理标记权;工业品外观设计权;专利权;集成电路布图设计权;对未公开信息的保护;对许可合同中限制竞争行为的控制。完全列举的方法表述清楚明确,但用来说明概念则过于烦琐,而且知识产权的外延并非固定不变。随着技术进步和社会文化的发展,不断有新的对象被纳入知识产权当中,例如,公开权(right of publicity)这一保护知名人物对其形象和身份所具有的利益的权利也被认为应当属于知识产权的范畴。从这个角度看,采用列举方式因难以列全,存在较大的缺陷。从科学的意义上讲,概念应当是反映对象的本质属性的思维形式,而简单的列举恰恰不能完成这一任务。概念本身就是人类在认识过程中,把所感觉到的事物的共同特点,从感性认识上升到理性认识,抽象出本质属性而成的。所以统一知识产权概念的基础,需要从种种或同或异的列举背后发现它们的共性。

以计算机为例,创造性知识成果包括:计算机的画面处理装置或者数据处理装置相关的发明(发明专利权);计算机的形状、构造等相关的实用新型(实用新型专利权);计算机的外观设计(外观设计专利权);计算机的半导体集成电路芯片设计(集成电路布图设计专有权);计算机上安装的计算机软件(软件著作权)。经营标识包括:计算机上附着的注册商标(商标权);计算机特有的商品形态、名称、包装、装潢等(反不正当竞争法保护的其他权益)。

知识产权具有无形性特征,这一特征将它们同一切有形财产权区分开。法律赋予了知识产权在一定期间内排他性的独占权。未经权利人许可,任何人不得侵害权利人的知识产权。知识产权人可以禁止他人未经权利人许可而擅自实施和使用。当然权利人除自己行使外,也可以许可他人行使。同时,知识产权具有地域性的特征,按照一国法律取得的知识产权,只能在该国有效,不会产生域外效力。此外,知识产权具有时间性的特征,一旦超出法律规定的有效期限,即丧失专有性,相关知识产品就进入公有领域,成为社会的共同财富,任何人都可以自由利用。如我国规定公民作品的著作权保护期为作者有生之年及其死后50年,发明专利权的保护期为20年,实用新型和外观设计专利权的保护期为10年。当然,并非每一类知识产权都具备以上全部特征,如商业秘密在时间性上就不受限制。

12.2.2 知识产权的分类

不同的国际公约对知识产权的类型有着不同的规定。

(1) 按保护目的不同,可分为工业产权和著作权。狭义的工业产权包括发明、实用新型、外观设计和商标等。例如,一支铅笔的发明原来是圆柱形的,容易从桌子滚下来,那么将铅笔改为不易滚动的六棱形便可取得实用新型。给铅笔涂上设计的图案增加美观,就是外观设计。特定的制造商将自己的商标标注在铅笔上,这支铅笔就拥有了发明、实用新型、外观设计的专利权和商标权。著作权则涉及文学、科学、艺术领域,保护的是作者创作的作品。

(2) 按保护对象不同,可分为创造性知识成果和经营标识两大类。创造性知识成果包括发明、实用新型、外观设计、作品等。近年来随着科学技术的发展,知识产权的保护范围逐渐扩大,如计算机软件、集成电路、植物新品种、商业秘密等也被列入创造性知识成果的保护范围。经营标识包括商标、商号、其他与制止不正当竞争有关的识别性标记等。

1. 发明

发明是指对产品、方法或者其改进所提出的新的技术方案。它分为产品发明和方法发明两大类型。例如,一种新合金的化学组成是产品发明,而制造该新合金的新方法或者工艺流程则是方法发明。发明专利权的保护期为20年。要取得发明专利权需要具备新颖性、创造性、实用性3个要件。新颖性是指一项发明是现有技术中所没有的。现有技术是指申请目前在国内外出版物上公开发表、在国内公开使用或者以其他方式为公众所知的技术。创造性是指除了是现有技术中所没有的以外,还必须是创造性构思的成果,而且与现有技术相比,该发明具有突出的实质性特点和显著的进步。实用性是指该发明能够制造或者使用,并且能够产生积极效果。此"三性"是发明区别于一般技术并能够取得专利权的核心要件。

2. 实用新型

实用新型是指对产品的形状、构造或者其结合所提出的适于实用的新的技术方案。实用新型的保护对象只限于产品形状、结构。产品的制造方法不能获得专利。实用新型专利权的保护期为10年。实用新型要取得专利权也需要具备新颖性、创造性、实用性的要件。但对其创造性水平的要求相比发明专利要低,故称之为"小发明"。对它不需要进行实质审查,只需要进行形式审查。因此,从技术高度性和权利稳定性上看,发明专利明显高于实用新型专利的价值。实用新型有时可以是一个简单实用的技术产品。

3. 外观设计

外观设计是指对产品的形状、图案或者其结合以及色彩与形状、图案的结合所做出的富有美观并适于工业应用的新设计。它属于美学范畴,主要指有用物品的装饰性或艺术性的外表,其保护期为10年。外观设计是对广泛的工业产品外观的形态创造,它可以是儿童玩具的造型,也可以是汽车外形设计或者汽车轮胎花纹的设计。外观设计有时为产品带来美观的同时也具有功能性。例如轮胎的花纹便是如此。

4. 商标

商标是用来识别一种商品区别于其他商品,且具有"显著性"特征的商品标识。商标由文字、图形或文字、图形的组合所构成。与商品商标相同,服务业的经营者为了使自己的服务区别于其他经营者的同类服务,而使用服务商标,例如航空公司、旅馆、餐馆、银行、保险公司、旅行社、出租汽车公司等服务性企业使用的标记。一个标识可以同时是商品商标和服务商标。例如,麦当劳的商标既是商品商标,又是服务商标。当它提供外卖时,商品包装上所使用的标识是商品商标,而店铺向消费者提供服务时其标识为服务商标。商标权的保护期为10年,但可以无限期续展。因此,商标权实质上可以成为一种永久性权利。

5. 原产地名称

原产地名称是地理标记的一种,但它不仅表示产品来源的普遍地理标记,而且还是表示该产品质量或特点完全或主要取决于该地域的土壤、气候、水质、原料、传统制作工艺、加工技术等自然因素或人为因素的特殊地理标记。例如,葡萄酒的原产地名称通常是由地理名称+商品组成的,是国际公认的一个有名的地理标志,用于葡萄酒上,只要是设于该地的酒厂,都可以在其酿造的葡萄酒上使用这个地理标志。对于日益注重生活质量的消费者来说,原产地名称可以满足他们对高档、优质产品的需求。原产地名称的这种功效正是其商业价值的体现,也是它成为工业产权保护对象的原因所在。

6. 作品

受著作权法保护的是文学、艺术和科学作品。思想、感情的表现形式称为作品,如书籍、戏剧或音乐、舞蹈、艺术、电影、美术、摄影等作品。著作权是为了保障作者就其作品能够获得经济利益。现在各国著作权法中都授予作者复制、发行、表演、演奏、放映、广播其作品等专有权,其目的是保护作者利用或者许可第三人利用其作品而获得经济利益的权利。特别是在作品和技术相结合的今日,著作权正变得越来越重要。例如,许多高新技术产品和工艺需要通过计算机软件来操作,其软件开发费用占整个开发费用的80%或者更多。因此,相对于专利或专有技术而言,软件在很大程度上是一种现代工业语言,在经济和技术方面都显得更加重要。

7. 商业秘密

商业秘密是指不为公众所知悉、能为权利人带来经济利益,具有实用性并经权利人采取保密措施的信息。一类是制造诀窍,也称专有技术,例如,如何钻探油田或者如何制造飞机发动机,以及产品设计、工艺流程、配方、质量控制等;另一类是经营诀窍,例如,如何计划、组织一个培训讲座班,以及成本和价格的数据、市场的调查研究成果、客户名单、促进销售的方式方法、人事信息、资金信息、财务诀窍等。企业对于所拥有的商业秘密必须采取保密措施严加保护。如果因为不慎而被公开,该信息就落入公用领域,任何人都可自由使用。

8. 集成电路布图设计

集成电路是指一种产品,在它的最终形态或中间形态,其中众多元件(其中至少一个是源元件)的部分或全部互连集成在一块材料之中或之上,以执行某种电子功能。在集成电路的价值成本中,大部分都是知识、技术与信息所增加的附加价值,这种附加价值主要集中在以集成电路为载体的集成电路布图设计上。目前对于集成电路布图设计,多数采取专门立法的形式予以保护,不过这种权利仍然属于工业产权的一部分。集成电路主要用于高级数据处理设备,以及应用于手表、电视机、洗衣机、汽车等日常使用的电子产品之中。集成电路创作新的布图设计需要大量的投资,但是模仿和复制却相对容易,一般只需要花费相当于原创作费用的十分之一左右。这是采用立法形式保护集成电路布图的主要原因。

9. 植物新品种

植物新品种是人智力创造的成果。目前各国一般是采取特殊方式保护,称为植物育种者权利。它与其他知识产权在形式上有某些共同特征,但同时又有本质的差异。植物品种要获得保护,需要满足新颖性、特异性、一致性、稳定性的条件,并且有适当的名称,通过培育繁殖材料,可以得到植物新品种。

12.2.3 知识产权商业化

知识产权的财产和市场价值日益彰显,越来越成为市场竞争的利器。

首先,要求在保护中要凸显知识产权的财产性和商业性。在处理涉及财产与人身的知识产权关系时,要注意人身表象背后的财产本质,透过现象看本质或者尊重当事人意思自治。例如,企业名称权本质上是一种财产权,可以转让和继受。

其次,在纯粹为商业目的委托创作作品的关系(如委托设计商品包装装潢)中,如果当事人约定买断作品的所有权利,要尊重当事人的意思自治,通过限缩解释等方式解决法律适用问题,无须僵化地认定人格权类的人身权不能转让。在这种情况下,当事人应注意把握知名人物姓名、形象等商品化趋势,注意充分保护由人格权演化为财产权所产生的新类型权益。

再次,要注意保护商业成功,在专利性判断、专利权保护强度等方面适当考虑商业成功因素;在商标侵权、商业标识权利冲突等案件中适当注意保护商业成功,在商标近似、恶意等判断上适当考量商业成功。例如,除公然违反或明显抵触《商标法》明文规定外,对于已具有较大规模、客观上能够进行市场区分的商标,不宜轻率地撤销或者认定为商标近似,所体现的是保护商业成功及混淆性近似标准的主观认定客观化的精神,反映了对于市场客观事实的尊重。

12.2.4 知识产权控制产业链的表现

在电子、通信领域,一条产业链通常包括上游的技术提供商、中游的产品设计开发企业和下游的产品加工制造企业。

技术提供商研究新的基础技术,通过技术许可获利,或者通过出售核心零部件/芯片获利。产品设计开发企业围绕技术提供商提供的基础技术设计开发出满足用户/市场需求的具体产品,通过销售具体产品获利。产品加工制造企业主要是接受技术提供商或产品设计开发企业的委托,生产制造满足委托方要求的零部件/芯片或具体产品。

对于每个企业来说,虽然其知识产权的工作都包括专利、商标和商业秘密保护这几个主要部分,但是对位于产业链中不同位置的企业,其知识产权工作的侧重点是不同的。

(1) 对位于产业链上游的技术提供商来说,其知识产权工作的重点在于:部署基础技术专利;标准与专利的结合;专利运营;收集行业信息,预测技术的发展趋势;对竞争对手进行专利侵权监控;对中游的企业进行专利侵权监控;诉讼和应对诉讼;实施商标策略。

(2) 对于位于产业链中游的产品设计开发企业来说,其知识产权工作的重点在于:实施商标策略;部署产品专利;专利预警;应对知识产权许可;收集市场信息,预测产品的发展趋势;对竞争对手进行专利侵权监控;诉讼和应对诉讼。

(3) 对位于产业链下游的产品加工制造企业来说,其知识产权工作的重点在于:防止过度专利化;应对技术许可;应对诉讼。

在一条产业链中,上游企业的利润是最高的,中游企业的利润次之,下游企业的利润最低。相应地,上游企业对知识产权的要求也是最高的,在知识产权方面的投入也是最大的;中游企业次之;下游企业对知识产权的要求最低,投入也最少。

12.2.5 知识产权评价应考虑的因素

下面分别介绍专利技术、专有技术和商标评价时应考虑的因素。

1. 评价专利技术应考虑的因素

(1) 专利权的法律界定。这是专利权评价中首要考虑的因素,其中包括:

① 确定被评价对象所处的法律状态。专利权可以分为专利申请技术和专利技术两种。前者是已向专利管理机构申请并得到受理但未最后授权的技术。这种技术的法律性质处于一种不确定的状态,可能被授权,也可能不被授权,在评价中应慎重对待。我国专利法规定,专利技术在申请公布以后,该技术可以受到专利法的临时保护,他人使用时应交付一定的费用。因此,在评价时,其作价应低于已获得专利权的技术。

② 确定专利技术的法律归属。在专利权的评价中,应明确确定该专利权归谁所有,无论是职务发明还是非职务发明,都要有完备的法律文件以及相应的手续证明材料。

③ 审查专利权的时间与空间效力范围。任何超过规定时间的技术均为公有技术,使用者不用支付任何费用,即不在评价范围之内;专利权只有在授权国的范围内才能受到法律保护,超出这一范围的技术可以自由使用,不需要支付任何报酬,也不在评价范围之内。

(2) 确定专利权的技术水平。专利技术虽然在取得专利权之前经过了一系列审查,但只能看到它是否达到法律文件中所描述的水平和条件,况且,专利法对实用新型和外观设计只进行了初步审查。因此,在评价时,应请有关方面的专家对被评价的技术进行认真论证,特别是对技术市场上所能遇到的竞争状况要作充分的估计。另外,专利权存在一个萌芽、成长、成熟和消亡的过程,也应该注意其各阶段的价值。

2. 评价专有技术应考虑的因素

(1) 开发成本。专有技术的开发成本是构成其价格的因素之一,但它又不同于一般的商品。一般的商品,生产成本在价格中占的比重较大,赢利因素占的比重较小;而技术产品的价格往往相反,其所带来的赢利因素在价格中占到很大的比重。

(2) 产品市场的供求关系。专有技术产品的市场供求关系对其价格也有重要的影响。产品在投入期和衰退期,因需要较低,其经济效益一般较差,技术价格也相对较低;而产品在成长期、成熟期销售很好,供不应求,效益高,其技术的价格也会相应提高。

(3) 无形损耗。在科技高度发展的今天,技术的无形损耗在加快,技术的进行和更新换代速度在加快,技术的价值降低的速度也随之加快。

(4) 技术的领先程度、成熟程度和可靠程度。对一项专有技术来讲,技术水平高,成熟可靠,才可以占领市场,发挥技术产品独家生产、垄断经营的特点,技术才长寿。一项专有技术的寿命越长,就越容易被人承认和尝试,它的效益期限就会越长,创造效益也会越大,才有更高的价值量。

(5) 国家的科技政策也会影响专有技术的价格。

3. 评价商标应考虑的主要因素

商标的价格是其价值的货币表现。但是,作为无形资产的商标的价值和价格与一般商品相比都有其特殊性,商标价值包含以下 4 部分:

(1) 生产商标标志物的劳动,包括设计文字图形、制作印刷等过程中所花费的劳动,不同的商标在这方面的花费会相差很大。

(2) 在法律上取得商标所有权的费用,包括申请费、注册费、变更费和续展费等。

(3) 注册商标的所有人和使用人为提高商标的内在质量而使用的特种技术、配方、选料、款式设计以及包装、开拓市场等方面所发生的劳动和费用。

(4) 注册商标的所有人或使用人,为建立自己的商标信誉和知名度而发生的费用。

评价商标时应考虑以下两个主要因素:

(1) 商标评价中的预期收益。指预计由商标带来的未来收益,主要体现在产品价格优势、销售量大、销售成本降低以及商标收益年限等因素。优势价格,就是标有名牌商标产品或服务的定价比同类产品或服务的价格高。增大销售量,是因为具有一定商标信誉的产品或服务均为畅销产品,在市场上都会有很大的市场份额,这种在销售上的优势也是生产经营者获利的源泉。降低成本费用,是因为产品销售量大并形成规模经济时,单位产品或服务的成本必然下降,使生产经营者享受低成本的好处。商标收益年限受法律保护年限和商标经济寿命两个因素的影响。

注册商标的保护年限是 10 年,但是到期可以续展,每次续展期也是 10 年。但是,最重要的是商标的经济寿命,需要联系企业发展状况、商标的发展潜力等方面进行综合分析。

(2)商标评价目的。常由于评价目的的不同,而采用不同的价格标准和评价方法。例如,以商标价格补偿为目的的评价,应采用重置成本价格标准和重置成本法;以投资转让为目的的评价,应采用收益现值价格标准的收益现值法。商标专用权或使用权的评价不是作为一般商品来转让,而是作为一种赢利能力来转让和许可的,它的评价值高低主要应以它在使用中带来的赢利多少为依据,因而商标的评价值依商标的获利能力来评估,有人称之为商标的信誉价格。

12.2.6 商业秘密

商业秘密是指不为公众所知悉,能为权利人带来经济利益,是人类智力活动的产物,具有实用性并经权利人采取保密措施的技术信息和经营信息。

商业秘密包括以下几方面:

(1)技术秘密。指未公开过和未采取工业产权法律保护的图纸、技术资料、技术规范等形式提供的制造某种产品或者应用某项工艺及产品设计、工艺流程、配方、质量控制和管理方面的技术知识。

(2)经营秘密。指具有秘密性质与经营者的采购、金融、销售、投资、财务、人事、组织等经营活动有关情报,包括市场预测情报、广告计划、货源情报、进货渠道、销售渠道、客户名单、原材料价格、财务资信状况、推销手段、投资计划、产品区域性分布情况等。

(3)管理秘密。指有关生产和经营管理的秘密,特别是能给拥有者带来竞争优势的管理诀窍,如管理经验、管理公关、管理模式。

侵犯他人的商业秘密就是侵犯他人的知识产权,是与侵犯专利、商标、版权等知识产权一样,阻碍科学技术和管理技术的发展。

专利和商业秘密既有相同之处,也有不同之处。专利涉及技术,商业秘密也包括技术;专利可以转让,许可他人使用,商业秘密也可以;专利是一个完整的技术方案,商业秘密既可以是完整的技术方案也可以是部分技术环节;专利是申请并经审查获得国家授权,商业秘密不需要申请;专利是有期限的,商业秘密没有期限限制;专利权是所有权,是公开的,商业秘密是拥有权,是秘密的;专利只涉及技术,商业秘密还包括经营信息,范围广于专利。商业秘密不存在报批、审查、缴费等手续,保护年限长,但保护力度弱,易于泄密,如第三人独立开发了同样的技术,不但不能禁止使用,而且对同样的技术申请专利,获得专利权后。反过来又可以约束原拥有技术诀窍的企业。一项技术如果申请专利,专利保护期满后,其他企业可以任意使用这一技术,那么企业就不可能长期独占市场。

12.3 编制创业计划书

一般来说,在创业之初,创业者在征询潜在的投资者,向银行申请贷款,或者准备聘用高层管理人员,或者准备与某一供应商建立长久往来关系时,对方都会要求创业者提供创业计划。这时,创业者必须拿出事先准备好的创业计划书,才能有效地宣传自己并节省宝贵的时间，提高工作效率。

创业计划书是指创业者在创业初期所编写的企业创立与运营的整体规划方案。这个时期，创业的风险较大，一般很难获得商业贷款或创业基金，风险投资商也对处于这个时期的企业投资非常小心，这个时期企业需编写大量的创业期文书，用于说服别人，规范自己。

创业计划书要描述创办一个创业企业时所有相关的外部及内部要素，包括商业前景的展望、人员、资金、物质等各种资源的整合，以及经营思想、战略的确定等，是为创业项目制定的一份完整、具体、深入的行动指南。

12.3.1 创业计划的特征

创业计划具有3个方面的特征：

(1) 它一定涉及未来，因而应具有预见性。不论个人或组织，都必须在对未来进行充分估计的基础上行动。因此，运用科学的方法对未来进行预测，应是计划的一个基本组成部分。这些预测按内容分类，包括国家宏观经济前景及变动预测等。

(2) 它一定涉及行动，因而需要有可行性。创业就是行动，没有具体的行动，创业就是一句空话，所以创业计划又可称为创业行动计划。它既指出了所要达到的目标，又指出了所要遵循的路线、通过的阶段和所使用的手段。因此，失去了可行性，就会失去指导行动的功能。

(3) 它一定涉及许多复杂的环境因素及其变化，因此应具有灵活性。创业者受自身知识结构、所获信息数量和质量及人类自身能力的限制，完全准确地看清未来是不可能的，因而对于不确定的未来，创业计划应是相当灵活的，能随着人们认识的深化而调整。越是能在计划中体现灵活性，由偶发事件发生所造成损失的风险就越小。另外，针对创业的不同阶段，对计划的要求是不同的。一般说来，在创业的初期，要求计划更具有指导性；在创业的成长期，要求计划更为具体和详细；在创业的成熟期，要求有长期的、具体的战略发展计划。

12.3.2 创业计划的内容

根据投资者的不同，可以把创业计划分为以下4类：

(1) 争取创业投资股权投入的创业计划。
(2) 争取产业资本股权投入的创业计划。
(3) 争取他人合伙的创业计划。
(4) 争取政府支持的创业计划。

创业计划的内容主要包括以下7项：

(1) 总体叙述。将自己的创业构想扼要地用文字形式表达出来。总体叙述一般包括创业构想、获利预测和风险评估等内容。

(2) 组织机构。创业计划要说明企业的组织机构设置、职能范围以及完成这些职能的人员必须具备的条件和素质。合适的组织系统图和详细的职位说明书是组织计划的核心内容。组织机构设置不合理、职能范围不确定、人员素质和条件不达标是企业发展的重要障碍。

(3) 产品内容。初步确定了创业目标,实际上也就确定了创业的产品或服务的内容。创业计划应明确创业产品或服务项目的名称,直接成本及各种费用、税金、固定资产折旧等成本,生产制造或服务的有利条件和保证措施等。

产品计划是创业计划的重要内容之一,它是创业者在深入进行市场调查和分析比较论证的基础上确定企业向市场提供产品的实施方案,主要内容有产品的名称、产品的价格、产品的销售方式和销售附加条件(如服务合同、维修合同、使用说明、安装服务等)。产品计划应当明确与产品有关的决策,包括如何实现目标,有无替代性产品,以及与附属产品、附加产品和外围产品有关的决策。

(4) 市场预测。产品或服务内容的市场情况将决定未来企业的生产经营状况。在创业计划中要说明创业产品或服务内容的市场需求情况,销售或服务的地区,销售或服务的方式,产品或服务的价格定位,成长性、利润率情况以及产品或服务的市场竞争情况等。

(5) 生产规划。对已确定的产品在生产过程中对厂房、设备、人员、技术、资金以及生产活动所需要的支持等方面的要求进行设计。要根据生产的规划制订详细的生产计划。生产计划主要描述生产的设备要求、厂房要求、人力资源要求、技术要求、进度要求、原材料要求、质量要求等方面的问题,也就是说生产计划主要是解决如何进行生产、如何保证产品质量的问题。生产计划可以分阶段制订,如起步阶段、正常经营阶段、快速发展阶段等。在各阶段,企业生产能力的提高应与产品需求的增长保持一致。

(6) 工作进度。创业计划要注明创建工作的时间进度安排,应详细说明工作内容、工作要求、执行时间、执行负责人等内容。最好是拟订一份创建工作进度安排表。创建工作进度安排表包括做好市场调查、确定创业的产品或服务的内容、进行产品和服务的设计及包装、选择厂址厂房、购置生产设备、招聘员工、制作广告及促销方案、领取营业执照、银行开户、税务登记、开业典礼等内容。执行时间可以交叉安排。

(7) 财务预算。创业计划要说明创业工作需要的财务总预算,要分项列出建设厂房的总造价、生产设备的总投资、为创办企业应缴的各种费用、创业产品的原材料价格、生产工人和管理人员的工资、生产流动资金等。

12.3.3 创业计划书的类型

为实现不同的目的,应该采用不同的方法编写创业计划书,同时突出不同的侧重点。在具体编写过程中,创业者应该根据具体案例调整结构,增删要素和议题,采用灵活多样的形式使创业计划书更为有效。以结构和篇幅来划分,可以将创业计划书分成两大类。

1. 简式创业计划书

简式创业计划书是一种比较简明、短小的计划书,它包括企业的重要信息、发展方向,以及少量重要的辅助性材料。简式创业计划书内容通常为10~15页。

一般来说,简式创业计划书主要适用于以下情况:

(1) 申请银行贷款。虽然很多银行在受理企业贷款申请时并未正式规定企业要提供创业计划书,但是,一份简式创业计划书既能加深银行对企业的印象,也能够满足银行关于企业财务数据方面的要求。

(2) 创业者享有盛名。如果创业者在以前已经成功地创建过企业,或者来自一家著名的公司,给风险投资商一份简式创业计划书就足够了。

(3) 试探风险投资商的兴趣。在向风险投资商提供完整的正式计划书以前,创业者也许会向他们提供简式创业计划书;那些有兴趣了解企业详情的投资者将会要求创业者提供更全面的计划。这也就是说,创业者应准备两份创业计划书。但这并不复杂,因为在编写简式创业计划书时已经完成了创业计划书的重要部分,此时,只需要对创业计划书中的相应部分作一些必要的调整与补充即可。

(4) 竞争激烈,时间紧迫。市场的发展和变化非常快,机会转瞬即逝,创业者在这种情况下来不及完成一份完整的创业计划书,为节省时间,创业者往往先写出一份简式创业计划书。

2. 详细创业计划书

详细创业计划书的内容一般有30～40页,并附有10～20页的辅助文件。在这样的计划书中,创业者能够将整个创业思想作一个比较全面的阐述,尤其能够对计划中的关键部分进行较详细的论述。

详细创业计划书有下列几种用途:

(1) 详细探索和解释企业的关键问题。较小的篇幅很难充分讲清一个企业的全貌,要获得成功就必须同时在几个领域进行创新,翔实的创业计划书能将企业发展的关键问题解释清楚。

(2) 寻求大额的风险投资。创业企业要获得较大的风险投资时,风险投资商一定会对企业的情况进行更详细的了解与研究。此时,最好提供一份详细的创业计划,因为随着投资额的增大,风险投资商也会变得更加谨慎。

12.3.4 创业计划书的写作要求

创业计划书没有固定格式,下面以一种比较常见的创业计划书为例来进行介绍。

1. 创业计划书框架

(1) 封面和标题页。

(2) 目的陈述或执行纲要。

(3) 目录。

(4) 第一部分"企业基本情况",包括企业概述、产品/服务、市场与竞争、销售与促销、组织机构与管理。

(5) 第二部分"财务",包括融资方案与资金退出、资本设备目录、资产负债表、收支平衡分析、预期损益表、现金流量计划、内部收益率及敏感性分析。

(6) 第三部分"风险分析"。

(7) 第四部分"附件",包括个人简历、推荐信、意向书、租赁契约、合同、法律文件,以及其他与计划有关的文件。

2. 内容简要说明

(1) 封面和标题页。有很多创业计划书没有提供任何必要的联系信息(比如企业的联系电话或地址)就送出去了。尽管企划者可能以另外的途径传递了这些必要的信息,但这样的创业计划书一般是不合格的。创业计划书的封面一定要明确写出寻求资助的企业名称、地址、电话以及该计划通过的日期。这一日期应该能够说明该计划书是基于公司对自己的地位和筹资需求的最新考虑作出的。

标题页紧随封面之后,应该再次写明企业的名称和地址;同时还应该写明联系人(一般是企业负责人)的姓名、地址和电话号码,他很可能是风险投资商第一个要接触的人。在安排正式面谈之前,任何读了这一创业计划书的人都有可能就某一方面的问题与企业的主管人员交谈。在计划书上方一角,应注明复印件号码及保密级别字样,并在封面或标题页下方注明保密声明。

(2) 目录。包括按一定次序排列的各部分内容的名称及其页码。很多企业的创业计划书只是一些内容的简单堆砌和罗列,既没有逻辑关系,又没有必然联系,这种计划书很难达到融资目的。

(3) 执行纲要。这部分是计划书的核心内容之一,它对计划书的编写以及计划书的最终效力都起着重要的作用。

(4) 企业基本情况。

① 企业概述。创业计划必须提供企业的基本信息:历史和现状,并应该回答企业未来的战略是什么,其目的和实现这些目标的途径又是什么。

② 产品/服务。在这部分,应该描述企业的产品与服务,以及它们的特殊性。产品/服务的构成是什么,价格如何;哪一些服务是企业能够提供的,哪一些是不能提供的。

③ 市场与竞争。市场的内容包括企业的行业分析、市场细分、目标市场的选择等,竞争的内容指对企业竞争环境、竞争对手的分析。

④ 销售与促销。包括企业的销售策略、销售组合和促销手段等,是编写创业计划书时难度较大的部分。

⑤ 组织机构与管理。这一部分重点介绍企业的组织机构、管理方式以及主要管理人员。根据对创业企业失败的因素的调查研究,大部分企业失败的原因是管理上有缺陷。事实上,风险投资商更关注企业的管理,投资行为其实是花钱买管理的过程。

(5) 财务分析。这一部分主要包括企业若干年内(一般是5年)的财务预测以及相应的财务指标。

(6) 风险分析。提出企业未来可能遇到的风险以及避免和控制这些风险的手段和措施。

(7) 附件。包括撰写者个人简历、推荐信、意向书、租赁契约、合同、法律文件以及其他与计划有关的文件。

3. 创业计划书模板

创业计划书

一、发展计划摘要

（一）目标

（二）任务

二、公司情况

（一）公司所有权

（二）公司历史

（三）公司产品

（四）企业地址及设施

三、产品和服务

（一）产品及服务说明

（二）重要特点

（三）销售艺术

四、市场分析

（一）行业分析

（二）成功的关键

五、企业营销策略及实施计划

（一）营销目标和市场策略

（二）定价策略

（三）促销策略

（四）营销计划

（五）销售策略

（六）战略联盟

六、组织管理概要

（一）组织管理人员

（二）其他组织管理的考虑

七、财务分析

（一）融资计划

（二）财务规划

八、风险分析

九、附件

12.3.5　创业计划书的编写原则

只有在编写小组全体成员以及创业者本人对创业计划书的编写原则有一个明确了解后,才能编写出具有说服力和操作性强的创业计划书。因此,创业者以及创业计划书编写小组的全体成员应该在整个编写过程中牢记以下两个原则:

(1) 始终把顾客价值和投资回报铭记于心。创业者以及编写小组的成员都应该把体现顾客价值和投资回报作为编写计划书的基本原则。创业计划书的一个显著特点是其对外宣传性,而顾客价值以及投资者的投资回报是企业未来发展的基础和重要衡量指标。因此,创业计划书的编写应该始终围绕顾客价值以及投资者未来的投资回报这两个中心来进行。

(2) 以读者最关心的问题作为出发点。为了使读者能够在尽可能短的时间内领会计划书的内容,创业计划书的内容应该从目标读者最为关心的问题入手。同时,创业计划书应该具有简明、清晰的表达方式。

12.3.6　创业计划的评估

编制了一份创业计划,无非是为了吸引他人的介入、参与或支持。而他人是否会介入、参与或支持创业者的创业活动,相当程度上取决于他人对于创业者创业计划的主观评估。

(1) 创业计划的评估者。在一定意义上,某个创业计划的各类读者都是该计划的评估者。无论他是否与该计划的研究者和编制者有这样那样的利益关系,他们都会对创业者策划的创业活动品头论足。其中,创业者需要特别关注的是以下评估者:①创业者希望吸纳入创业团队的人或机构;②潜在的投资者;③政府机构;④未来的供应商。

(2) 创业计划的自评估。在将创业计划交由他人评估之前,创业者首先需要对创业计划做个自我评估。这主要是检查自己的创业计划是否具备某些必要的特点,是否有某些缺陷。

一般而论,一项成功的创业计划通常有6个特点:一是清楚、简洁。尽可能不出现不必要的分析、描述和文字;二是清晰地展示创业者所做的市场调查、预期的市场起始规模和前景;三是清晰地描述未来顾客的需求特征;四是令人信服地解释为什么客户会掏钱买创业者的产品或服务;五是适当描述未来万不得已、创业受阻时的投资退出策略;六是清晰地解释为什么本创业者最合适做这件事情。

(3) 他人评估的角度与要点。无论是潜在的合作伙伴、加盟者,潜在的投资者,未来的供应商,还是有关政府机构,他们对于创业者提供的创业计划都会反向思维,品头论足。

(4) 评估的重点内容。在对一项创业计划进行实质性评估时,评估者主要关注5项基本内容:

① 创业团队成员搭配的合理性及其优劣。

② 所提供产品或服务的市场前景。

③ 所采用的生产技术的先进性。

④ 特许资源的可保障程度。

⑤ 财务效益与股东回报。

【实验与思考】 自选研究方向编制个人学术规划

一开始,我们先做一个有益的小调查。
请问:
(1) 你学习的专业是:＿＿＿＿＿＿＿＿＿＿＿＿＿＿＿＿＿＿
你认为
大一学年的课程主要是
□ 基础课　　　□ 专业基础课　　　□ 专业课　　　□ 不了解
大二学年的课程主要是
□ 基础课　　　□ 专业基础课　　　□ 专业课　　　□ 不了解
大三学年的课程主要是
□ 基础课　　　□ 专业基础课　　　□ 专业课　　　□ 不了解
大四学年的主要学习任务是
□ ＿＿＿＿＿＿＿＿＿＿＿＿＿＿＿　　　□ 不了解
你认为,你熟悉自己所学的专业吗?
□ 熟悉　　　□ 基本熟悉　　　□ 一般　　　□ 不了解

所谓大学生,"是社会的一个特殊群体,是指正在或已经接受过大学教育的人,是社会新技术、新思想的前沿群体,国家培养的高级专业人才。"所以,如果你还不很了解和熟悉你的所学专业,那你得加倍努力了;即使你认为自己已经比较熟悉自己的所学专业,也应该为今后的专业发展制定自己的个人学术规划。

(2) 请自选发展方向,编制你的个人学术规划。

注意:

① 个人今后的发展方向并不一定必须是现在所学的专业,请按照你的实际想法来编制发展规划。

② 规划可以是短期的、中期的或者长期的,请明确说明。

请另外附纸完成你的习作,并粘贴在这里(适当折叠)。

(粘贴线)

【课程实验总结】

至此,我们顺利完成了本课程的教学任务以及本书有关"创新创业:思维、方法与能力"的全部实验。为巩固通过实验所了解和掌握的相关知识和技术,请就所做的全部实验做一个系统的总结。如果书中预留的空白不够,请另附纸张粘贴在边上。

1. 课程的基本内容

(1) 写下本学期学习的"创新创业:思维、方法与能力"的主要内容(请根据实际完成的教学情况填写）。

第 1 章，主要内容是：＿＿＿＿＿＿＿＿＿＿＿＿＿＿＿＿＿＿＿＿＿＿＿＿＿
＿＿＿＿＿＿＿＿＿＿＿＿＿＿＿＿＿＿＿＿＿＿＿＿＿＿＿＿＿＿＿＿＿＿＿＿

第 2 章，主要内容是：＿＿＿＿＿＿＿＿＿＿＿＿＿＿＿＿＿＿＿＿＿＿＿＿＿
＿＿＿＿＿＿＿＿＿＿＿＿＿＿＿＿＿＿＿＿＿＿＿＿＿＿＿＿＿＿＿＿＿＿＿＿

第 3 章，主要内容是：＿＿＿＿＿＿＿＿＿＿＿＿＿＿＿＿＿＿＿＿＿＿＿＿＿
＿＿＿＿＿＿＿＿＿＿＿＿＿＿＿＿＿＿＿＿＿＿＿＿＿＿＿＿＿＿＿＿＿＿＿＿

第 4 章，主要内容是：＿＿＿＿＿＿＿＿＿＿＿＿＿＿＿＿＿＿＿＿＿＿＿＿＿
＿＿＿＿＿＿＿＿＿＿＿＿＿＿＿＿＿＿＿＿＿＿＿＿＿＿＿＿＿＿＿＿＿＿＿＿

第 5 章，主要内容是：＿＿＿＿＿＿＿＿＿＿＿＿＿＿＿＿＿＿＿＿＿＿＿＿＿
＿＿＿＿＿＿＿＿＿＿＿＿＿＿＿＿＿＿＿＿＿＿＿＿＿＿＿＿＿＿＿＿＿＿＿＿

第 6 章，主要内容是：＿＿＿＿＿＿＿＿＿＿＿＿＿＿＿＿＿＿＿＿＿＿＿＿＿
＿＿＿＿＿＿＿＿＿＿＿＿＿＿＿＿＿＿＿＿＿＿＿＿＿＿＿＿＿＿＿＿＿＿＿＿

第 7 章，主要内容是：＿＿＿＿＿＿＿＿＿＿＿＿＿＿＿＿＿＿＿＿＿＿＿＿＿
＿＿＿＿＿＿＿＿＿＿＿＿＿＿＿＿＿＿＿＿＿＿＿＿＿＿＿＿＿＿＿＿＿＿＿＿

第 8 章，主要内容是：＿＿＿＿＿＿＿＿＿＿＿＿＿＿＿＿＿＿＿＿＿＿＿＿＿
＿＿＿＿＿＿＿＿＿＿＿＿＿＿＿＿＿＿＿＿＿＿＿＿＿＿＿＿＿＿＿＿＿＿＿＿

第 9 章，主要内容是：＿＿＿＿＿＿＿＿＿＿＿＿＿＿＿＿＿＿＿＿＿＿＿＿＿
＿＿＿＿＿＿＿＿＿＿＿＿＿＿＿＿＿＿＿＿＿＿＿＿＿＿＿＿＿＿＿＿＿＿＿＿

第 10 章，主要内容是：＿＿＿＿＿＿＿＿＿＿＿＿＿＿＿＿＿＿＿＿＿＿＿＿
＿＿＿＿＿＿＿＿＿＿＿＿＿＿＿＿＿＿＿＿＿＿＿＿＿＿＿＿＿＿＿＿＿＿＿＿

第 11 章，主要内容是：＿＿＿＿＿＿＿＿＿＿＿＿＿＿＿＿＿＿＿＿＿＿＿＿
＿＿＿＿＿＿＿＿＿＿＿＿＿＿＿＿＿＿＿＿＿＿＿＿＿＿＿＿＿＿＿＿＿＿＿＿

第 12 章，主要内容是：＿＿＿＿＿＿＿＿＿＿＿＿＿＿＿＿＿＿＿＿＿＿＿＿
＿＿＿＿＿＿＿＿＿＿＿＿＿＿＿＿＿＿＿＿＿＿＿＿＿＿＿＿＿＿＿＿＿＿＿＿

(2) 请回顾并简述：通过实验，你初步了解了哪些有关"创新创业：思维、方法与能力"的重要概念（至少3项）。

① 名称：_____
  简述：_____
  _____
  _____

② 名称：_____
  简述：_____
  _____
  _____

③ 名称：_____
  简述：_____
  _____
  _____

④ 名称：_____
  简述：_____
  _____
  _____

⑤ 名称：_____
  简述：_____
  _____
  _____

2. 实验的基本评价

(1) 在全部实验中，你印象最深，或者相比较而言你认为最有价值的实验是：

① _____
你的理由是：_____
_____

② _____
你的理由是：_____
_____

(2) 在所有实验中,你认为应该得到加强的实验是:

① _____
你的理由是:_____

② _____
你的理由是:_____

(3) 对于本课程的内容及其实验,你认为应该改进的其他意见和建议是:

3. 课程学习能力测评

请根据你在本课程中的学习情况,客观地对自己在"创新创业:思维、方法与能力"知识方面做一个能力测评。请在表12-1的"测评结果"栏中合适的项下打"√"。

4. 实验总结

5. 实验总结评价(教师)

表 12-1 课程学习能力测评

关键能力	评价指标	测评结果					备注
		很好	较好	一般	勉强	较差	
课程主要内容	1. 了解本课程的知识体系、理论基础及其发展						
	2. 熟悉创新的基本概念						
	3. 熟悉本课程的在线学习环境						
战略方针	4. 了解国家创新驱动发展战略						
	5. 了解互联网思维与互联网+						
	6. 了解大数据思维						
创新思维	7. 熟悉发明问题的传统方法						
	8. 熟悉创新思维与技法						
TRIZ创新方法	9. 熟悉技术系统的进化知识						
	10. 熟悉 TRIZ 创新方法的主要概念						
	11. 熟悉技术系统进化与发明原理						
	12. 了解解决矛盾实现发明的方法						
	13. 熟悉科学效应与应用						
	14. 熟悉创新驱动创业知识						
网络学习能力	15. 了解网络自主学习的必要性和可行性						
	16. 掌握通过网络提高专业能力、丰富专业知识的学习方法						
自我管理与交流能力	17. 培养自己的责任心,掌握、管理自己的时间						
	18. 知道尊重他人观点,能开展有效沟通,在团队合作中表现积极						
解决问题与创新能力	19. 能根据现有的知识与技能创新地提出有价值的观点						
	20. 能运用不同思维方式发现并解决创新创业问题						

说明:"很好"5分,"较好"4分,余类推。全表满分为100分。
你的测评总分为_____分。

部分实验参考答案和解决方法

第 5 章

(2)
① A。
② C。△OEF 与△OBC 相比,虽未改变图形的形状和大小,但改变了图形的方向。
③ 图 5-11。关键点与对应点的距离应为 8 个小方格。

第 6 章

(2) 请使用多屏幕法分析如何测量毒蛇的长度。
我们把放在透明玻璃容器中的毒蛇作为当前系统。
屏幕"过去"。 毒蛇之前会爬行、吃东西、休息。利用毒蛇的这个特点,可以有如下想法:
① 毒蛇在爬行的时候想办法对它进行测量。
② 毒蛇在吃东西的时候,把它拉直对其进行测量。
③ 在毒蛇休息的时候,对其进行测量。
④ 在毒蛇是小蛇或者是蛇蛋的时候,根据统计规律对它的长度进行估计。
屏幕"未来"。 毒蛇以后还会爬行、吃东西、休息,并且还会冬眠。利用毒蛇的这个特点,可以有如下想法:
① 毒蛇在爬行的时候想办法对它进行测量。
② 毒蛇在吃东西的时候,把它拉直对其进行测量。
③ 在毒蛇休息的时候,对其进行测量。
④ 创造让毒蛇能够冬眠的环境,在毒蛇冬眠的时候对其进行测量。
屏幕"超系统"。 超系统可以是玻璃容器甚至房间,因此可以利用玻璃容器、树枝、空气,可以有以下想法:
① 利用毒蛇喜欢缠绕树枝的特点,可以在玻璃容器中架上一些树枝,当毒蛇爬过树枝的时候,对其进行测量。
② 可以改变玻璃容器中空气的成分,让毒蛇在这个环境中丧失攻击性。
③ 玻璃容器带有一个小孔,只允许毒蛇平直爬出来,然后在孔外放一个带有刻度的狭长玻璃管。可以在小孔外放上小动物,毒蛇看到了,就会自己从小孔爬到玻璃管中,也就测出了毒蛇的长度。

屏幕"子系统"：蛇的子系统包含蛇皮、蛇头，可以有如下想法。

① 测量蛇蜕掉的皮。

② 根据蛇头的大小，推算蛇的长度。

通过上述分析，在图6-19中填空完成。

（3）请使用金鱼法，分析如何用空气赚钱。

步骤1：将不现实的想法分为两个部分。

现实部分：空气、钱、赚钱。

不现实部分：出售空气。

步骤2：解释为什么非现实部分是不可行的。

答：空气为大家共有，它在我们的身边取之不尽。因此，它不能卖钱。

步骤3：找出在哪些条件下想法的非现实部分可变为现实的。

答：在下列条件下，空气可以卖钱。

① 空气资源缺乏，即它的供应有限。

② 它包含某些特殊成分，或者具有某些特殊功能。

③ 它要通过特定手段来输送，而不能直接呼吸。

④ 周围的大气不适合呼吸。

步骤4：检查系统、超系统或子系统中的资源能否提供此类条件。

答：在超系统中，存在许多这样的情境。

① 空气供给不充足，例如在飞机中、在飞船中、在地下、在高山上、在水下。

② 需要人工呼吸，例如在心脏病发作期间。

③ 需要空气中含有特殊成分，例如深潜水中可使用基于氦的混合物。

④ 空气不适合呼吸，例如火灾期间空气中含有高浓度的一氧化碳。

步骤5：如果能，则可定义相关想法，即应怎样对情境加以改变，才能实现想法的看似不可行的部分。将这一新想法与初始想法的可行部分组合为可行的解决方案构想。

答：在下列条件下，空气可以卖钱。

① 在空气有限的场所出售空气（例如在水下或地下作业时，在污染严重的大城市中）。

② 出售有益健康的空气供呼吸使用（如海上或山区的空气）。

③ 出售空气净化装置，或者可制备有益健康空气的装置。

④ 出售芳香化的空气。

步骤6：如果我们无法通过可行途径来利用现有资源为看起来不现实的部分提供实现条件，则可将这一"看起来不现实的部分"再次分解为现实与非现实部分。然后，重复步骤1～步骤5，直到得出可行的解决方案构想。

答：虽然在许多情境下空气确实可以卖钱，但它仍然不能"在正常条件下"出售，即在空气充足且新鲜的地方出售（见图A-1）。

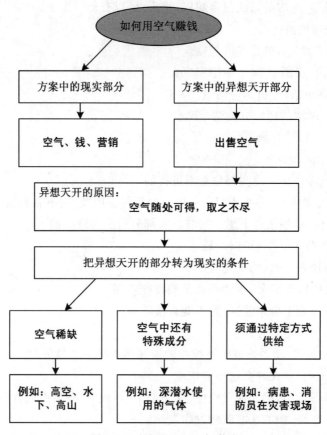

图 A-1 金鱼法：用空气赚钱

第9章

(2) 应用技术矛盾和矛盾矩阵解决飞机发动机整流罩改进问题。

你选取的技术问题是：如何改进波音737飞机发动机的整流罩，而不降低飞机的安全性。

步骤1：确定技术系统的所有组成元素。

飞机发动机　发动机整流罩　起落架　跑道

步骤2：问题描述如下。

在改进波音737设计中为加大发动机功率，需要加大发动机整流罩的截面积尺寸，整流罩与地面的距离将会缩小，而影响飞机起降的安全性。要考虑改进发动机的整流罩，而不降低飞机的安全性。

步骤3：定义技术矛盾，定义需要改善的参数和被恶化的参数。

改善的参数：运动物体的面积。

被恶化的参数：运动物体的长度(尺寸)。

步骤4：解决技术矛盾。

在TRIZ矛盾矩阵表的横坐标上找出恶化参数"运动物体的长度"，纵坐标上找出改善参数"运动物体的面积",在其相交的单元格中,得到了可能的发明原理集为[14,15,18,4]。

通过查阅,得到对应的发明原理及其指导原则如下。

原理14:曲率增加(曲面化)

指导原则1:通过将二维或三维空间中的直线变为曲线、直线运动变为圆周运动来增加曲率。

指导原则2:采用滚筒、辊、球、螺旋结构。

指导原则3:利用离心力,用回转运动代替直线运动。

原理15:动态特性

指导原则1:调整对象或对象所处的环境,使对象在各动作、各阶段的性能达到最佳状态。

指导原则2:将对象分割为多个部分,使其各部分可以改变相对位置。

指导原则3:使不动的对象可动或可自动适应。

原理18:机械振动原理

指导原则1:使对象发生机械振动。

指导原则2:如果对象已经处于振动状态,则提高振动的频率(直至超声振动)。

指导原则3:利用共振频率。

指导原则4:用压电振动代替机械振动。

指导原则5:将超声波振动与电磁场振动合并使用。

原理4:增加不对称性

指导原则1:将对象(的形状或组织形式)由对称的变为不对称的。

指导原则2:如果对象已经是不对称的了,就增加其不对称程度。

步骤5:结论。

你所获得的创新问题解决方案如下。

考虑将飞机发动机整流罩的纵向尺寸保持不变,而横向尺寸加大,即让整流罩变成上下不对称的"鱼嘴"形状,这样,飞机发动机整流罩的进风面积加大了,而其底部与地面的距离仍然可以保持一个安全的距离,因此飞机的安全性并不会受到影响。

解决方案:应用发明原理4,将飞机发动机整流罩改为不对称形状。

事实上,最终波音737飞机发动机整流罩改进设计的解决方案就是采用了"鱼嘴"形状(见图A-2),既解决了发动机面积增大的问题,又解决了整流罩与地面距离太近的问题。

图A-2 改进了引擎整流罩后的波音737飞机

第 11 章

(3) 应用最终理想解解决创新问题。

问题 1 养兔子。

(1) 设计的最终目的是什么?

答:兔子能够吃到新鲜的青草。

(2) 问题的最终理想解是什么?

答:兔子永远自己能吃到青草。

(3) 达到最终理想解的障碍是什么?

答:为防止兔子走得太远照看不到,农场主用笼子放养兔子,但放养兔子的笼子不能移动。

(4) 出现这种障碍的结果是什么?

答:由于笼子不能移动,兔子只能吃到笼子下面面积有限的草,短时间内,草就会被吃光。

(5) 不出现这种障碍的条件是什么?

答:笼子下永远有青草。

(6) 创造这些条件时可用的资源是什么?

答:兔子、笼子、草。

解决方案:给笼子装上轮子,兔子自己推着笼子移动,去不断地获得青草。这个解决方案完全符合 IFR 的 4 个特点。这里解决问题的资源是兔子本身会自动找青草吃。

问题 2 直立的熨斗。

(1) 设计的最终目的是什么?

答:衣服不会被熨斗烫坏。

(2) 最终理想解是什么?

答:熨斗能自行保持站立状态。

(3) 达到 IFR 的障碍是什么?

答:熨斗无法自行站立,需要靠人来摆放成站立状态。

(4) 出现这种障碍的结果是什么?

答:如果人忘记把熨斗摆放成站立状态,熨斗长时间与衣服接触,衣服被烫坏。

(5) 不出现这种障碍的条件是什么?

答:有一个支撑力将熨斗从平行状态支起。

(6) 创造无障碍条件的可用资源是什么?

答:熨斗的自重、形状。

解决方案:我们可以大脑中思考有什么东西可以自行保持站立状态,小孩子也马上能够想到一种最常见的玩具:不倒翁。那么不倒翁是如何实现这种神奇的状态的?是不是相同的原理可以应用在熨斗的设计上呢?

把熨斗的尾部设计成圆柱面或者球面,让重心移到尾部,因此熨斗像不倒翁一样,平时保持自动站立的姿态。使用时轻轻按倒即可;不使用时,只要你一松手,熨斗就自动站立起来,脱离与衣服的接触。这样,你可以放心地去做别的事情了。

这里解决问题所使用的是一分钱不用花的资源——重力。

问题3 聪明草种的诞生。

(1) 设计的最终目的是什么?

答:漂亮整洁的草坪。

(2) 最终理想解是什么?

答:无须人工修剪,草坪上的草能始终保持在一个固定的高度。

(3) 达到最终理想解的障碍是什么?

答:为了对付总在长高的草,不得不使用割草机。

(4) 出现这种障碍的结果是什么?

答:割草机除了具有修剪草坪的一个有用功能之外,带来的是大量的无用功能(费钱、费时、费力、噪声、消能、污染、伤人等)。

(5) 不出现这种障碍的条件是什么?

答:让草坪上的草能始终保持在一个固定的高度。

(6) 创造无障碍条件的可用资源是什么?

答:草本身。

解决方案:于是,"聪明的草种"诞生了。这种草生长到一定高度就停止生长,人们不再需要割草机了,问题得到了理想的解决。

这里解决问题的资源是草本身,可以通过遗传培养或基因工程来筛选出长成固定高度的青草。

40个发明原理

通过对海量的高级别发明专利进行分析、研究和总结,阿奇舒勒最先得到的"解决问题的规律"就是发明原理。阿奇舒勒发现了一个现象:发明家们用来求解发明问题的基本方法其实是有限的,只有几十种。他将这些方法中比较常用的总结为40种,这就是解决发明问题的40个发明原理(Inventive Principle,IP)。

IP1:分割原理

以虚拟或真实的方式将一个系统分成多个部分,以便分解(分开、分隔、抽取)或合并(结合、集成、联合)一种有益的或有害的系统属性。在多数情况下,会对分割后得到的多个部分进行重组(或集成),以便实现某些新的功能,并(或)消除有害作用。随着分割程度的提高,技术系统逐步向微观级别发展。

指导原则:

(1) 将一个对象分成多个相互独立的部分。

(2) 将对象分成容易组装(或组合)和拆卸的部分。

(3) 增加对象的分割程度。

IP2:抽取原理

从整体中分离出有用的(或有害的)部分(或属性)。抽取可以以虚拟方式或实体方式来进行。

指导原则:

(1) 从对象中抽取出产生负面影响的部分或属性。

(2) 从对象中抽出有用的(主要的、重要的、必要的)部分或属性。

IP3:局部质量原理

在一个对象中,特殊的(特定的)部分应该具有相应的功能或条件,能够最好地适应其所处的环境,或更好地满足特定的要求。

指导原则:

(1) 将对象、环境或外部作用的均匀结构变为不均匀的。

(2) 让对象的不同部分具有不同的功能或特性。

(3) 让对象的不同部分处于完成各自功能的最佳状态。

IP4：增加不对称性原理

涉及从"各向同性"向"各向异性"的转换，或是与之相反的过程。各向同性是指，无论在对象的哪个部位，沿哪个方向进行测量，都是对称的。各向异性就是不对称，是指在对象的不同部位或沿不同的方向进行测量，测量结果是不同的。通过将对称的（均匀的）的形式（形状、形态、外形）或结构变为不规则的（无规律的、不合常规的、不整齐的、不一致的、参差不齐的），可以增加不对称性。

指导原则：
（1）将对象（的形状或组织形式）由对称的变为不对称的。
（2）如果对象已经是不对称的了，就增加其不对称程度。

IP5：组合（合并）原理

组合（或合并）既可以是空间上的，也可以是时间上的。其目的是将两个或多个相邻的对象（操作或部分）进行组合或合并，或者在多种功能、特性或部分之间建立联系，以便产生一种新的、想要的或唯一的结果。通过对已有功能的组合，可以生成新的功能。

指导原则：
（1）在空间上，将相似的（相同的、相关的、同类的、接近的、时间上连续的）的对象加以组合（合并）。
（2）在时间上，将相似的（相关的、同类的、接近的、相同的、时间上连续的）的操作或功能加以组合（合并）（最好是实现并行工作，以提高工作效率）。

IP6：多功能性（多用性、广泛性）原理

将不同的功能或非相邻的操作合并。使一个对象（例如对象 X）具备多项功能（例如同时具备功能 A、功能 B、功能 C 等），从而消除了这些功能（例如功能 B）在其他（相关）对象（例如，对象 Y 具有功能 A、对象 Z 具有功能 B）内存在的必要性（进而裁减对象 Y、Z 中承担该功能的子对象），结果就是对象 X 可以实现多个对象（例如对象 Y、对象 Z 等）的功能，使对象具备多用性，可产生在其他情况下不存在的机会及协力优势。

指导原则：
使一个对象能够执行多种不同的功能，从而使其他只具有单一功能的对象成为多余的，进而可以将其他对象裁减掉。

IP7：嵌套原理（套娃原理）

通过递归方式将一个对象放入另一个对象的内部，或让一个对象通过另一个对象的空腔而实现嵌套。嵌套是指彼此吻合、彼此组合、内部配合的性质。嵌套原理的一个典型应用就是俄罗斯套娃，因此，嵌套原理也被称为套娃原理。嵌套的本质是彼此吻合、彼此组合、内部配合的性质。

指导原则：
（1）把一个物体嵌入另一个物体，然后将这两个物体再嵌入第三个物体，依此类推。

(2) 使一个对象穿过或处于另一对象的空腔。

IP8：重量补偿原理

通过用一个相反的平衡力(浮力、弹力或类似的力)来阻遏(抵消)一个不良的(不希望有的)力。

指导原则：

(1) 将对象与另一个能提供上升力的对象组合，以补偿其重量。

(2) 通过与环境的相互作用(利用空气动力、流体动力等)实现对象的重量补偿。

(3) 利用环境中相反的力(或作用)来补偿系统的消极的(负面的)属性。

IP9：预先反作用原理

预先了解可能出现的问题，并采取行动来消除出现的问题、降低问题的危害或防止问题的出现。

指导原则：

(1) 事先施加反作用力，以抵消工作状态下过大的和不期望的应力。

(2) 对于某种既具有有害影响又具有有用影响的作用 A，可以预先实施一种效果与 A 中的有害影响相反的作用 B，利用 B 所具有的影响来降低或消除 A 所产生的有害影响。

(3) 对有害的作用或事件，预先采取相反的作用。

IP10：预先作用原理

在真正需要某种作用之前，预先执行该作用的全部或一部分。

指导原则：

(1) 预先对某对象进行所需的改变，这种改变可以是整体的，也可以是部分的。

(2) 将有用的物体预置，以便使其在必要时能立即在最方便的位置发挥作用。

IP11：预补偿(事先防范)原理

通过预先准备好的应急措施来补偿对象较低的可靠性。

指导原则：

用预先准备好的应急措施来补偿对象相对较低的可靠性。

IP12：等势原理

涉及 3 个既可以单独使用也可以合并使用的概念：

- 在一个系统或过程的所有点或方面建立均匀位势，以便获得某种系统增益。
- 在系统内建立某种关联，以维持位势相等。
- 建立连续的、完全互相联系的关联和联系。

指导原则：

以某种方式改变作业条件(工作状态)，而不必升高或降低对象。

IP13：反向作用原理

通过在空间上将对象翻转过来（上下、左右、前后、内外翻转），在时间上将顺序颠倒过来，在逻辑关系上将原因与结果反过来，从而利用不同（或相反）的方法来实现相同的目的。

指导原则：
(1) 用与原来相反的作用实现相同的目的。
(2) 让物体或环境中可动的部分不动，不动的部分可动。
(3) 将对象（物体、系统或过程）"颠倒"（上下颠倒、内外颠倒、前后颠倒、顺序颠倒等）过来。

IP14：曲率增加（曲面化）原理

(1) 通过将二维或三维空间中的直线变为曲线、直线运动变为圆周运动，来增加曲率。
(2) 用曲线属性或球面属性代替线性属性。

指导原则：
(1) 用曲线（或曲面）代替直线（或平面），用球体代替多面体。
(2) 采用滚筒、辊、球、螺旋结构。
(3) 利用离心力，用回转运动代替直线运动。

IP15：动态特性原理

使构成整体的各个组成部分处于动态，即各个部分是可调整的、活动的或可互换的，以便使其在工作过程中的每个动作或阶段都处于最佳状态。

指导原则：
(1) 调整对象或对象所处的环境，使对象在各动作、各阶段的性能达到最佳状态。
(2) 将对象分割为多个部分，使其各部分可以改变相对位置。
(3) 使不动的对象可动或可自动适应。

IP16：未达到或过度的作用原理

如果很难百分之百达到所要求的效果，则可以采用"略少一点"或"略多一点"的做法，这样可以大大降低解决问题的难度。既可以先采用局部的（不足的）作用来"略微不足地"初步完成某项任务，然后再进行最后的调整；也可以先采用过度的（过量的、过大的）作用来"略微过量地（超额地）"初步完成某项任务，然后再进行最后的调整。

指导原则：
当所期望的效果难以百分之百地实现时，"稍微大于"或"稍微小于"期望效果，会使问题大大简化。

IP17：空间维数变化（一维变多维）原理

通过将对象转换到不同维度，或通过将对象分层或改变对象的方向来改变对象的维度。

指导原则：

（1）如果对象沿着直线（一维）运动（或配置）时存在某种问题，则可以使其沿平面（二维）运动（或配置），来消除存在的问题；同样道理，如果对象沿着平面（二维）运动（或配置）时存在某种问题，则可以使其过渡到三维空间来运动（或配置），从而消除存在的问题。

（2）单层变为多层。

（3）将对象倾斜或侧向放置。

（4）利用给定表面的反面。

（5）利用照射到邻近表面或对象背面的光线。

IP18：机械振动原理

（1）通过振动（振荡）或摇动（震动）对象而使对象产生机械振动，增加振动的频率或利用共振频率。

（2）利用振动（颤动、摇动、摆动）或振荡（振动、振荡、摆动），在某个区间内产生一种规则的、周期性的变化。

指导原则：

（1）使对象发生机械振动。

（2）如果对象已经处于振动状态，则提高振动的频率（直至超声振动）。

（3）利用共振频率。

（4）用压电振动代替机械振动。

（5）将超声波振动与电磁场合并使用。

IP19：周期性作用原理

通过有节奏的行为（操作方式）、振幅和频率的变化以及利用脉冲间隔来实现周期性作用。

指导原则：

（1）用周期性作用或脉动代替非周期性作用。

（2）如果作用已经是周期性的，则改变其作用频率。

（3）利用脉动的间隙来完成其他的有用作用。

IP20：有益（效）作用的连续性原理

在时间、顺序、物质组成或范围广度上，建立连续的流程并（或）消除所有空闲及间歇性动作以提高效率。

指导原则：

（1）让工作不间断地进行（对象的所有部分都应一直满负荷工作）。

(2) 消除空闲和间歇性动作。
(3) 用旋转运动代替往复运动。

IP21：减少有害作用的时间（快速通过）原理

用尽可能短的时间快速地通过某个过程中困难的或有害的部分。
指导原则：
若某事物在给定的速度下会出问题（发生故障，或造成破坏的、有害的、危险的后果），则可以通过加快其速度来避免出现问题或降低危害的程度。

IP22：变害为利原理

通过将有害的作用或情况变为有用的作用来利用有害的因素。
指导原则：
(1) 利用有害的因素（特别是环境中的有害效应）得到有益的结果。
(2) 将两个有害的因素相结合进而中和或消除它们的有害作用。
(3) 增大有害因素的幅度直至有害性消失。

IP23：反馈原理

将系统的输出作为输入返回到系统中，以便增强对输出的控制。
指导原则：
(1) 向系统中引入反馈以改善性能。
(2) 如果已引入反馈，就改变它。

IP24：借助中介物原理

通过将某对象临时或永久地放置在两个或多个现有的对象中间作为一个"调停装置"来实现本原理。调停或协商就是指两个不相容的（互相矛盾的、性质相反的）参与者、功能、事件或条件（情形、环境、情境）之间的某种临时性的链接。通常利用某种易于去除的中间载体、中间阻断物或中间过程来实现这种链接。
指导原则：
(1) 利用中介物来转移或传递某种作用。
(2) 将一个对象与另一个容易去除的对象暂时结合在一起。

IP25：自服务原理

在执行主要功能的同时执行相关功能。
指导原则：
(1) 使对象能执行辅助性的或维护性的工作，以便进行自我服务。
(2) 利用废物（能量、物质）。

IP26：复制原理

通过使用较便宜的复制品或模型来代替成本过高而不能使用的对象。

指导原则：

（1）用经过简化的、廉价的复制品代替复杂的、昂贵的、易损的或不易获得的对象。

（2）用光学复制品（图像）代替实际的对象或过程，同时还可以利用比例的变化（按一定比例放大或缩小复制品）。

（3）如果已使用了可见光的复制品，则可以考虑用红外线或紫外线等非可见光的复制品。

IP27：廉价替代品原理

用廉价的、易处理的或一次性的等效物来代替昂贵的、长使用寿命的对象，以便降低成本、增强便利性、延长使用寿命等。

指导原则：

用廉价的对象代替昂贵的对象。虽然降低了某些特性（例如耐用性），但是能够实现相同的功能。

IP28：机械系统替代

利用物理场（光场、电场、磁场等）或其他物理结构、物理作用和状态来代替机械的相互作用、装置、机构及系统。此原理实际上涉及操作原理的改变或替代。

指导原则：

（1）用光学、声学、电磁学、味觉、触觉或嗅觉系统来代替机械系统。

（2）使用与对象相互作用的电场、磁场、电磁场。

（3）用移动场代替固定场，用动态场代替静态场，用结构化场代替非结构化场，用确定场代替随机场。

（4）把场和能够与场发生相互作用的粒子（例如磁场和铁磁粒子）组合起来使用。

IP29：气动与液压结构原理

利用空气或液压技术来代替普通的系统部件，即通过利用液体或气体，甚至利用可膨胀的或可充气的对象来实现气动和液压原理。

指导原则：

利用气体或液体部件代替对象中的固体部件。

IP30：柔性壳体或薄膜原理

利用柔性壳体或薄膜来代替传统的结构，或利用柔性壳体或薄膜将一个对象与其所处的外界环境隔离开。

指导原则：

（1）使用柔性壳体或薄膜代替传统的结构形式。

(2) 使用柔性的壳体或薄膜将对象与其所处的外界环境隔离开。

IP31：多孔材料原理

通过在材料或对象中打孔、开空腔或通道来增强其多孔性，从而改变某种气体、液体或固体的状态。

指导原则：

(1) 使对象变为多孔的，或向对象中加入多孔的添加物。

(2) 如果对象已经是多孔的，则可以利用这种多孔结构引入有用的物质或功能（在已有的孔中预先加入某种对象）。

IP32：颜色改变（改变颜色、拟态）原理

通过改变颜色或一些其他的光学特性来改变对象的光学性质，以便提升系统价值或解决检测问题。

指导原则：

(1) 改变对象或外部环境的颜色。

(2) 改变对象或外部环境的透明程度（或改变某一过程的可视性）。

(3) 采用有颜色的添加物，使不易被观察到的对象或过程被观察到。

IP33：同质性（均质性）原理

如果两个或多个对象之间存在很强的相互作用，那么，通过使这些对象的关键特征或特性一致，从而实现同质性。

指导原则：

与指定对象发生相互作用的对象，应该采用与指定对象相同的材料（或性质接近的材料）制成。

IP34：抛弃和再生原理

这是两条原理合二为一而形成的一个发明原理。抛弃是指从系统中去除某些对象；再生是指对系统中的某些被消耗的对象进行恢复，以便再次利用。

指导原则：

(1) 对于系统中已经完成了其使命的部分（或已经成为不必要的部分），应当去除（采用溶解、蒸发等手段），或在系统运行过程中直接改变它。

(2) 对于系统中的消耗性部分，应该直接在工作过程中再生或得到迅速补充。

IP35：物理或化学参数改变原理

改变某个对象或系统的属性，以便提供某种有用的功能。这是所有发明原理中使用频率最高的原理。

指导原则：

(1) 改变对象的物理聚集状态（例如，在气态、液态、固态之间变化）。

(2) 改变对象的密度、浓度、黏度。

(3) 改变对象的柔性。

(4) 改变对象的温度。

IP36：相变原理

利用对象在相变过程中所出现的现象来实现某种效应或使某个系统发生改变。

指导原则：

利用对象在相变(相态改变)过程中所产生的某种现象或效应。

IP37：热膨胀原理

利用对象受热膨胀的基本原理来产生"动力"，从而将热能转换为机械能或机械作用。

指导原则：

(1) 利用对象的热膨胀或热收缩特性。

(2) 将几种热膨胀系数不同的对象组合起来使用。

IP38：强氧化剂(使用强力氧化剂、加速氧化)原理

通过更加丰富的"氧"的供应(例如 O_2 或 O_3)，使氧化作用的强度从一个级别增强到更高的级别。

指导原则：

(1) 用富载空气代替普通空气。

(2) 用纯载代替富载空气。

(3) 用离子化氧代替纯氧。

(4) 用臭氧化氧代替离子化氧。

(5) 用臭氧代替含臭氧化氧。

IP39：惰性环境原理

通过去除所有的氧化性的资源(例如氧气)和容易与目标对象起反应的资源，从而建立一个惰性或中性环境。

指导原则：

(1) 用惰性环境代替正常环境。

(2) 向对象中添加中性或惰性成分。

(3) 使用真空环境。

IP40：复合材料原理

通过将两种或多种不同的材料(或服务)紧密结合在一起而形成复合材料。

指导原则：

用复合材料代替均质材料。

39×39 矛盾矩阵

说明：以下是 39×39 矛盾矩阵的局部示例（矩阵左上角 6×6 的部分）。

		恶化的参数					
		1	2	3	4	5	6
		运动对象的重量	静止对象的重量	运动对象的长度	静止对象的长度	运动对象的面积	静止对象的面积
改善的参数	1 运动对象的重量		—	15,8,29,34	—	29,17,38,34	—
	2 静止对象的重量	—		—	10,1,29,35	—	35,30,13,2
	3 运动对象的长度	8,15,29,34	—		—	15,17,4	—
	4 静止对象的长度	—	35,28,40,29	—		—	17,7,10,40
	5 运动对象的面积	2,17,29,4	—	14,15,18,4	—		—
	6 静止对象的面积	—	30,2,14,18	—	26,7,9,30	—	

在矛盾矩阵表中，左边第一列是技术人员希望改善的 1～39 个通用工程参数，上面第一行表示被恶化的 1～39 个通用工程参数，即由于改善了第一列中的某个参数而导致第一行中某个参数的恶化。位于矛盾矩阵中对角线上的单元格（以灰色填充的单元格），它们所对应的矛盾是物理矛盾，即改善的参数和恶化的参数相同。

矛盾矩阵中间单元格中的数字是发明原理的序号，每个序号对应一个发明原理。这些序号是按照统计结果进行排列的，即排在第一位的那个序号所对应的发明原理在解决该单元格所对应的这对技术矛盾时被使用的次数最多，依此类推。当然，在大量被分析的专利当中，用于解决某个单元格所对应的技术矛盾的发明原理不仅是该单元格中所列出的那几个。只是从统计的角度来说，单元格中所列出来的那些发明原理的使用次数明显比其他发明原理的使用次数多而已。

使用矛盾矩阵的具体步骤如下：

(1) 从问题中找出改善的参数 A。

(2) 从问题中找出被恶化的参数 B。

(3) 在矛盾矩阵左起第一列中，找到要改善的参数 A；在矛盾矩阵的上起第一行中，找到被恶化的参数 B；从改善的参数 A 所在的位置向右作水平线，从恶化的参数 B 所在的位置向下作垂直线，位于这两条线交叉点处的单元格中的数字就是矛盾矩阵所推荐的，用来解决由 A 和 B 这两个通用工程参数所构成的这对技术矛盾的最常用的发明原理的序号。

限于版面，整个 39×39 矛盾矩阵分为 8 块排在 8 页中。为方便使用，在每一页的矩阵块左上角给出本块在整个矩阵中的位置的示意。

		恶化的参数									
		1	2	3	4	5	6	7	8	9	10
		运动对象的重量	静止对象的重量	运动对象的长度	静止对象的长度	运动对象的面积	静止对象的面积	运动对象的体积	静止对象的体积	速度	力
改善的参数	1 运动对象的重量		—	15,8,29,34	—	29,17,38,34	—	29,2,40,28	—	2,8,15,38	8,10,18,37
	2 静止对象的重量	—		—	10,1,29,35	—	35,30,13,2	—	5,35,14,2	—	8,10,19,35
	3 运动对象的长度	8,15,29,34	—		—	15,17,4	—	7,17,4,35	—	13,4,8	17,10,4
	4 静止对象的长度	—	35,28,40,29	—		—	17,7,10,40	—	35,8,2,14	—	28,10
	5 运动对象的面积	2,17,29,4	—	14,15,18,4	—		—	7,14,17,4	—	29,30,4,34	19,30,35,2
	6 静止对象的面积	—	30,2,14,18	—	26,7,9,39	—		—	—	—	1,18,35,36
	7 运动对象的体积	2,26,29,40	—	1,7,4,35	—	1,7,4,17	—		—	29,4,38,34	15,35,36,37
	8 静止对象的体积	—	35,10,19,14	19,14	35,8,2,14	—	—	—		—	2,18,37
	9 速度	2,28,13,38	—	13,14,8	—	29,30,34	—	7,29,34	—		13,28,15,19
	10 力	8,1,37,18	18,13,1,28	17,19,9,36	28,10	19,10,15	1,18,36,37	15,9,12,37	2,36,18,37	13,28,15,12	
	11 应力或压力	10,36,37,40	13,29,10,18	35,10,36	35,1,14,16	10,15,36,28	10,15,36,37	6,35,10	35,24	6,35,36	36,35,21
	12 形状	8,10,29,40	15,10,26,3	29,34,5,4	13,14,10,7	5,34,4,10	39	4,14,15,22	7,2,35	35,15,34,18	35,10,37,40
	13 结构稳定性	21,35,2,39	26,39,1,40	13,15,1,28	37	2,11,13	39	28,10,19,39	34,28,35,40	33,15,28,18	10,35,21,16
	14 强度	1,8,40,15	40,26,27,1	1,15,8,35	15,14,28,26	3,34,40,29	9,40,28	10,15,14,7	9,14,17,15	8,13,26,14	10,18,3,14
	15 运动对象作用时间	19,5,34,31	—	2,19,9	—	3,17,19	—	10,2,19,30	—	3,35,5	19,2,16
	16 静止对象作用时间	—	6,27,19,16	—	1,40,35	—	—	—	35,34,38	—	—
	17 温度	36,22,6,38	22,35,32	15,19,9	15,19,9	3,35,39,18	35,38	34,39,40,18	35,6,4	2,28,36,30	35,10,3,21
	18 光照度	19,1,32	2,35,32	19,32,16	—	19,32,26	—	2,13,10	—	10,13,19	26,19,6
	19 运动对象的能量	12,18,28,31	—	12,28	—	15,19,25	—	35,13,18	—	8,15,35	16,26,21,2
	20 静止对象的能量	—	19,9,6,27	—	—	—	—	—	—	—	36,37

续表

		恶化的参数									
		11 应力或压力	12 形状	13 结构稳定性	14 强度	15 运动对象作用时间	16 静止对象作用时间	17 温度	18 光照度	19 运动对象的能量	20 静止对象的能量
改善的参数	1 运动对象的重量	10,36,37,40	10,14,35,40	1,35,19,39	28,27,18,40	5,34,31,35	—	6,29,4,38	19,1,32	35,12,34,31	—
	2 静止对象的重量	13,29,10,18	13,10,29,14	26,39,1,40	28,2,10,27	—	2,27,19,6	28,19,32,22	19,32,35	—	18,19,28,1
	3 运动对象的长度	1,8,35	1,8,10,29	1,8,15,34	8,35,29,34	19	—	10,15,19	32	8,35,24	—
	4 静止对象的长度	1,14,35	13,14,15,7	39,37,35	15,14,28,26	—	1,10,35	3,35,38,18	3,25	—	—
	5 运动对象的面积	10,15,36,28	5,34,29,4	11,2,13,39	3,15,40,14	6,3	—	2,15,16	15,32,19,13	19,32	—
	6 静止对象的面积	10,15,36,37	—	2,38	40	—	2,10,19,30	35,39,38	—	—	—
	7 运动对象的体积	6,35,36,37	1,15,29,4	28,10,1,39	9,14,15,7	6,35,4	—	34,39,10,18	2,13,10	35	—
	8 静止对象的体积	24,35	7,2,35	34,28,35,40	9,14,17,15	—	35,34,38	35,6,4	—	—	1,16,36,37
	9 速度	6,18,38,40	35,15,18,34	28,33,1,18	8,3,26,14	3,19,35,5	—	28,30,36,2	10,13,19	8,15,35,38	—
	10 力	18,21,11	10,35,40,34	35,10,21	35,10,14,27	19,2	—	35,10,21	—	19,17,10	1,16,36,37
	11 应力或压力		35,4,15,10	35,33,2,40	9,18,3,40	19,3,27	—	35,39,19,2	—	14,24,10,37	—
	12 形状	34,15,10,14		33,1,18,4	30,14,10,40	14,26,9,25	—	22,14,19,32	13,15,32	2,6,34,14	—
	13 结构稳定性	2,35,40	22,1,18,4		17,9,15	13,27,10,35	39,3,35,23	35,1,32	32,3,27,16	13,19	27,4,29,18
	14 强度	10,3,18,40	10,30,35,40	13,17,35		27,3,26		30,10,40	35,19	19,35,10	35
	15 运动对象作用时间	19,3,27	14,26,28,25	13,3,35	27,3,10			19,35,39	2,19,4,35	28,6,35,18	—
	16 静止对象作用时间			39,3,35,23				19,18,36,40			27,4,29,18
	17 温度	35,39,19,2	14,22,19,32	1,35,32	10,30,22,40	19,13,39	19,18,36,40		32,30,21,16	19,15,3,17	32,35,1,15
	18 光照度	—	32,30	32,3,27	35,19	2,19,6	—	32,35,19		32,1,19	35
	19 运动对象的能量	23,14,25	12,2,29	19,13,17,24	5,19,9,35	28,35,6,18	—	19,24,3,14	2,15,19		32,35,1,15
	20 静止对象的能量	—	—	27,4,29,18	35	—	—	—	19,2,35,32	—	

续表

		恶化的参数									
		21	22	23	24	25	26	27	28	29	30
		功率	能量损失	物质损失	信息损失	时间损失	物质数量	可靠性	测试精度	制造精度	对象外部有害因素作用的敏感性
改善的参数	1 运动对象的重量	12,36,18,31	6,2,34,19	3,5,35,31	10,24,35	10,35,20,28	3,26,18,31	1,3,11,27	28,27,35,26	28,35,26,18	22,21,18,27
	2 静止对象的重量	15,19,18,22	18,19,28,15	5,8,13,30	10,15,35	10,20,35,26	19,6,18,26	10,28,8,3	18,26,28	10,1,35,17	2,19,22,37
	3 运动对象的长度	1,35	7,2,35,39	4,29,23,10	1,24	15,2,29	29,35	10,14,29,40	28,32,4	10,28,29,37	1,15,17,24
	4 静止对象的长度	12,8	6,28	10,28,24,35	24,26	30,29,14		15,29,28	32,28,3	2,32,10	1,18
	5 运动对象的面积	19,10,32,18	15,17,30,26	10,35,2,39	30,26	26,4	29,30,6,13	29,9	26,28,32,3	2,32	22,33,28,1
	6 静止对象的面积	17,32	17,7,30	10,14,18,39	30,16	10,35,4,18	2,18,40,4	32,35,40,4	26,28,32,3	2,29,18,36	27,2,39,35
	7 运动对象的体积	35,6,13,18	7,15,13,16	36,39,34,10	2,22	2,6,34,10	29,30,7	14,1,40,11	25,26,28	25,28,2,16	22,21,27,35
	8 静止对象的体积	30,6		10,39,35,34		35,16,32,18	35,3	2,35,16		35,10,25	34,39,19,27
	9 速度	19,35,38,2	14,20,19,35	10,13,28,38	13,26		10,19,29,38	11,35,27,28	28,32,1,24	10,28,32,25	1,28,35,23
	10 力	19,35,18,37	14,15	8,35,40,5		10,37,36	14,29,18,36	3,35,13,21	35,10,23,24	28,29,37,36	1,35,40,18
	11 应力或压力	10,35,14	2,36,25	10,36,3,37		37,36,4	10,14,36	10,13,19,35	6,28,25	3,35	22,2,37
	12 形状	4,6,2	14	35,29,3,5		14,10,34,17	36,22	10,40,16	28,32,1	32,30,40	22,1,2,35
	13 结构稳定性	32,35,27,31	14,2,39,6	2,14,30,40		35,27	15,32,35	11,35,27,28	13	18	35,24,30,18
	14 强度	10,26,35,28	35	35,28,31,40		29,3,28,10	29,10,27	3,35,10,40	3,27,16	3,27	18,35,37,1
	15 运动对象作用时间	19,10,35,38		28,27,3,18	10	20,10,28,18	3,35,10,40	11,2,13	3	3,27,16,40	22,15,33,28
	16 静止对象作用时间	16		27,16,18,38	10	28,20,10,16	3,35,31	34,27,6,40	10,26,24		17,1,40,33
	17 温度	2,14,17,25	21,17,35,38	21,36,29,31		35,28,21,18	3,17,30,39	19,35,3,10	32,19,24	24	22,33,35,2
	18 光照度	32	13,16,1,6	13,1	1,6	19,1,26,17	1,19		11,15,32	3,32	15,19
	19 运动对象的能量	6,19,37,18	12,22,15,24	35,24,18,5		35,38,19,18	34,23,16,18	19,21,11,27	3,1,32		1,35,6,27
	20 静止对象的能量			28,27,18,31			3,35,31	10,36,23			10,2,22,37

附录 C 39×39 矛盾矩阵

续表

			恶化的参数							
			31	32	33	34	35	36	37	38	39
			对象产生的有害因素	可制造性	可操作性	可维修性	适应性及多用性	装置的复杂性	监控与测试的困难程度	自动化程度	生产率
改善的参数	1	运动对象的重量	22,35,31,39	27,28,1,36	35,3,2,24	2,27,28,11	29,5,15,8	26,30,36,34	28,29,26,32	26,35,18,19	35,3,24,37
	2	静止对象的重量	35,22,1,39	28,1,9	6,13,1,32	2,27,28,11	19,15,29	1,10,26,39	25,28,17,15	2,26,35	1,28,15,35
	3	运动对象的长度	17,15	1,29,17	15,29,35,4	1,28,10	14,15,1,16	1,19,24,26	35,1,26,24	17,24,26,16	14,4,28,29
	4	静止对象的长度		15,17,27	2,25	3	1,35	1,26	26		30,14,7,26
	5	运动对象的面积	17,2,18,39	13,1,26,24	15,17,13,16	15,13,10,1	15,30	14,1,13	2,36,26,18	14,30,28,23	10,26,34,2
	6	静止对象的面积	22,1,40	40,16	16,4	16	15,16	1,18,36	2,35,30,18	23	10,15,17,7
	7	运动对象的体积	17,2,40,1	29,1,40	15,13,30,12	10	15,29	26,1	29,26,4	35,34,16,24	10,6,2,34
	8	静止对象的体积	30,18,35,4	35		1		1,31	2,17,26		35,37,10,2
	9	速度	2,24,35,21	35,13,8,1	32,28,13,12	34,2,28,27	15,10,26	10,28,4,34	3,34,27,16	10,18	
	10	力	13,3,36,24	15,37,18,1	1,28,3,25	15,1,11	15,17,18,20	26,35,10,18	36,37,10,19	2,35	3,28,35,37
	11	应力或压力	2,33,27,18	1,35,16	11	2	35	19,1,35	2,36,37	35,24	10,14,35,37
	12	形状	35,1	1,32,17,28	32,15,26	2,13,1	1,15,29	16,29,1,28	15,13,39	15,1,32	17,26,34,10
	13	结构稳定性	35,40,27,39	35,19	32,35,30	2,35,10,16	35,30,34,2	2,35,22,26	35,22,39,23	1,8,35	23,35,40,3
	14	强度	15,35,22,2	11,3,10,32	32,40,25,2	27,11,3	15,3,32	2,13,25,28	27,3,15,40	15	29,35,10,14
	15	运动对象作用时间	21,39,16,22	27,1,4	12,27	29,10,27	1,35,13	10,4,29,15	19,29,39,35	6,10	35,17,14,19
	16	静止对象作用时间	22	35,10	1	1	2		25,34,6,35	1	20,10,16,38
	17	温度	22,35,2,24	26,27	26,27	4,10,16	2,18,27	2,17,16	3,27,35,31	26,2,19,16	15,28,35
	18	光照度	35,19,32,39	19,35,28,26	28,26,19	15,17,13,16	15,1,19	6,32,13	32,15	2,26,10	2,25,16
	19	运动对象的能量	2,35,6	28,26,30	19,35	1,15,17,28	15,17,13,16	2,29,27,28	35,38	32,2	12,28,35
	20	静止对象的能量	19,22,18	1,4					19,35,16,25		1,6

续表

改善的参数		恶化的参数									
		1 运动对象的重量	2 静止对象的重量	3 运动对象的长度	4 静止对象的长度	5 运动对象的面积	6 静止对象的面积	7 运动对象的体积	8 静止对象的体积	9 速度	10 力
21	功率	8,36,38,31	19,26,17,27	1,10,35,37		19,38	17,32,13,38	35,6,38	30,6,35	15,35,2	26,2,36,35
22	能量损失	15,6,19,28	19,6,18,9	7,2,6,13	6,38,7	15,26,17,30	17,7,30,18	7,18,23	7	16,35,38	36,38
23	物质损失	35,6,23,40	35,6,22,32	14,29,10,39	10,28,24	35,2,10,31	10,18,39,31	1,29,30,36	3,39,18,31	10,13,28,38	14,15,18,40
24	信息损失	10,24,35	10,35,5	1,26	26	30,26	30,16		2,22	26,32	
25	时间损失	10,20,37,35	10,20,26,5	15,2,29	30,24,14,5	26,4,5,16	10,35,17,4	2,5,34,10	35,16,32,18		10,37,36,5
26	物质数量	35,6,18,31	27,26,18,35	29,14,35,18		15,14,29	2,18,40,4	15,20,29		35,29,34,28	35,14,3
27	可靠性	3,8,10,40	3,10,8,28	15,9,14,4	15,29,28,11	17,10,14,16	32,35,40,4	3,10,14,24	2,35,24	21,35,11,28	8,28,10,3
28	测试精度	32,35,26,28	28,35,25,26	28,26,5,16	32,28,3,16	26,28,32,3	26,28,32,3	32,13,6		28,13,32,24	32,2
29	制造精度	23,32,13,18	28,35,27,9	10,28,29,37	2,32,10	28,33,29,32	2,29,18,36	32,23,2	25,10,35	10,28,32	28,19,34,36
30	对象外部有害因素作用的敏感性	22,21,27,39	2,22,13,24	17,1,39,4	1,18	22,1,33,28	27,2,39,35	22,23,37,35	34,39,19,27	21,22,35,28	13,35,39,18
31	对象产生的有害因素	19,22,15,39	35,22,1,39	17,15,16,22		17,2,18,39	22,1,40	17,2,40	30,18,35,4	35,28,3,23	35,28,1,40
32	可制造性	28,29,15,16	1,27,36,13	1,29,13,17	15,17,27	13,1,26,12	16,40	13,29,1,40	35	35,13,8,1	35,12
33	可操作性	25,2,13,15	6,13,1,25	1,17,13,12		1,17,13,16	18,16,15,39	1,16,35,15	4,18,39,31	18,13,34	28,13,35
34	可维修性	2,27,35,11	2,27,35,11	1,28,10,25	3,18,31	15,13,32	16,25	25,2,35,11	1	34,9	1,11,10
35	适应性及多用性	1,6,15,8	19,15,29,16	35,1,29,2	1,35,16	35,30,29,7	15,26	15,35,29		35,10,14	15,17,20
36	装置的复杂性	26,30,34,36	2,26,35,29	1,19,26,24	26	14,1,13,16	6,36	34,26,6	1,16	34,10,28	26,16
37	监控与测试的困难程度	27,26,28,13	6,13,28,1	16,17,26,24	26	2,13,18,17	2,39,30,16	29,1,4,16	2,18,26,31	3,4,16,35	36,28,40,19
38	自动化程度	28,26,18,35	28,26,35,10	14,13,17,28	23	17,14,13		35,13,16		28,10	2,35
39	生产率	35,26,24,37	28,27,15,3	18,4,28,38	30,7,14,26	10,26,34,31	10,35,17,7	2,6,34,10	35,37,10,2		28,15,10,36

282

续表

附录 C 39×39 矛盾矩阵

		恶化的参数									
		11 应力或压力	12 形状	13 结构稳定性	14 强度	15 运动对象作用时间	16 静止对象作用时间	17 温度	18 光照度	19 运动对象的能量	20 静止对象的能量
改善的参数	21 功率	22,10,35	29,14,2,40	35,32,15,31	26,10,28	19,35,10,38	16	2,14,17,25	16,6,19	16,6,19,37	
	22 能量损失	3,36,37,10		14,2,39,6	26			19,38,7	1,13,32,15		
	23 物质损失	3,36,37,10	29,35,3,5	2,14,30,40	35,28,31,40	28,27,3,18	27,16,18,38	21,36,39,31	1,6,13	35,18,24,5	28,27,12,31
	24 信息损失					10	10		10		1
	25 时间损失	37,36,4	4,10,34,17	35,3,22,5	29,3,28,18	20,10,28,18	28,20,10,16	35,29,21,18	1,19,26,17	35,38,19,18	1
	26 物质数量	10,36,14,3	35,14	15,2,17,40	14,35,34,10	3,35,10,40	3,35,31	3,17,39		34,29,16,18	3,35,31
	27 可靠性	10,24,35,19	35,1,16,11		11,28	2,35,3,25	34,27,6,40	3,35,10	11,32,13	21,11,27,19	36,23
	28 测试精度	6,28,32	6,28,32	32,35,13	28,6,32	28,6,32	10,26,24	6,19,28,24	6,1,32	3,6,32	
	29 制造精度	3,35	32,30,40	30,18	3,27	3,27,40		19,26	3,32	32,2	
	30 对象外部有害因素作用的敏感性	22,2,37	22,1,3,35	35,24,30,18	18,35,37,1	22,15,33,28	17,1,40,33	22,33,35,2	1,19,32,13	1,24,6,27	10,2,22,37
	31 对象产生的有害因素	2,33,27,18	35,1	35,40,27,39	15,35,22,2	15,22,33,31	21,39,16,22	22,35,2,24	19,24,39,32	2,35,6	19,22,18
	32 可制造性	35,19,1,37	1,28,13,27	11,13,1	1,3,10,32	27,1,4	35,16	27,26,18	28,24,27,1	28,26,27,1	1,4
	33 可操作性	2,32,12	15,34,29,28	32,35,30	32,40,3,28	29,3,8,25	1,16,25	26,27,13	13,17,1,24	1,13,24	
	34 可维修性	13	1,13,2,4	2,35	11,1,2,9	11,29,28,27	1	4,10	15,1,13	15,1,28,16	
	35 适应性及多用性	35,16	15,37,1,8	35,30,14	35,3,32,6	13,1,35	2,16	27,2,3,5	6,22,26,1	19,35,29,13	
	36 装置的复杂性	19,1,35	29,13,28,15	2,22,17,19	2,13,28	10,4,28,15		2,17,13	24,17,13	27,2,29,28	
	37 监控与测试的困难程度	35,36,37,32	27,13,1,39	11,22,39,30	27,3,15,28	19,29,39,25	25,34,6,35	3,27,35,16	2,24,26	35,38	19,35,16
	38 自动化程度	13,35	15,32,1,13	18,1	25,13	6,9		26,2,19	8,32,19	2,32,13	
	39 生产率	10,37,14	14,10,34,40	35,3,22,39	29,28,10,18	35,10,2,18	20,10,16,38	35,21,28,10	26,17,19,1	35,10,38,19	1

续表

		恶化的参数								
		21 功率	22 能量损失	23 物质损失	24 信息损失	25 时间损失	26 物质数量	27 可靠性	28 测试精度	29 制造精度	30 对象外部有害因素作用的敏感性
改善的参数	21 功率		10,35,38	28,27,18,38	10,19	35,20,10,6	4,34,19	19,24,26,31	32,15,2	32,2	19,22,31,2
	22 能量损失	3,38		35,27,2,37	19,10	10,18,32,7	7,18,25	11,10,35	32		21,22,35,2
	23 物质损失	28,27,18,38	35,27,2,31			15,18,35,10	6,3,10,24	10,29,39,35	16,34,31,28	35,10,24,31	33,22,30,40
	24 信息损失	10,19	19,10			24,26,28,32	24,28,35	10,28,23			22,10,1
	25 时间损失	35,20,10,6	10,5,18,32	35,18,10,39	24,26,28,32		35,38,18,16	10,30,4	24,34,28,32	24,26,28,18	35,18,34
	26 物质数量	35	7,18,25	6,3,10,24	24,28,35	35,38,18,16		18,3,28,40	13,2,28	33,30	35,33,29,31
	27 可靠性	21,11,26,31	10,11,35	10,35,29,39	10,28	10,30,4	21,28,40,3		32,3,11,23	11,32,1	27,35,2,40
	28 测试精度	3,6,32	26,32,27	10,16,31,28		24,34,28,32	2,6,32	5,11,1,23		26,28,10,18	28,24,22,26
	29 制造精度	32,2	13,32,2	35,31,10,24		32,26,28,18	32,30	11,32,1	26,28,10,18		26,28,10,36
	30 对象外部有害因素作用的敏感性	19,22,31,2	21,22,35,2	33,22,19,40	22,10,2	35,18,34	35,33,29,31	27,24,2,40	28,33,23,26	26,28,10,18	
	31 对象产生的有害因素	2,35,18	21,35,2,22	10,1,34	10,21,29	1,22	3,24,39,1	24,2,40,39	3,33,26	4,17,34,26	
	32 可制造性	27,1,12,24	19,35	15,34,33	32,24,18,16	35,28,34,4	35,23,1,24	17,27,8,40	1,35,12,18	1,32,35,23	24,2
	33 可操作性	35,34,2,10	2,19,13	28,32,2,24	4,10,27,22	4,28,10,34	12,35	25,13,2,34	25,13,2,34	25,10	2,25,28,39
	34 可维修性	15,10,32,2	15,1,32,19	2,35,34,27		32,1,10,25	2,28,10,25	11,10,1,16	10,2,13	25,10	35,10,2,16
	35 适应性及多用性	19,1,29	18,15,1	15,10,2,13		35,28	3,35,15	35,13,8,24	35,5,1,10		35,11,32,31
	36 装置的复杂性	20,19,30,34	10,35,13,2	35,10,28,29		6,29	13,3,27,10	13,35,1	2,26,10,34	26,24,32	22,19,29,40
	37 监控与测试的困难程度	18,1,16,10	35,3,15,19	1,18,10,24	35,33,27,22	18,28,32,9	3,27,29,18	27,40,28,8	26,24,32,28	28,26,18,23	22,19,29,28
	38 自动化程度	28,2,27	23,28	35,10,18,5	35,33	24,28,35,30	35,13	11,27,32	28,26,10,34	28,26,18,23	2,33
	39 生产率	35,20,10	28,10,29,35	28,10,35,23	13,15,23		35,38	1,35,10,38	1,10,34,28	18,10,32,1	22,35,13,24

附录 C　39 × 39 矛盾矩阵

续表

		恶化的参数								
		31	32	33	34	35	36	37	38	39
		对象产生的有害因素	可制造性	可操作性	可维修性	适应性及多用性	装置的复杂性	监控与测试的困难程度	自动化程度	生产率
改善的参数	21 功率	2,35,18	26,10,34	26,35,10	35,2,10,34	19,17,34	20,19,30,34	19,35,16	28,2,17	28,35,34
	22 能量损失	21,35,2,22		35,32,1	2,19		7,23	35,3,15,23	2	28,10,29,35
	23 物质损失	10,1,34,29	15,34,33	32,28,2,24	2,35,34,27	15,10,2	35,10,28,24	35,18,10,13	35,10,18	28,35,10,23
	24 信息损失	10,21,22	32	27,22				35,33	35	13,23,15
	25 时间损失	35,22,18,39	35,28,34,4	4,28,10,34	32,1,10	35,28	6,29	18,28,32,10	24,28,35,30	
	26 物质数量	3,35,40,39	29,1,35,27	35,29,25,10	2,32,10,35	15,3,29	3,13,27,10	3,27,29,18	8,35	13,29,3,27
	27 可靠性	35,2,40,26		27,17,40	1,11	13,35,8,24	13,35,1	27,40,28	11,13,27	1,35,29,38
	28 测试精度	3,33,39,10	6,35,25,18	1,13,17,34	1,32,13,11	13,35,2	27,35,10,34	26,24,32,28	28,2,10,34	10,34,28,32
	29 制造精度	4,17,34,26		1,32,35,23	25,10		26,2,18		26,28,18,23	10,18,32,39
	30 对象外部有害因素作用的敏感性		24,35,2	2,25,28,39	35,10,2	35,11,22,31	22,19,29,40	22,19,29,40	33,3,34	22,35,13,24
	31 对象产生的有害因素					2,13,15	19,1,31	2,21,27,1	2	22,35,18,39
	32 可制造性	19,1		2,5,13,16	35,1,11,9	15,34,1,16	27,26,1	6,28,11,1	8,28,1	35,1,10,28
	33 可操作性	2,21	2,5,12		12,26,1,32	15,34,1,16	32,26,12,17		1,34,12,3	15,1,28
	34 可维修性		1,35,11,10	1,12,26,15		7,1,4,16	35,1,13,11		34,35,7,13	1,32,10
	35 适应性及多用性		1,13,31	15,34,1,16	1,16,7,4		15,29,37,28	1	27,34,35	35,28,6,37
	36 装置的复杂性	2	27,26,1,13	27,9,26,24	1,13	29,15,28,37		15,10,37,28	15,1,24	12,17,28
	37 监控与测试困难程度	2,21	5,28,11,29	2,5	12,26	1,15	15,10,37,28		34,21	35,18
	38 自动化程度		1,26,13	1,12,34,3	1,35,13	27,4,1,35	15,24,10	34,27,25		5,12,35,26
	39 生产率	2	35,28,2,24	1,28,7,10	1,32,10,25	1,35,28,37	12,17,28,24	35,18,27,2	5,12,35,26	

参 考 文 献

[1] 周苏,等. 创新思维与TRIZ创新方法[M]. 北京:清华大学出版社,2015.
[2] 周苏,等. 大数据导论[M]. 北京:清华大学出版社,2016.
[3] 周苏,等. IT应用文写作[M]. 2版. 北京:清华大学出版社,2017.
[4] 周苏,等. 创新思维与方法[M]. 北京:中国铁道出版社,2016.
[5] 周苏,等. IT创新思维与创新方法[M]. 北京:中国铁道出版社,2016.
[6] 周苏,等. 创新思维与科技创新[M]. 北京:机械工业出版社,2016.
[7] 创新方法研究会. GB/T 31769—2015. 创新方法应用能力等级规范[M]. 国家质量监督检验检疫总局,国家标准化管理委员会,2015.
[8] 吕爽. 创业基础[M]. 北京:中国铁道出版社,2016.
[9] 郭晓宏,等. 从0到1学创业[M]. 天津:天津科学技术出版社,2016.
[10] 马化腾,等. 互联网+:国家战略行动路线图[M]. 北京:中信出版社,2015.
[11] 威廉·罗森. 世界上最强大的思想——蒸汽机、产业革命和创新的故事[M]. 北京:中信出版集团,2016.
[12] 李善友. 颠覆式创新:移动互联网时代的生存法则[M]. 北京:机械工业出版社,2015.
[13] 创新方法研究会,中国21世纪议程管理中心. 创新方法教程(初级)[M]. 北京:高等教育出版社,2012.
[14] 迈克尔 A. 奥尔洛夫. 用TRIZ进行创造性思考实用指南[M]. 北京:科学出版社,2010.
[15] 李海军,丁雪燕. 经典TRIZ通俗读本[M]. 北京:中国科学技术出版社,2009.
[16] 王亮中,孙峰华,等. TRIZ创新理论与应用原理[M]. 北京:科学出版社,2010.
[17] 赵敏,史晓凌,段海波. TRIZ入门及实践[M]. 北京:科学出版社,2010.